高等职业教育物流管理与物流工程专业系列规划教材

采购管理实务

方照琪　主　编

张　蕊　曹宝亚　副主编

孙秋高　主　审

大连海事大学出版社

图书在版编目(CIP)数据

采购管理实务 / 方照琪主编 . —大连：大连海事
大学出版社，2017.12
高等职业教育物流管理与物流工程专业系列规划教材
ISBN 978-7-5632-3577-3

Ⅰ. ①采⋯　Ⅱ. ①方⋯　Ⅲ. ①采购管理—高等职业教
育—教材　Ⅳ. ①F253.2

中国版本图书馆 CIP 数据核字(2017)第 309456 号

大连海事大学出版社出版

地址：大连市凌海路1号　邮编：116026　电话：0411-84728394　传真：0411-84727996
http://www.dmupress.com　E-mail：cbs@dmupress.com

大连住友彩色印刷有限公司印装　　　　　**大连海事大学出版社发行**

2017 年 12 月第 1 版　　　　　　　　　　2017 年 12 月第 1 次印刷
幅面尺寸：185 mm×260 mm　　　　　　　　印张：14.25
字数：352 千　　　　　　　　　　　　　　印数：1～1500 册

出版人：徐华东

责任编辑：杨　洋　　　　　　　　　　　　责任校对：刘若实
封面设计：解瑶瑶　　　　　　　　　　　　版式设计：解瑶瑶

ISBN 978-7-5632-3577-3　　　定价：31.00 元

内容简介

　　全书从采购的实际出发，站在新员工的角度从认知采购到采购项目的具体实施过程来编写，兼顾高职高专学生的特点及其未来从业的实际需要，系统地阐述了采购管理的理论知识和技术方法，并对采购管理理论发展现状与趋势进行了解析。全书共分九个项目，从采购管理的实际出发，深入浅出，分别从采购与采购管理认知，采购组织设计，采购方式的选择，采购前的基础工作，采购计划及预算编制，供应商的开发、选择与管理，采购谈判与合同管理，采购过程控制及成本控制，采购绩效评估等方面进行了阐述。

　　本书在编写过程中遵循项目化任务驱动的编写思路，设计以任务为驱动，且基于工作过程的技能实训项目。通过企业案例的采购实训，培养学生的操作技能，让学生学会运用科学理论与方法来指导采购实际运作。本书强调对学生综合实操能力的培养，充分体现了"基本理论知识够用，注重实际运用与操作技能培养"的高职教育特征。

　　本书可作为高职高专院校物流管理专业教材，也可作为采购从业人员和非采购从业人员了解采购管理知识的培训和自学用书。

前　言

伴随全球经济一体化进程的加快,中国经济的迅速腾飞使国内越来越多的企业与国际市场接轨,这也预示着企业间的竞争日趋激烈。采购,作为连接物流与供应商的重要桥梁,是供应链上不可或缺的关键一环。它维系着企业的正常生产,更直接影响企业的经济效益。企业管理者试图从中挖掘新的利润源泉,通过正确的运作和管理,不仅可以大大降低企业的生产和流通成本,给企业带来巨大的利润和经济效益,而且能够对资源的节约和社会的可持续发展起到重要作用。

采购管理作为高职高专物流管理、连锁管理、企业管理(工商管理)、电子商务等专业的一门核心专业课程,要求学生能够掌握基本的采购管理知识和技能,掌握采购的具体操作方法,了解采购管理的发展趋势以及最新管理理念。

本书在编写过程中,对教学内容进行了深入的思考,力求做到专业性与实用性统一,系统性与全面性兼顾,能力点和知识点相结合,注重高端技能型人才的培养。在引导案例与分析部分,引出项目任务,通过任务导读,使学生带着任务学习,这既能激发学生的学习兴趣,也能促进学生的自主学习能力。在相关知识部分,着重介绍学生在完成任务时所必须掌握的相关知识。在项目拓展部分,让学生更深入或更广泛地了解、掌握该项目的相关知识,从而达到开拓其视野的目的。项目小结是对该项目的知识点及技能点做出的总结,帮助学生系统地复习和巩固相关知识。项目测试与训练中,作者精心筛选了一定数量的习题,帮助学生提高实践动手操作能力。另外,教材中的案例均来自企业实际工作,相关的业务流程依据企业实际工作流程设立。

浙江交通职业技术学院方照琪副教授担任本书主编,并负责全书的统稿、修改、定稿工作;中国物流学会特约研究员、浙江交通职业技术学院现代物流研究所所长、物流管理专业带头人孙秋高教授对全书进行了审定。具体分工:方照琪负责项目一“采购与采购管理认知”、项目二“采购组织设计”、项目四“采购前的基础工作”;张蕊(浙江交通职业技术学院)负责项目五“采购计划及预算编制”、项目七“采购谈判与合同管理”;曹宝亚(安徽财贸职业技术学院)负责项目六“供应商的开发、选择与管理”、项目八“采购过程控制及成本控制”;李云昌(广东松田职业学院)负责项目三“采购方式的选择”;纪晓伟(开封技师学院)负责项目九“采购绩效评估”。

本书在编写过程中,参考了大量的著作、文献,借鉴了国内外同行专家的很多研究成果,在此向这些参考文献的作者表示深深的谢意!

为方便教学,本书配备电子课件,凡选用本书作为教材的教师均可向出版社索取。

由于采购行业处于不断发展中,采购管理理论也在不断更新与完善,加之编写人员的能力与水平有限,书中难免存在疏漏和不妥之处,敬请读者批评指正,以臻完善。

编　者

2017 年 10 月

目　录

项目一
采购与采购管理认知

● 学习目标

知识目标

1. 掌握采购及采购管理的概念和分类。
2. 了解采购方式和采购类型。
3. 掌握采购管理的内容和采购部门的职责。

技能目标

1. 能够利用经济学知识分析采购的作用及地位。
2. 能够结合实际案例分析采购业务的基本流程。
3. 能够运用所学的理论知识评价企业的采购与采购管理。

● 引导案例及分析

上海宝钢集团有限公司的采购管理

宝钢集团有限公司(以下简称"宝钢")是中华人民共和国成立以来引进技术最多、装备水平最高的现代化超大型钢铁企业。目前,生产产量已超过设计水平,产品质量已达到国际先进水平,利税连年翻番。宝钢在物资管理方面,借鉴国外先进的采购与供应管理思想和经验,突破了我国大型钢铁企业物资管理的模式,全面推行物资集中一贯管理,形成了具有宝钢特色的采购与供应管理方式。

宝钢原物资部和旗下物资贸易公司已做到:统一编制需求计划和采购供应计划;统一采购,由各专业采购部门对分管物资的供应承担最终责任;统一仓储,实行专业总库一级仓储体制;统一配送,完全实行送料到现场;统一物资的现场管理,并与使用单位合作,实行现场物资的动态管理;统一回收,包括余料退库与废旧物资的回收利用。与此相对应,宝钢原物资部连续3年推出一系列关键性的改革措施。

1. 坚持送料到现场

作为改革的突破口,从1991年起,宝钢彻底取消二级厂、部到物资管理部门去领料的制度,改由原物资部负责定点、定量、定时、定人送料到现场。供需双方协议,在全公司范围内设605个送料点;根据用户的计划需用量,填发送料单,凭单送料;根据用户使用物资时间送料;固定专人快、准、好地完成送料。

2. 供应站制订计划

申请用料计划完全由原物资部派驻的各地区供应站根据用户需要编制,突破了由用户制订申请计划,层层审批核发的老框框。

3. 一级仓储体制

原物资部取消了本部9个地区供应站管理的中间仓库(总面积达9 734平方米),实行专业总库直接面向现场的一级仓储体制,即由专业总库直接送料到现场,从而大大缩短和简化了物流流程。由于取消了地区中间库,1991年就节约库存资金占用额780万元,节约利息支出166.8万元,撤销重复岗位51个,减员112人。

4. 实行现场物资动态管理

实行现场物资动态于1993年全面落实,做到各类机房无多余备料,现场余料回收不超过两天,消除了账外物资,一举压缩流动资金1 300万元。与此同时,物资部门同各二级厂、部签订现场资料管理协议书,建立双方共同参与的现场物资管理网络,聘请厂、部第一线的作业人员为网络协调人员。物资部门设物资现场管理员,对生产现场使用的各种材料划定区域、挂牌,限定两天的用量。宝钢有效地实现了物资的动态跟踪管理,即计划跟踪、管理跟踪、信息跟踪、协调跟踪、服务跟踪,既确保供应又促进增产降耗和生产现场的整洁文明。至此,宝钢在各类物资的计划编制、采购、仓储、配送及现场使用和回收等物资管理的主要环节上,以一竿子插到底的方式,真正实现了集中的、一贯到底的全过程管理。

思考

我们应从宝钢的采购管理中得到什么启示?

提示

1. 宝钢突破了我国大型钢铁企业物资管理的模式,全面推行物资集中一贯管理,形成了具有宝钢特色的采购与供应管理方式。

2. 宝钢在物资管理方面,借鉴国外先进的采购与供应管理思想和经验,结合企业自身的情况,摸索出了一条适合企业发展的采购之路。

任务一
认识采购 ◆■

任务导读

在市场经济条件下,企事业单位获取所需物质资料的主要途径是市场采购。而采购行为是否合理,对保证生产和服务质量、降低成本、提高经济效益都会产生直接影响。

本任务将引领读者掌握采购的概念,了解采购对企业利润的影响,进而理解采购的作用及地位。同时,掌握采购管理的基本内容与目标,理解企业积极研究和探索如何最大限度地节约采购成本,实施更有效的策略来管理采购。

一、采购的基本概念

采购指采购人或采购实体基于生产、转售、消费等目的,购买商品或劳务的交易行为。采购同销售一样,都是市场上一种常见的交易行为。

采购不是单纯的购买行为,而是从市场预测开始,经过商品交易,直到采购的商品到达需求方的全部过程。其中包括:了解需要、市场调查、市场预测、制订计划、确定采购方式、选择供应商,确定质量、价格、交货期、交货方式、包装运输方式,协商洽谈、签订协议、催交订货、质量检验、成本控制、结清货款、加强协作、广集货源等一系列工作环节。

采购的含义非常广泛,既包括生产资料的采购,又包括生活资料的采购;既包括企业的采购,又包括事业单位、政府和个人的采购;既包括生产企业的采购,又包括流通企业的采购。

采购是一种常见的经济行为,从日常生活到企业运作,从民间到政府,都离不开它。无论是组织还是个人,要生存就要从其外部获取所需要的有形物品或无形服务,这就是采购。企业采购是指企业根据生产经营活动的需要,通过信息搜集、整理和评价,寻找、选择合适的供应商,并就价格和服务等相关条款进行谈判,达成协议,以确保需求得到满足的活动过程。

二、采购的地位与作用

在现代企业的经营管理中,采购管理已变得越来越重要。一般情况下,企业产品成本中的外购部分占较大的比例,为60%～70%,因此,外购条件与原材料的采购成功与否在一定程度上影响着企业的竞争力。采购管理是企业经营管理的核心内容,是企业获取经营利润的重要源泉,也是竞争优势的来源之一。随着全球经济一体化和信息时代的到来,采购及采购管理的地位将会被提升到一个新的高度。

(一)采购的地位

1. 采购管理在成本控制中的地位

虽然企业的经济效益是在商品销售之后实现的,但效益高低却与物资购进时间、地点、方式、数量、质量、品种等采购业务有着密切的关系。企业的经济效益是直接通过利润额来实现的,而物资采购过程中,支付费用的多少同利润额成反比,因此,购进物资的质量和价格对企业经营的效益有很大影响。采购工作能否做到快、准、好,对于企业是否能生产适销对路的产品、增加销售收入是至关重要的。为了提高经济效益,企业在组织物资采购前,必须注重对采购工作的计划、组织、指挥、协调和控制。

2. 采购管理在供应中的地位

从商品生产和交换的整体供应链中可以看出,每一个企业都既是顾客又是供应商,任何企业的最终目的都是满足顾客的最终需求,以获得最大的利润。企业要获取较大的利润,可采取的措施很多,如降低管理费用,提高工作效率等。但是,企业一般想到的是加快物料和信息的流动,因为加快物料和信息的流动可以提高生产效率,缩短交货周期,从而使企业可以在相同的时间内创造更多的利润。同时,顾客也会因为企业及时快速地供货而对企业更加有信心,有可能因此而加大订单。这样一来,企业就必须加强采购的力量,选择恰当的供应商,并充分发挥其作用。

3. 采购管理在企业研发工作中的地位

从某种程度上讲,没有采购支持的研发,其成功率会大打折扣。研发人员经常会感觉到因为采购不到某种物料,或者受到某种加工工艺的限制,导致设计方案难以实现。另一种情况是,设计人员费尽心思所获得的研发样品在功能上与同行业的水平相差甚远,或者即使性能一样,但外观、体积、成本、制造方便性、销售竞争等许多方面都显得逊色,这主要应归结于研发人员技能落后、对先进元器件了解不多、在采购方面支持不够等。

4. 采购管理在企业经营中的地位

随着现代经济的发展,许多企业都将供应商看作是企业自身开发与生产的延伸,并与供应商建立合作伙伴关系,在自己不用直接进行投资的前提下,充分利用供应商的能力为自己开发生产产品。这样,一方面可以节省资金,降低投资风险;另一方面又可以利用供应商的专业技术优势和现有的规模生产能力以最快的速度形成生产能力,从而扩大产品生产规模。现在很多企业对供应商的利用范围逐渐扩大,从原来的原材料和零部件扩展到半成品,甚至成品。

5. 采购管理在项目中的地位

任何项目的执行都离不开采购活动,如果采购工作做得不好,不仅会影响项目的顺利实施,而且会影响项目的预期效益,甚至会导致项目的失败。

(二)采购的作用

采购在企业生产经营中的地位非常重要,主要表现在以下几个方面。

1. 采购对产品及销售的质量有着显著的影响

供应商提供的产品和服务既可以成就一个企业,也可以拖垮一个企业。作为向生产或销售提供的先导环节,商品采购必须使购进商品的品种、数量符合市场需要,才能实现产品生产和经营的高质量、高效率、高效益,从而达到采购与销售的和谐统一;相反,则会导致购销之间的矛盾,造成经营呆滞,影响企业功能的发挥。可见,商品生产销售工作质量的高低在很大程度上取决于商品采购的规模和构成。因此,很多公司正在尝试对它们所缺少的元件和服务部分进行改进,以便加强自身的专业化水平和竞争力,更好地满足其客户的需求,这就进一步凸显了采购的重要性。

2.采购决定着最终产品周转的速度

采购人员必须把握好采购活动的时间和采购的数量。如果采购工作运行的时间点与把握的量度同企业其他环节的活动达到了适度结合,就可以加快商品周转速度,进而加速资金周转,为企业带来切实的利益;反之,则会造成商品积压,商品周转速度减缓,商品库存费用增加,以致不得不运用大量人力、物力去处理积压商品。

企业生产的全过程同样存在"木桶效应",无论设计多么精良,生产多么先进,任何一种物料的缺乏都会导致生产不能正常进行。企业在生产中经常会出现这种情况:即使有99%的物料已经到位,但只要有1%的物料因各种原因不能按照计划到货,也将迫使生产中断。严重的物料采购质量问题大大降低了生产劳动效率,有时可能会使整个生产前功尽弃。所以,批量采购的稳定性是影响正常生产的最重要的因素之一。

3.采购关系到经济效益的实现程度

企业的采购活动对企业的经济效益影响很大。由于企业的经济效益是直接通过产品的效益(利润额)来体现的,而商品在采购过程中及进化后的待售阶段所支付费用的多少同利润额成反比,因而购进商品的适销率对企业经营有很大影响。为了提高经济效益,管理者在组织商品货源之前,必须注重分析市场趋势,寻求可行的经营机会,了解消费者的有关情况,以防止采购工作的盲目性。重视企业采购,控制采购成本,是企业现代化管理的必然要求。

4.做好采购可以合理利用物质资源

采购要根据企业的生产经营特点开展,具有合理配置、合理利用资源的作用。一方面,在资源配置上,既要防止优材劣用、长材短用现象,又要避免优劣混用现象;另一方面,生产企业在采购工作中要应用价格分析,使得物品的功能与消耗相匹配,达到合理配置。此外,采购时还要把握住政策关,适应国家要求,如做到采购绿色化、适应国家资源调配等。

5.做好采购可以沟通经济关系

不同部门之间良好的经济关系,主要是通过商品流通的购销渠道来实现的,采购工作在这一过程起着重要作用。第一,通过采购工作,巩固现有的经济联系;第二,通过采购工作,开拓新渠道、新领域;第三,通过采购工作,发展、丰富经济联系的内容,如开展除采购以外的技术、资金、科研等方面的合作。现代经济的显著特点就是:生产社会化、流通市场化、企业间的协作关系向深度发展。

6.做好采购可以洞察市场的变化趋势

在市场经济的大环境下,市场对企业的影响是通过采购渠道观察市场供求变化及其发展趋势,并借以引导企业投资方向、调整产品结构,以及确定经营目标、经营方向和经营策略。企业是以市场为导向而进行采购活动、生产活动的。采购工作是企业运营过程中的关键环节,并构成生产经营活动的物质基础和主要内容。规范的采购要兼顾经济性和有效性,可以有效地降低企业成本,促进生产经营活动的顺利实施和按期完成。如果所采购的产品不符合设计的预定要求,将直接影响产品质量,甚至导致生产经营活动失败。

三、采购的基本流程与基本原则

(一)采购的基本流程

采购的基本流程会因采购的来源(国内采购、国外采购),采购的方式(议价、比价、招标),以及采购的对象(物料、服务)等不同而在作业细节上有若干差异。但对每个基本程序都大同小异。采购程序的一般模式可以概括为以下内容。

1.确认采购需求

任何采购都产生于企业中某个部门确切的需求,因此在进行采购之前,采购部门应先确定整个企业采购物料的种类、采购数量、采购时间、采购者等。

2.需求说明

如果采购部门不了解使用部门到底需要些什么,采购部门不会进行采购。因此在确认需求之后,就必然要对需要采购的商品或服务有一个准确的描述。即对需求的细节如品质、包装、售后服务、运输及检验方式等加以明确说明,以便使来源选择及价格谈判等能顺利进行。

3.选择供应商

供应商选择是采购职能中的重要一环,它涉及高质量物料或服务的确定和评价。这一环节主要是根据需求说明在原有供应商中选择良好的厂商,通知其报价,或以登报公告等方式公开征求合适的供应商。

4.询价、比价、议价

确定可能的供应商后,应进行价格谈判,可通过询价、比价、议价来确定合适的采购价格。

5.签订合同

在价格谈妥后,应办理订货签约手续。订单和合约均属于具有法律效力的书面文件,对买卖双方的要求、权利及义务,必须予以说明。

6.订单追踪与稽核

在签约订货之后,为使供应厂商能够按期、按质、按量交货,应依据合约规定,及时督促厂商按规定交运,并予以严格检验入库。

7.货物的验收

在签订合同后,采购企业应按照合同上的规定对供应商所提交的产品进行验收,凡厂商所交商品与合约规定不符而验收不合格者,应依据合约规定退货,并办理重购。

8.核对发票

在通过厂商交货验收合格后,随即开具发票。供应商要求付清货款时,对于发票的内容是否正确应先经采购部门核对,然后经财务部门才能办理付款。

9.结案

凡对经过验收合格的产品进行付款,或对验收不合格的产品进行退货时,采购部门都需办理结案手续,清查各项书面资料有无缺失等,并报高级管理层或权责部门核阅批示。

10. 记录与档案维护

凡经结案批示后的采购业务,应列入档案登记并进行分类编号,予以保管,以备参阅或事后发生问题时备查。

(二)采购基本原则

采购的基本原则,除了遵守国家的各项相关法律法规、各项方针、市场原则(公平、公正、公开、效益和诚信原则)及企业的各项规章制度之外,还要遵守"5R""五不""五权分离"及"六优选"等原则。

1."5R"原则

"5R"原则,是指适时(Right Time)、适质(Right Quality)、适量(Right Quantity)、适价(Right Price)、适地(Right Place)地从供应商手里购买所需要的商品。

①适时,即适当的时候。在现代供应链的环境下,采购理论一般建立在零库存理论和及时供给理论的基础上。也就是说,在不影响企业商业活动及客户利益的基础上大量减少库存持有量。因此,要在最需要的时候,购回企业开展商业活动所需要的商品。采购时机选择的一般依据是,仓库管理的订货时点控制、连锁企业的销售时点控制、生产企业的 MRP 管理等。

②适质,即适当的品质。企业采购的物品质量关系所生产产品的质量,关系企业的名誉,是企业质量生命线的开始与源头。采购的物品质量不过关,会对企业造成严重的后果。它可能导致生产计划延误、返工率增加、检验成本增加及管理费用剧增等。因此,具有适当品质的产品应具有适当性、可用性和经济性。这是指根据生产需要,在合理的时间内,将采购费用维持在最低水平,可随时以合理的价格获得充分的数据。

③适量,即适当的数量。采购可以一次性采购,也可以分批量采购。究竟采取哪种采购方式,要根据生产需要、物料损耗、搬运和仓储费用确定。当然,不管采用哪种方式,都要以适量库存为基本要求。因为任何形式的超量采购都会导致库存的产生,最终浪费的是企业宝贵的流动资金。

④适价,即适当的价格。适当的价格,是指在满足数量、质量、时机的前提下支付最合理的价格。适当的价格能够确保企业的竞争力,并在维持买卖双方共赢的前提下,使供应链朝着健康的方向发展。

⑤适地,即适当的地点。地点的选择是采购中很重要的一环。因为在产品的数量、品质、价格选定后,供应商的选择关系最终的交货地点和交货时间,也就关系最终的采购费用。在实际采购过程中,企业一般会利用"群集效应"和"JIT 理论",在考虑沟通方便、处理事务快捷便利、降低采购成本等方面的基础上进行综合考虑,选择最佳供应商和最佳供货地点。

"5R"之间存在"效益悖反"关系,采购中不可能同时满足"5R"。采购过程中,企业必须综合考虑,才能实现最佳采购。一般可根据采购的特点,只侧重其中最为关心的一两个方面,而不必面面俱到。

2."五不"原则

"五不"原则,是指无计划不采购、"三无"产品不采购、名称规格不符不采购、无资金来源不采购、库存已超储积压的物资不采购。实际上,"五不"采购原则是"5R"原则的一个延伸。"三无"产品,是指无厂址、无生产日期、无批准文号的产品。

3."五权分离"原则

"五权分离"原则,是指计划审批权、采购权、合同审查权、质量检验权、货款支付权五权分离原则。五种权力之所以要分开,主要是因为分工明确可以使各项工作有序地进行,同时可以有效地防止采购人员徇私舞弊的行为,更好地维护企业利益。

4."六优选"原则

"六优选"原则,是指在同等条件下,质优价低优选、本单位优选、近处单位优选、老供货商优选、直接生产单位优选、信誉好的单位优选。"六优选"原则可以在保证采购质量的前提下较好地平衡各方的利益。

任务二
认知采购管理 ◆▮▮

任务导读

本任务将引领读者理解采购管理的概念及基本职能,掌握采购管理的过程与内容,了解传统采购管理模式与现阶段采购模式的区别,基本掌握采购发展趋势,能够根据企业实际需要选择与之相适应的采购模式。

一、采购管理概念及基本职能

采购管理是指为保障企业物资供应而对企业的整个采购过程进行计划、组织、指挥、协调和控制的活动。它包括以下 4 项基本职能。

1.供应商管理职能

供应商管理主要包括对供应商的评估、谈判、引进、评审和淘汰等环节。

供应商的引进主要来自于新供应商的申请和为引进新品而选择的供应商。供应商引进的谈判条件包括折扣、购销形式、结算方式等,以及引进后对供应商的评审监控,对不合格供应商的淘汰等,均可以应用供应商分级体系进行统一管理。

统计供应商在经营过程中的产品质量、产品销量、供货率、供货速度及交易额等,通过与对应的分级标准相比较,可以对供应商级别进行设定和调整。

目前按照交易额标准通常将供应商划分为 A、B、C 三类,A 类供应商属于重点供应商,数量占全部供应商的 5% ~10% ,但是交易额占全部交易额的 70% ~75% ;B 类供应商属于正常供应商,数量占全部供应商的 20% ,交易额占全部交易额的 20% ;C 类供应商属于一般供应商,数量占全部供应商的 70% ~75% ,交易额只占全部交易额的 5% ~10% 。对不同类别的供应商,在采购时应区别对待。例如,在折扣和付款方式上,可以对 A 类供应商给予一定的优惠。

在评审供应商时,可按照产品供货率、供货速度、产品销量(产品库存占供货比率)和到货质量4个因素对供应商的服务质量进行评审,也可以将供应商的服务质量分为A、B、C三类。在采购时同样进行区别对待,对长期服务质量不达标的供应商进行淘汰。

2.制订采购计划和日常订货管理职能

采购计划按照时间可分为长期计划、中期计划和短期计划,这里仅讨论短期计划,即年度采购计划或季度采购计划。日常订货管理以采购计划为基准,根据实际经营情况不断进行调整。

采购计划的调整采取信息系统自动识别计划与实际差异、人工跟踪识别差异相结合的方式进行。采购计划制订的目标是以最小的成本实现既定的客户服务水平,需要决定三个变量:一是品种的选择,二是各品种的采购数量,三是各品种的采购时间。品种选择时可依据前面的品种类别划分,对重点品种优先处理,注意商品组合的广度和深度,构造商品群。

3.新品引进职能

新品引进主要考虑的是新品对原有品种的广度和深度的影响,目的是通过新品引进不断地更新品种结构。新品需要通过试销期来决定其品种属性,在试销期结束后,通过属性转变纳入采购计划中或者淘汰。

4.滞销品的淘汰与控制职能

按照产品品种的划分,滞销品指的是毛利低且周转率低的商品。通过信息系统自动识别与人工筛选相结合的方式,依据日常的销售和库存情况对其进行识别和控制。

二、采购管理的内容与过程

为了实现采购管理的基本职能,采购管理需要有一系列的业务内容和业务过程。具体内容与过程如下。

1.采购管理组织

采购管理组织,是采购管理最基本的组成部分。为了搞好采购管理,需要有一个合理的管理组织机构和一些能干的管理人员和操作人员。

2.需求分析

需求分析,就是要弄清楚企业需要采购哪些品种、需要采购多少,什么时间需要什么品种、需要多少等问题。采购部门作为全企业的物资采购供应部门,应当掌握全企业的物资需求情况,制订物料需求计划,从而为制订科学合理的采购订货计划做准备。

3.资源市场分析

资源市场分析,就是根据企业所需求的物资品种,分析资源市场的情况,包括资源分布情况、供应商情况、品种质量、价格情况、交通运输情况等。资源市场分析的重点是供应商分析和品种分析。分析的目的是为制订采购订货计划做准备。

4.制订采购订货计划

制订采购订货计划,是根据需求品种的情况和供应商的情况,制订出切实可行的采购订货计划,包括选定供应商、供应品种、具体的订货策略、运输进货策略及具体的实施进度等,主要解决什么时候订货、订购什么、订多少、向谁订、怎样订、怎样进货、怎样支付等一些具体的计划问题,为整个采购订货进货规划一个蓝图。

5. 实施采购订货计划

实施采购订货计划,就是把上面制订的采购订货计划分别落实到每个人,再根据既定的进度实施。具体包括联系指定的供应商、进行贸易谈判、签订订货合同、运输进货、到货验收入库、支付货款及善后处理等。通过实施这样的具体活动,就完成了一次完整的采购活动。

6. 采购评估与分析

采购评估,就是在完成采购以后对这次采购进行评估,或月末、季度末、年末对一定时期内的采购活动的总结评估。主要包括评估采购活动的效果、总结经验教训、找出问题、提出改进方法等。通过总结评估,可以肯定成绩、发现问题,制定措施、改进工作,不断提高采购管理水平。

7. 采购监控

采购监控,是指对采购活动进行的监控活动,包括对采购有关人员、采购资金、采购事务活动的监控。

8. 采购基础工作

采购基础工作,是指为建立科学、有效的采购系统,需要建立的一些基础建设工作,包括管理基础工作、软件基础工作和硬件基础工作。

三、采购管理的发展趋势

面对中国加入 WTO 后更激烈的国际竞争,企业利润率的提高不仅要从争取更多的市场份额入手,降低企业运作成本的重要性也日趋凸显。相较于增加市场份额与销售收入,对企业而言,降低企业运作成本则显得更易于控制与操作。在企业运作成本中,企业的采购成本则占了相当大的份额。因此,采购管理作为企业生产经营管理过程中的基本环节,已经越来越受到企业的重视。那么,采购管理的发展趋势是什么呢? 简单地说,采购管理将从简单的购买向"合理采购"转变,即选择合适的产品,以合适的价格,在合适的时间,按合适的质量并通过合适的供应商获得。总的来说,今后的采购管理将表现出以下几种趋势。

1. 采购管理的集中化

采购管理的集中化可以增强企业的核心竞争力,从而推动企业的发展。

2. 采购管理的职能化

近年来,越来越多的公司采购部门从生产部门或其他部门独立出来,开始直接向总经理、副总经理汇报。相应地,采购部门发挥着越来越大的作用,采购职能的目标也从原来的被动花钱变成节省资金、满足供应、降低库存等。

3. 采购管理的专业化

在传统采购组织中,采购员发挥不了很大作用,一方面因为领导对采购认识的局限、采购环境的恶劣;另一方面也由于采购员与采购组织的软弱无力和技能缺乏,造成采购的低技术性。

4. 采购管理的电子商务化

电子商务是随着互联网技术和新经济管理理论的发展而出现的一种新兴的商务方式。由于采购是企业直接面对市场的第一个窗口,因此,电子商务的发展将在未来彻底改变现在的采购管理模式。传统采购管理面临的问题如信息狭窄、不及时、不准确,采购数据流失等,都将在实施电子商务的过程中逐步消失。现在通过电子商务,管理人员也可以获取并分析过去或现在的交易信息,并为未来的采购提供决策支持数据。目前有很多企业已经认识到电子商务对采购管理的重要性,并试图运用互联网进行信息共享,访问电子目录等。但这些还只是电子商务的一些表层应用,在不久的将来,其他潜在的电子商务,如订单跟踪、资金转账、产品计划、进度安排、收据确认等也会得到广泛应用,并直接改变未来的采购管理模式。总之,电子商务对采购管理的影响将在企业的战略规划中得到体现,而不只是对采购管理战术性的改变。

5. 采购管理的战略性成本管理

采购管理中的关键内容是降低企业总的采购成本。企业为获取更多的利润或保持较高的竞争力,实施成本降低战略往往是首选。但随着技术、设备等领域成本降低空间的大幅度减小,以往被忽略的采购部门对成本降低的作用越来越明显。为了成功地进行战略性成本管理,供应链成员除了必须面对同其他贸易伙伴协作并对他们敞开大门外,还必须正确认识战略所涵盖的内容:一是对企业的业务流程加以改进,识别并消除不带来增值的成本和行为;二是供应链中制定技术性和特殊性产品和服务的价格策略;三是在不同的市场中分享成本模型和节约的成本。可以说,随着成本压力的增加和企业间竞争加剧,战略性成本管理成为未来企业必须面对并要认真对待的课题。而这些又直接影响未来的采购管理,并决定未来采购管理的方向。

6. 采购管理的战略采购

战略采购来源于对物资分类管理的细化。战略采购的关键是与供应商保持密切的合作关系,特别是那些重要的供应商和转换成本高的供应商。

由于战略采购的管理重点仍是以供应商评价、选择和发展为主,因此,战略采购未来的发展将以战略联盟和伙伴关系出现,特别是战略物资供应商的管理将率先采取这种管理方式。随着战略采购的实施,供应商转换成本的进一步细化和明确,采购管理还将出现许多策略性采购行为,如订货、报价、发货等将实现自动化。同时,对许多低价值、不重要的标准化产品的采购还会出现以外包的形式给第三方或采购承包商,这样可以降低采购和供应部门的业务费用。

企业采购管理的目的是保证供应,满足生产经营需要。它既包括对采购活动的管理,也包括对采购人员和采购资金的管理等。一般情况下,有采购就必然有采购管理。不同的采购活动,由于其采购的环境、数量、品种、规格的不同,管理过程的复杂程度也不同。个人采购、家庭采购尽管也需要计划决策,但毕竟相对简单,一般属于家庭理财方面的研究,这里重点研究的是面向企业的采购管理活动(组织、集团、政府等)。当然,在企业的采购中,工业制造和商贸流通企业的采购目标、方式等还存在差异,但由于两者有共同的规律,所以一般也就不再进行过细的划分了。

● 项目拓展

山东省郯城县加大采购信息公开力度推进"阳光采购"

为进一步加强政府采购社会监督,促进公平竞争,山东省郯城县财政局在采购结果中公开政府采购专家评审详情,不断推进政府采购信息公开透明,把创建"阳光采购"贯穿于整个政府采购过程中。

在之前的政府采购结果公示中,只公示中标金额、中标单位名称、专家评审结果等基本信息,而不公示详细的评审分值。现在在结果公示中,将专家评审详情中的投标报价得分、技术指标响应得分等,作为附件一并公示。通过还知情权于供应商,使供应商赢得明白,输得服气,避免了不必要的质疑和投诉。同时,使评审专家受社会的监督,促使专家公平、公正评审,加强了对评审过程的管理,确保政府采购工作在规范化、制度化、法制化的道路上高效运行。

● 项目小结

采购不是单纯的购买行为,而是从市场预测开始,经过商品交易,直到采购的商品到达需求方的全部过程。其中包括:了解需要、市场调查、市场预测、制订计划,确定采购方式,选择供应商,确定质量、价格、交货期、交货方式、包装运输方式,协商洽谈、签订协议、催交订货、质量检验、成本控制、结清货款、加强协作、广集货源等一系列工作环节。采购管理是指为保障企业物资供应而对企业的整个采购过程进行计划、组织、指挥、协调和控制活动。采购和采购管理是两个不同的概念。采购是一项具体的业务活动,是作业活动,一般由采购员承担具体的采购任务。采购管理是企业管理系统的一个重要子系统,是企业战略管理的重要组成部分,一般由企业的中高层管理人员承担。

● **项目测试与训练**

一、讨论分析题

1. 分析战略采购的重要性,说出企业中哪些属于战略采购?

2. 举例说明大、中、小企业采购部门的组织机构该如何设置?

3. 你认为应该怎样通过制定规章制度,杜绝采购人员徇私舞弊的行为?

4. 通用电气前首席执行官杰克·韦尔奇说:"在一个公司里,采购和销售是仅有的两个能够产生收入的部门,其他任何部门发生的都是管理费用。"请谈谈你对这句话的理解。

二、技能训练

1. 训练目的

通过实训使学生加深对所学采购基础知识的理解,掌握基本实训技能,培养学生实事求是的科学态度和良好的科学素养,为进一步的学习打下良好的基础。通过对采购的学习,了解采购的地位与作用、采购的原则与程序,熟悉采购管理的基本职能,从而进一步加深对采购的认识。

2. 训练要求与操作准备

在老师的指导下,将班级同学每4~6人划分为一组,选定一位组长,负责整理并统计各位同学的发言及数据。老师根据情况合理安排,在规定的时间内小组讨论,得出结论,然后进行班级讨论。老师需要尽可能地调动同学们参与的积极性。

3.训练资料与设备

（1）说出你认为的采购和采购管理的不同,然后在小组内讨论这个定义是否合理。每个小组对采购和采购管理下一个定义,然后在所有的小组内进行讨论,评出最好的采购和采购管理的概念。

（2）评比采购的"5R"原则,对不同的原则指标进行权重的排序(如表1-1所示)。小组内人员讨论确定各标准的权重数据,再把各组数据求得平均值,并进行讨论。

表1-1　采购的原则指标的权重排序

	适 时	适 质	适 量	适 价	适 地	总 和
权重						100%
权重						100%
……						100%
平均值						100%

通过对该原则进行的权重排序,加强学生对采购原则的感性认识。对不同的企业可能有不同的适应类型,老师可根据实际情况安排对不同企业进行权重排序。

课后习题

（一）单选题

1.采购人或采购实体基于生产、转售、消费等目的,购买商品或劳务的交易行为叫（　　）。

　A.采购　　　　　　　　　　　B.供应

　C.销售　　　　　　　　　　　D.生产

2.下列(　　)不是采购作业应遵循的基本原则。

　A.合理的价格　　　　　　　　B.合适的物料

　C.大量采购　　　　　　　　　D.适当的数量

3.采购是(　　)。

　A.商流　　　　　　　　　　　B.物流

　C.商流与物流的统一　　　　　D.既不是商流也不是物流

4.下列是影响采购价格的最根本、最直接的因素为(　　)。

　A.采购数量　　　　　　　　　B.交货条件

　C.供应商成本的高低　　　　　D.供需关系

5.良好的采购制度,应以下列(　　)为衡量标准。

　A.价格便宜　　　　　　　　　B.品质优良

　C.整体效益　　　　　　　　　D.方便性

（二）多选题

1.以下(　　)是采购的内涵。

　A.既包括生产资料的采购,又包括生活资料的采购

　B.既包括企业的采购,又包括事业单位、政府和个人的采购

  C. 既包括生产企业的采购,又包括流通企业的采购

  D. 以上都不对

2. 采购的基本原则有( )。

  A. 遵守国家的各项相关法律法规、各项方针、市场原则(主要是指公平、公正、公开、效益和诚信原则)及企业的各项规章制度

  B. "五不"原则

  C. "五权分离"原则

  D. "六优选"原则

  E. "5R"原则

3. "五不"原则指( )。

  A. 无计划不采购   B. "三无"产品不采购

  C. 名称规格不符不采购   D. 无资金来源不采购

  E. 库存已超储积压的物资不采购

4. "五权分离"原则指( )。

  A. 计划审批权   B. 采购权

  C. 合同审查权   D. 质量检验权

  E. 招标权

5. "5R"原则指( )。

  A. 适时   B. 适质

  C. 适量   D. 适价

  E. 适地

6. 采购管理的内容包括( )。

  A. 采购管理组织   B. 需求分析

  C. 货源   D. 资源市场分析

  E. 采购评估与分析

● 答案

(一)单选题

1. A 2. C 3. C 4. C 5. C

(二)多选题

1. ABC 2. ABCDE 3. ABCDE 4. ABCD 5. ABCDE 6. ABDE

项目二

采购组织设计

● 学习目标

知识目标

1. 掌握企业采购组织架构的基本形式。

2. 熟悉企业采购组织职责与分工。

3. 了解构建企业采购组织的方法及遵循原则。

4. 熟悉企业采购组织的岗位设置及职责要求。

5. 熟悉企业采购岗位相应人员的素质要求。

技能目标

1. 能够利用管理学知识分析企业采购的组织形式及特点。

2. 能够运用所学理论知识构建适合企业的采购组织。

3. 能够提高对采购岗位职责认知与提升采购人员应具备的素质。

● 引导案例及分析

美的集团对采购人员所应具备的能力要求

在采购制度比较完善的广东顺德美的集团公司内部流传着这样一段话：公司的采购人员个个都是精英，采购水平高，采购花样多，对供应商管理有"独特"的一套，常常得到集团内部的表扬。他们的做法是，提前找多个供应商同时供货，有意无意地让供应商获知彼此的回扣情况,让他们形成回扣数额不断提升的现象;同时,采购人员不断降低供应商的原配件价格,以获得公司丰厚的奖金和各种福利。由于供应商的原材料和配件价格不断下降,而他们的人力成本又不断上升,最终导致原材料和配件质量的不断下降。

美的集团高层很快意识到了问题的严重性,重新评估了采购人员的素质和管理要求,果断调整了采购措施。公司认为,企业单纯从采购价格去衡量采购人员的业绩是片面和危险的。这种管理制度在一定程度上损害了企业的利润和顾客的购买预期。

在美的集团不断成长的过程中,经过不断摸索和总结,他们提出了对所有采购人员的能力规划要求:良好的人际沟通技巧;良好的谈判能力;电子商务采购能力;决策管理能力;团队协作能力;意外事故处理能力;极佳的人格魅力;组织融入能力;良好的能力与执行力、供应链全局观与国际视野。另外,美的集团对采购人员的考核从较单一的成本业绩考核慢慢转向与企业发展战略配套的采购人员综合业绩体系考核。

讨 论

美的集团要想严密监视采购人员的行为,应该如何操作?

任务一
了解采购组织架构 ◀◆▮▮

任务导读

通过本任务的学习,了解采购组织结构形式,熟悉采购组织的建立方法,正确理解采购部门的职责;掌握采购部门各个工作岗位的职业技能要求。同时熟悉采购组织构建的基本步骤及遵循原则,进而提高对采购组织结构的认知,为进入采购组织提供铺垫。

一、采购组织的职能

(一)采购组织方式

在建立有效的采购组织的过程中,有必要了解策略、结构和授权之间的关系,因为一旦企业的目标确立后,必须拟定一定的策略来达到目标,而策略又必须要有适当的人员编制与组织机构来执行。

1.分权式的采购组织

分权式的采购组织就是将与采购相关的职责和工作分别授予不同的部门来执行。比如物料或商品需求计划可能由制造部门或商品销售部门来拟定;采购工作可能由采购或商品部门掌管;库存的责任则可能分属不同的部门:产成品(商品)归属销售部门,在产品归属制造部门,原料或零部件则归属于物料或仓储部门。

在这种分权式的组织方式中,采购部门只承担物料管理中的一部分功能与责任,而有关物料计划或商品需求计划、采购及库存的主管部门分属不同的指挥系统。

这种分权式的采购组织,由于职责过于分散,往往造成权责不清、目标冲突、浪费资源等后果。

2. 集权式的采购组织

集权式的采购组织是将采购的职责与工作集中授予一个部门来执行。为了建立一个综合物料体系,因而设立一个管理责任一体化的组织体系,此物料管理部门通常负责生产管理、采购及仓储等。

企业要基于策略性目标的考虑及人事机构的安排,因此,其采购组织也可能是介于分权与集权之间的混合式。例如,为了达到零库存的目的,许多制造业的公司将采购部门的工作扩大到包含制订物料需求计划等。

(二)采购管理机制

采购管理机制要解决采购管理由谁管、管什么及怎样管的问题,也就是要解决采购管理的权限范围、审批机制和决策程序的问题。

1. 采购管理机制与采购管理组织的关系

采购管理组织是一个运作组织机构,它具体根据一定的运作规则进行采购管理。同样的一个组织机构,在不同的机制下的权限范围、审批程序和决策程序都不一样,一旦采购管理机制定下来,就需要一定的采购管理组织来实施。这个采购管理组织是实施这种采购管理机制的工具和运作模式,是这种采购管理机制的具体化和模式化的体现,它保证了这种管理机制的实现。

2. 采购管理机制的分类

(1)基于采购的采购管理机制

基于采购的采购管理机制,其组织机构的特点是:采购任务很明确,包括采购什么、采购多少,甚至包括到哪里去采购,都已经有明确规定,而且都是由别人规定的,该组织只要按此执行就可以了。这种采购管理组织所做的工作,就是整理所收到的采购任务单,然后分配给各个采购员,督促各个采购员按时执行,并把采购的货物送达各个需求者。

这是一种最简单、最基本,也是最落后的采购管理机制。这种采购管理机制不需要进行资源市场分析、货品选择、供应商选择,也不需要考虑物流优化、库存量控制、降低采购成本等一系列问题。它不需要对需求者承担更多的责任,只要把需求者需要采购的东西采购回来,交给他们就可以了。这样,在采购管理者和需求者之间没有形成一种利益共享的关系。

传统的采购管理大多数是属于这种机制的。例如,一个物资公司,由几个经营部组成。各个经营部专门进行货物销售。货物销售完需要采购时,就制定采购任务单,规定了采购的品种、数量,甚至供应商,随后交给公司的采购管理科。采购管理科收到各个经营部送来的采购任务单后,汇总、分配给各个采购员去采购。采购货物后入库就算完成任务了。这种采购管理就是典型的基于采购的采购管理机制。一般的生产企业采用这种采购管理机制。

由于这种采购管理机制权限范围较窄,对人的素质要求不是太高,所以一般采用科长负责制。在一些中小型工厂中,一般是由采购科科长担任采购管理决策工作。在有些更小的工厂中,甚至就由生产科长兼管采购管理工作,或者直接由工厂的厂长兼管企业的采购管理工作,指派一些采购员去完成采购任务。

(2) 基于生产的采购管理机制

由于一个生产企业有多个车间,因此每个车间所需的原材料、零部件、设备和工具等,在品种、数量、时间上各不相同。采购部门通过研究各个车间的需求规律,为各个车间统一制订了订货计划,这样能更全面地满足生产的需要,这种根据生产的需要来考虑采购问题的制度,就是基于生产的采购管理机制。

基于生产的采购管理组织的基本特点,就是采购管理组织不是简单的负责采购,它还要为生产服务,是站在生产的角度来进行采购。这种采购管理组织的权限范围宽,它要综合考虑生产的需要和最高的整体效益来制定产品的自制或采购决策,根据这个决策所产生的采购需求来研究需求规律、制订采购任务计划,进行采购。

显然,这种采购管理机制比基于采购的采购管理机制要复杂得多,对采购管理者的要求也更高。采购管理者不但要懂采购,还要懂生产,要根据生产的最高整体效益来制定生产与采购决策。因此这种采购管理机制更加科学,创造的效益更高,是一种较好的采购管理机制。

由于这种采购管理机制对人的素质要求较高,所以一般采用部长负责制,即由生产供应部或采购供应部部长担任采购管理决策工作。

(3) 基于销售的采购管理机制

基于销售的采购管理机制,是为了满足企业销售的需要而建立的采购管理机制。一般流通企业或生产企业(包括生产流通型企业)设立的采购管理组织采取这样的管理机制。

例如,一个流通企业在多个地点进行销售,由公司采购部统一采购进货,公司采购部门随时掌握各个门市的销售动态和库存变化动态,及时组织采购订货进货。一旦采购活动组织得不好,就可能造成有的网点缺货而有的还没销售完,新采购的货物就已经到达的现象,从而造成资金占用和库存积压。所以采购管理的工作直接关系到企业的整体经济效益。因此,企业采购管理组织的采购决策要根据销售来制定。

又如一个生产企业,它为社会提供某种产品或服务。为了生产这种产品或服务,它要从市场购进原材料、设备和工具。但是企业不能盲目地生产,也不能盲目地采购,它要根据市场对企业产品的需求量和需求速度来确定企业产品的生产量与生产速度,同时要根据企业生产量与生产速度来决定原材料的采购量和采购速度。这样才不至于造成缺货或库存积压,才能使企业总成本最低、效益最高。也就是说,这个时候采购管理组织的采购决策也要着眼于市场销售情况,并考虑生产情况来制定。

在企业中,所实行的采购管理机制都是基于销售的采购管理机制。这种采购管理机制的特点是:立足于企业的销售情况来制定采购决策,以销定供或以销定产再定供。这样可实现整个企业产、供、销的整体效益最大化。

但是这种采购管理机制对人的素质要求很高,采购管理决策较复杂。这种采购管理决策要全面考虑企业销售、生产、供应等各个方面的情况,实际上相当于是一种企业级的管理决策,决策级别就相当于总经理级的决策级别。所以这种采购管理决策机制,一般采用副总经理负责制,由副总经理负责采购管理的决策工作。

通过对以上三种采购管理机制的分析比较可知,基于采购的采购管理机制最简单、最原始、最落后,对人的素质要求也最低,一般实行科长负责制;基于生产的采购管理机制属于中等,对人的素质要求也是一般水平,一般实行部长负责制;基于销售的采购管理机制最复杂、最先进,对人的素质要求也最高,一般实行副总经理负责制。

(三)采购部门的组织机构

任何企业或机构,除非规模很小,都非常注重采购部门的建立。

采购部门的组织机构,或称采购组织内的部门化,也就是将采购组织应负责的各项功能整合起来,并以分工方式建立不同的部门来加以执行。

一般而言,规模较大的采购组织,是按其执行的专业功能建立部门的。

一般中小规模的采购组织,通常缺乏催货、管理、研究的功能,或因这三种功能不明显而未分别设置部门,至多将其部分功能合并为管理科或并入采购科。对于主要执行购买功能的采购部门可以有以下四种组织结构形式。

1. 产品结构式

产品结构式是指将企业所需采购的产品分为若干类,每个或几个采购人员分成一组负责采购其中一种或几种商品的组织形式。这种形式适用于所需采购的商品较多、专业性较强、商品间关联较少的企业。

2. 区域结构式

区域结构式是指将企业采购的目标市场划分为若干个区域。每一个或几个采购人员负责一个区域的全部采购业务。这种组织形式便于明确工作任务和绩效考核,有利于调动员工的积极性及与供应商建立良好的人际关系,也适合于交易对象及工作环境差异性大的企业。

3. 顾客结构式

顾客结构式是指将企业的采购目标市场按顾客的属性进行分类,每个或几个采购人员负责同一类顾客的组织形式。这种组织形式可使员工较为深入地了解顾客的需求情况及存在的问题,通常适用于同类顾客较为集中的企业。

4. 综合式

综合式综合考虑了上述三种因素的重要程度和关联状况,稍具规模的企业在采购量较大、作业过程复杂、交货期长等情况下可以选择此种结构形式。

二、采购组织的类型

(一)分散型采购组织

1. 基本概念

分散采购是指由各预算单位自行开展采购活动的一种采购实施形式。分散的采购组织结构是伴随着总部对企业运作管理权限的放开,分支机构掌管了日常事务后出现的。分散型采购组织的一个重要特点就是每个经营单位的负责人要对自己的财务后果负责,从而使分支机构采购服务的客户满意度不断提高。总部通常以"参谋"(不是直线职能)的角色或以内部咨询机构的名义进行监督,制定合作政策,消除部门间的障碍。最终成为各分支机构间沟通的桥梁。因此,每个经营单位的管理者要对所有的采购活动负全责。

2. 优、缺点

分散型采购组织的优、缺点如表 2-1 所示。

表 2-1　分散型采购组织的优、缺点

优　点	缺　点
自主性、灵活性、多样性	造成供应商分散和混乱
可在本地采购,受当地欢迎	技术人员短缺,成本上升
交叉交易	重复采购,分支机构间缺乏沟通
有利于部门间竞争	缺乏财务控制
有利于员工互换	过量的地方采购

分散型采购组织对于拥有多样化经营单位结构的跨行业公司特别有吸引力,因为每一个经营单位采购的产品都是唯一的,并且与其他经营单位所采购的产品有明显的不同。

(二)集中型采购组织

1. 基本概念

集中采购是指由一个部门统一组织本部门、本系统采购活动(简称部门集中采购)的采购实施模式。因此,集中采购的实施主体可以是集中采购代理机构,也可以是一个部门委托采购代理机构进行的。集中采购的组织结构是建立在职能一体化基础上的,通常是在董事会的领导之下,这种模式下的采购部门是一个整体。企业内的分支机构的采购活动都要接受总部的管理,而总部也就是专业技能、档案和权力的聚集地。

2. 优、缺点及适用范围

集中型采购组织中,公司一级层面上设有一个中心采购部门,其中主要完成的工作有:公司的采购专家在战略和战术层面上的运作;产品规格的集中制定;供应商选择的决策;与供应商之间的合同准备和洽谈。

集中型采购组织的优、缺点如表 2-2 所示。

表 2-2　集中型采购组织的优、缺点

优　点	缺　点
规模效应	上下级之间的抱怨
标准化,有利于采购战略的实施	对系统的反抗
有利于财务管理	丧失机会
有利于评估,有利于监督	过高的管理费用
有利于采用信息技术与系统	对市场的反应较慢

通用汽车公司(欧洲)和大众汽车公司可以作为高度集中其战略和战术采购业务的例子。这种结构的主要优点是:通过采购协作可以从供应商处得到更好的条件(在价格和成本方面及服务与质量方面);它将促进采购向产品和供应商标准化的方向发展。

这种结构适用于几个经营单位购买相同产品,并对他们具有战略重要性的影响。

（三）混合型采购组织

在有些制造企业中,在公司一级的管理层次上设立公司采购部门,同时各经营单位也有自己的采购部门。

公司采购部门和经营单位采购部门的分工一般如下:

(1)公司采购部门通常处理与采购程序和方针相关的问题。

(2)公司采购部门定期对下层经营单位的采购工作进行审计。

(3)公司采购部门对战略采购品进行详细的供应市场研究,经营单位的采购部门可以参考使用。

(4)公司采购部门协调、解决部门或经营单位之间的采购工作。

(5)公司采购部门不进行战术采购活动,完全由部门或经营单位的采购组织实施。

(6)公司采购部门可能对各经营单位采购部门的人力资源进行管理。

经营单位自己的采购部门实施具体的采购工作,包括制订采购计划、与供应商联系谈判、签订合同、支付货款等。

（四）跨职能采购小组

跨职能采购小组是采购中一种比较新颖的组织形式,笔者以 IBM 公司的采购小组为例来进行介绍。1992 年,IBM 公司的财务出现了巨大的亏损,因此,IBM 对采购组织进行重组。IBM 的新采购组织采用了一个与供应商的单一联系点,即商品小组,由这个小组为整个组织提供对全部部件需求的整合。合同的订立是在公司层次上集中进行的,然而,在所有情况下的采购业务活动都是分散的。

采购部件和其他与生产相关的货物是通过分布在全球的采购经理完成的,这些经理对某些部件组合的采购、物料供应和供应商政策负责。他们向首席采购官(CPO)和他们自己的经营单位经理汇报。经营单位经理在讨论采购和供应商问题及制定决策的各种公司业务委员会上与 CPO 会晤。CPO 单独与每个经营单位经理进行沟通,使得公司的采购战略与单独的部门和经营单位的需要相匹配。这保证了组织中的采购和供应商政策得到彻底的整合。IBM 通过这种方法将其巨大的采购力量和最大的灵活性结合在一起。

对于与生产相关的物料的采购,IBM 追求的是全球范围内的统一采购程序,供应商的选择和挑选遵循统一的模式。他们越来越集中于对主要供应商的选择并与其签订合同,这些供应商以世界级的水平提供产品和服务并且在全球存在。这实现了更低的价格和成本、更好的质量、更短的交货周期,并因此实现了更低的库存。

任务二
采购组织的设计 ◆Ⅱ

任务导读

本项任务将引领读者了解采购组织设计的原则和方法,掌握采购组织设计的影响因素,能通过相关理论知识分析企业采购组织设计全过程。

一、采购组织设计原则

(一)采购组织的功能

1.凝聚功能

凝聚功能包括:明确采购目标和任务;建立良好的人际关系和群体意识;确定采购组织中领导的导向作用。

2.协调功能

协调功能包括:组织内部关系的协调,使之密切协作,和谐一致;组织与环境关系的协调,采购组织能够依据采购环境的变化调整采购策略,以提高对市场环境变化的适应能力和应变能力。

3.制约功能

采购组织是由一定的采购人员构成的,每一个成员承担的职能都有对应的权利、义务,通过这种权利、义务组成的结构系统,对组织的每一个成员的行为都有制约作用。

4.激励功能

在一个有效的采购组织中,应该创造一种良好的环境,充分激励每一个采购人员的积极性、创造性和主动性。

(二)采购组织设计原则

组织设计是指对组织结构、部门构成、职责权力及其关系等问题进行的系统规划。组织设计是组织机构建立和运行的基础,对组织的有效性影响很大。采购组织设计要考虑以下几项原则:

1.精简的原则

在企业采购部门的组织设计中要运用精简的原则,这个"精"是指人员精干,"简"是指机构简化。只有人员精干,机构才能简化;如果人员素质差而过分强调简化机构,则会导致应该开展的工作开展不起来,应该完成的工作完成不了,这同样是不可取的。

2. 责、权、利相结合的原则

只有责、权、利相结合,才能充分调动采购人员的积极性,发挥其聪明才智,才能保证采购组织工作的有效性。如果有权无责,必然会出现瞎指挥、盲目决策的现象;如果有责无权,什么事情都要请示汇报才能决策,也难以真正履行责任,还会贻误时机,影响效率。同样,没有相应的利益激励,也难以保证采购工作的高效、准确。

3. 统一的原则

统一的原则包括:首先,目标要统一。总目标定下来,再将总目标分解到各个部门、各分支机构的岗位和个人,形成子目标,当子目标与总目标出现矛盾或不协调时,强调局部服从总体。其次,命令要统一。采购决策、指令、命令要规范、统一,一方面要防止下级无法执行、无所适从的现象;另一方面要杜绝上有政策、下有对策的散乱现象。最后,规章制度要统一。各种规章制度是行为的准则,采购部门的总体规章制度与各分支机构相应的规章制度不能互相矛盾,应形成一个相配套的体系,在制度面前人人平等。

4. 高效的原则

采购组织应确定合理管理幅度与层次。横向上,各部门、各层次、各岗位应加强沟通,各负其责、相互扶持、相互配合;纵向上,上情下达迅速。同时领导要善于听取下级的合理化建议,解决下级之间出现的矛盾与不协调。只有团结成一个严谨、战斗力强的采购队伍,才能使采购工作高效地开展。

二、采购组织设计方法

不同的企业有不同的采购组织,要根据企业的实际需要设计企业的采购组织。在现实企业管理过程中,我们看到的采购组织千差万别,没有"放之四海而皆准"的采购组织。深入分析每个企业的管理职能、人员能力情况、资金实力和所处供应链位置,根据"精简,责、权、利相结合,统一,高效"的原则,选用适合企业职能、职责、权力、人才的配备关系,选择一种更适合企业本身的组织架构是设计的宗旨。不同的企业因所处的环境、战略、规模、政策不同,采购组织架构也应有所不同。另外,由于企业所处的竞争环境不同,企业的组织架构也随之变化,采购组织架构也将不断变化。

1. 采购组织设计的步骤

采购组织设计是有科学依据和合理步骤的,即兴而起的设计往往不能很好地满足企业的战略发展需要。采购组织设计的具体步骤如下。

（1）明确采购管理组织的责和权

明确采购管理组织的责任是保障企业产品质量最重要的规章制度之一。在设计采购管理组织时,要明确提出采购管理组织责任的大小和范围。同时,为了使采购组织成员的主观能动性得到最大限度的发挥,需要赋予采购组织一定的权力。对权力的范围大小也要有一个清晰的说明和界定。超越权限的采购往往是腐败现象和回扣产生的根源。赋予采购组织不同的职能,采购组织的设计就有不同的结果。例如,企业生产计划和需求计划的制订是否要采购部门参与,市场供求信息是否要采购人员进行调研,供应商是否由采购部门独立监控和管理,不同的责权范围,会产生不同的采购管理组织。

（2）明确一段时期内的采购量

采购工作量是决定采购组织规模和结构的又一个重要因素。供应商越多、采购的品种越丰富、采购频率越高、仓储和配送作业越复杂，使得采购组织的职能要求就越多、每个岗位的工作量和整体工作量就越大，从而采购组织就越庞大，相反就越小。越庞大的采购组织在设计时就越应扁平化，它可使信息的传递速度较快、失真度较低。采购组织内部各成员岗位的职责界定因时因地而异，有时需要清晰，有时需要模糊。采购组织在运营过程中也不是一成不变的，它需要根据当时的采购市场情况和销售市场情况做出灵活的改变。

（3）确认内部的采购分工

采购组织的内部分工直接决定了此组织的层次结构和同一层次结构内平行岗位关系的组成框架，这些框架与采购组织的职能和权力息息相关。纵向结构关系和横向结构关系是由采购组织所面临的采购任务量决定的。任务越多，企业的产品换代越频繁，采购组织的规模应越大，纵向和横向职能岗位延伸度就越大，岗位之间的职责和义务关系就越复杂。

（4）明确采购组织内部任务驱动路径

依据采购组织内部的任务驱动路径，可以设计出采购管理的作业流程过程，进而设计组织内的层次隶属关系。每一项将来要完成的作业任务均要设计一个独立的流程，对设计出来的流程要进行充分的论证和分析，在运作过程中发现有问题的要重新进行反复的论证和分析，直至流程在一段时期内能流畅运作为止。流程越短，组织结构越简单，工作的效率也会越高。设计流程时，应遵循能简不繁、从上而下、不断改进、充分论证等原则。

（5）岗位分配与人力资源配置

设定岗位的最根本依据是任务，以任务导向的岗位设计往往能起到"能简不繁"的效果。在设计采购岗位时，还要考虑企业的管理机制、管理职能、企业文化、社会背景、法律法规要求、顾客要求、创新要求及竞争情况等。岗位设定好后要给予相应的权利规定和职责义务。对岗位的绩效考核要明确，并且按工作量情况设定相同岗位的人数。同时，所有规定和制度要形成文件，每个岗位人员要熟悉这些文件和规定，执行好、落实好，方能出成效。

2. 采购组织设计的影响因素

任何组织系统都应有对内外环境的适应性，不能适应环境的组织是没有生命力的，采购机构也是一样。它必须适应外部环境与企业内部条件，并且随着外部环境的变化与企业内部条件的改变进行相应的调整，这样的机构才会充满活力。为此，我们必须研究影响采购机构设计的各种因素。概括来讲，影响采购组织机构设计的因素有以下几个方面。

（1）企业规模

一般来说，企业采购机构的大小与企业规模成正比。规模大、业务量大，对生产企业而言，其所耗费的原材料数量多；就商业企业而言，其商品的销售量大。无论是为了保证生产企业的生产需要，还是为了满足商业企业的销售需要，都必须完成大批量的采购任务，从而也就需要较为庞大的采购队伍；反之，企业规模小、业务量小，采购人员数量也就少。

（2）采购供应状况

采购供应工作是在一定的市场上进行的，因此，确定企业采购机构应思考市场供应的状况，一般应考虑两个方面的问题。

①市场供求态势。如果市场的商品供不应求，采购较为困难，四处求购，采购队伍应庞大一些；反之，如果市场上的商品供过于求，货源充足，购买方便，采购队伍可小些。

②供应点的分布情况。有些产品产地分散,供应点多、面广,这种采购带有一种"收集"的性质,采购队伍应庞大一些;反之,产品的采购地点集中,采购人员可少些。

（3）经营范围

值得指出的是,不同类型的企业对采购机构的要求也有差异。经营品种繁多的综合性商场,由于货源来源广泛,采购业务量大,采购机构应该大些;相反,经营品种较为单一的企业,如专业商店由于进货地点较为集中,业务简单,采购机构可小些。

（4）采购人员素质

企业采购人员素质的高低不仅决定了采购工作的质量,也影响着采购机构的大小。一般来说,采购人员素质高、业务熟练、工作能力强、效率高,采购队伍可小些,这也符合精简的原则;反之,如果采购人员素质差、业务生疏、工作责任心差、效率低下,这样要完成相应的采购工作,只能使用更多的采购人员,采购机构也就较为庞大。

（5）企业内部各部门的配合程度

采购工作是由一系列相互配合的业务环节所组成的,包括选货—面谈—签订合同—运输—验收—入库—结算付款等。要使采购工作效率高,采购部门应与企业内的其他部门(如运输、仓库、财务部门等)加强配合,使采购员集中精力搞好采购工作。相反,如果每个企业的采购员都将大量精力放在发运验收、付款上,其工作效率就会非常低下,这样要完成相应的采购任务,需要的采购人员也会较多。

（6）信息传递形式与速度

市场需求信息是企业采购的依据,这就要求企业应有一整套灵敏的信息传输系统,以便及时把握市场行情的变化。信息传输速度越快,采购决策越及时,效率越高,采购工作的准确性越高,无效劳动越少,采购人员数量可少些;反之,如果企业没有灵敏的信息传输系统,企业采购人员"满地跑",必然效率低,采购队伍就会庞大。

（7）其他因素

其他影响采购机构设计的因素也很多,如国家相关政策、交通运输条件、通信现代化水平、自然条件等。这些因素都从不同的方面影响着一个企业采购组织的设立。

3.采购组织设计

采购组织设计主要可以从以下几个方面进行:

①确认企业的采购组织结构类型。了解企业自身的性质、规模以及其相应的管理水平,然后结合各种采购组织的特点明确采购组织的职能,选择适合企业自身的组织结构。

②进行采购组织中岗位的设置。在选定采购组织类型后,根据该类型下的采购组织结构以及其相应的管理职能设置各个岗位。依据职责清晰的原则,明确每一个岗位的职责和权利,做到权责分明、权责统一。

③进行岗位中人员的设置。在确定了采购组织中的岗位后,需要按照"有效管理幅度"的原则及其相应的实际工作量来配备相应的人员数量。首先采购部门需要确定一个采购经理;其次其他岗位中人员设置要以数量能满足工作的需要为标准。人员太多容易增加成本,造成浪费;太少又易造成工作延误,难以满足工作要求和完成工作任务。

任务三
采购人员的素质要求 ◆ ‖

任务导读

本任务将引领读者了解采购部门岗位设置、岗位对应的职责以及采购人员的选拔途径,并熟悉采购人员应具备的基本素质,从而增强自身素质,为从事采购岗位奠定坚实的基础。

一、采购部门岗位设置及职责

1.采购组织的职责

采购部门是公司对供应商的唯一窗口,也是能对公司客户产生极大作用的组织。它是连接公司客户和供应商的纽带,从总体来讲,它具有对内和对外两种不同的职责。对外是选择和管理供应商,控制并保证价格优势;对内是控制采购流程,保证采购质量和交货周期,能够满足公司生产和市场的需要。

(1)采购总部的职责

①组织工作职责的制定。

②商品结构的制定(大组、小组、商品群、价格带,品项数等)。

③采购作业规范手册的编制与更新。

④拟订全国品牌采购条件、年度采购计划。

⑤统一订货与结算商品的处理。

⑥定期召开全国联合采购会议,加强地区采购部与全国采购本部、地区采购部与地区采购部之间的交流。

⑦促进各分店之间的采购交流工作。

⑧采购工作的培训与催货。

⑨协助新开张分店地方性商品的采购工作。

⑩协调财务部门,确保全国联合采购供应商的"绿色通道"。

(2)辅导各分店的采购工作

分析各分店商品结构,并给予各分店建议或指导。

①协调各分店与供应商之间的矛盾及交易条件。

②制定符合公司规章制度的采购控制流程,确保公司的采购活动能够满足来自生产部门、市场部门、公司内部的各种采购要求。

③通过人员培训和组织调整,控制采购的合同风险和法律风险,杜绝来自公司内外的对采购流程的侵犯,提高采购部门的纯洁性。

2.采购部门的职责

①供应商(包括寻找新的物料代替品)的调查与选择。通过采购调研做出对供应商的筛

选、甄别、评价、认证、培养、审核、考察、评审、资料备案等。

②与供应商协商对采购最有利的供货条件(包括质量、折扣、价格、进货奖励、广告赞助、促销办法、订货办法、送货期限及送货地点等)。

③收集市场信息、价格变化并进行调查分析,掌握市场的需要及未来的趋势。对市场(国内和国际)的行情有及时的了解,保证公司在采购价格上的优势。在市场状况发生明显变化时能够妥善利用供应商的资源并采取适当战略降低风险和取得竞争优势。

④核对订购单所购物料的技术规范和技术标准。

⑤供货商交货时商品的品质、数量的验收、追踪和处理。

⑥询价、洽谈采购条件,填制订购单并签订采购合同。

⑦降低采购运作的成本,提高采购效率以及内部和外部的客户满意度。

二、采购人员的素质要求

在市场经济条件下,决定企业成功的根本因素是人,企业的采购都要通过采购人员来完成。有的企业每年外购总值高达数亿元,甚至数百亿元,只要采购管理工作发生一点疏漏,就可能造成严重后果。可见采购人员的能力和素质对一个企业来说有多么重要。

1. 采购经理(总监)的职责

采购经理(总监)的职责包括:

①在总经理的领导授权下,直接负责采购部门的各项工作,并行使采购经理(总监)的职权,对商品的政策进行监督。

②在公司总体经营策略的指导下,制定符合当地市场需求的营运、客户、供应商、商品、价格、包装、促销、自有品牌等各项经营政策。

③遵循公司总体经营策略,领导采购部门达到公司对业绩及利润要求。

④给予采购人员相应的培训。

⑤保持采购本部与其他分店的密切沟通与配合。

⑥设定与监督商品品质与新鲜度基准。

⑦督导新商品的导入。

⑧开发特色商品。

⑨决定厂商业务合作的方式。

⑩采购人员的培养及管理。

⑪负责监督及检查各采购部门执行岗位工作职责和行为动作规范的情况。

⑫负责采购人员的考核工作,在授权范围内核定员工的升职、调动、任免等。

总之,采购经理需要根据运营整体进度规划,开发或优化现有供应商,并与之签订规范的产品经销合同;及时评估现有供应商的质量和效率,及时优化供应链,降低进货成本;依据采购部的采购需求单及补货单,保障执行采购;将市场上的销售情况反馈给产品经理,为其提供采购建议;与储运部门沟通接洽,及时理顺流程,保障入库;与财务部门沟通,及时审核、履行财务手续;检查并监督本部门是否将财务记录和资料进行归档留存;控制库存在合理的程度内,与供应商协调,及时安排办理调退货,优化库存。

2. 采购员的职责和要求

采购员的日常工作就是进行采购作业,包括商品的议价、交易条件协商、新商品的引进及议价、商品的配送方式、数量决定。

(1)采购人员的职责主要包括以下几项:

①热爱本职工作,注意市场信息的收集。

②工作要细,采购要精,行动要快,质量要高,服务要好。

③廉洁奉公,不徇私舞弊,不违法乱纪,讲究职业道德。

④采购必须依采购单进行采购,金额超过规定数额以上的须经采购经理批准。

⑤采购多种物品时,要分轻重缓急,合理采购。大宗高额物资需经采购中心招标采购,小宗物资需同申购部门代表一同采购。

⑥严把质量关、价格关,不采购假冒伪劣、不符合质量要求的商品,及时做好入库报销工作。

(2)对采购人员的要求主要集中在以下几个方面:

①采购人员应该是懂技术的、理智型的购买者。出色的采购人员是懂技术的,他们对所需设备的性能、原材料的质量、零部件的规格及供应者提供的产品是否符合质量要求等都心中有数;他们不是盲目型,也不是冲动型的购买者,而是理智型的购买者;他们对产品的质量要求比较严格,供货要求适时,特别强调售后服务是否跟得上,而很少受情感因素的影响。只有这样,才能保证采购进来的货物能物有所值、物有所用。

②采购人员应该是具有协作精神、目光长远的人。采购的目的不仅是买货,而是运用货物所具有的功能。所以采购人员需要具备协作精神,积极地保持与生产、技术、财务人员的联系,从而分析研究货物的功能,掌握货物的价值,使自己对采购行为做出的判断不仅限于眼前,而是让企业站在更高的角度,真正做到采购的货物能够物尽其用。

③出色的采购人员应该是信息十分灵通的人。他们对于行情变化、市场等了如指掌,在他们头脑中储藏着大量、准确的活信息。毫不夸张地说,他们在日常工作中是眼观六路、耳听八方的人,时时处处留心,通过耳闻目睹、日积月累掌握大量的信息。这一点对于采购人员来讲万分重要,否则他们采购的货物就不可能既价廉物美又能适应自身的需求。

(3)采购人员还要达到以下要求:

①作为采购部的员工必须对公司绝对忠诚,不接受厂商的回扣、旅游招待、赠品、宴请,违者将按公司有关规定处理。

②采购人员必须具备丰富的商品知识,慎重选择商品,建立商品组织,控制商品结构,清除滞销商品,经常引进新商品,维持商品的快速周转及新鲜度。

③采购人员应建立稳定的采购渠道,寻找充足的货源,避免脱销。

④采购人员必须适时开发新商品。

⑤采购人员应经常做市场调查,掌握竞争对手的商品构成、价格策略、促销手段等,并采取相应对策。

三、采购人员选拔与考核

采购质量的好坏直接决定了企业产品质量的好坏,进而影响企业的市场竞争力。而决定采购质量好坏的一个重要因素是人,优秀的采购人员和高效的采购部门往往能以较低的价格买到更高质量的原材料和更好的服务。对采购人员的管理是一门学问,单纯用奖罚的手段有时并不能管理好采购部门和采购人员。要使每个采购人员和采购部门管理者都能不断适应企业发展和市场竞争的要求,就必须制定一套完善的采购人员管理制度。

(一)采购人员的选拔

1. 采购人员选拔的意义

良好的采购团队除了由企业自己进行培养打造外,还可以在人才市场进行招聘组合而成。采购人员既可以从已拥有的团队中进行选择,也可以从市场中进行选聘。公开选拔采购员的机制已经被各行各业广泛采用。这对于优化企业的人才任用制度,杜绝人才选用过程的个人行为,打造企业内部公开、透明和科学的人才聘用机制具有深刻的意义。

首先,有利于吸纳四海人才,扩展用人空间。人才选拔一般面向符合条件的全社会人员,只要合乎企业的用人要求,都是企业选拔的对象。这样有利于采购队伍不断补充新鲜血液,活跃采购工作思维,创新和优化采购工作。在大范围内吸收才学兼优、工作经验丰富、人际关系广泛的采购精英加入企业的采购队伍中。

其次,有利于防止或杜绝采购过程中的腐败现象,纠正采购行业的不正之风,切断采购过程中不良行为的人为根源。公开、公平、公正和透明的用人制度,可以大大提高企业的横向和纵向人力资源竞争力,有效防止徇私枉法、贪污受贿、索要回扣等采购不正之风;也对培养部门人员之间的良性竞争上岗风气,激发大家的工作积极性和部门团结都有极大的帮助。良好的用人制度和激励机制可以充分调动采购人员的积极性,使采购作业不断完善。结构合理的采购人员分工和组成,能促进内部人员的相互监督、相互竞争,使企业获得更好的原材料和服务,以及更低的购入价格。

最后,采购人才选拔制度有利于企业形成正确的用人导向。通过各种考核手段,如面试、考试、试用、培训上岗、因材施教,有利于突破企业原来的各种人为因素制约,为真材实料的采购人员被聘用或晋升提供了公开和公平的环境,易使真正出类拔萃的人才得到机会,为企业的采购服务,也为企业的人才聘用制度不断完善起到正确的导向作用。

2. 采购人员选拔的步骤

采购人员的选拔是企业采购能否顺利进行的第一环节。采购人才素质是企业质量的一个重要方面。因此,企业要明确采购人才选拔的步骤及顺序。

(1)制定完整、明确、可执行的采购人员任职资格标准

在制定任职资格过程中,企业要注意必须做到任职资格标准的完整性、明确性和可行性。一个完整的人才选拔过程,必须先制定人才选择的规则和标准。不完整的任职资格要求,会导致招聘回来的人才存在某种能力欠缺,导致采购质量不能很好地符合企业的生产、销售及成本要求。采购人员任职资格要求明确,不能含糊其辞使招聘部门不能准确把握采购部门的用人要求。完整的、明确的采购人员任职资格,必须包括但不限于以下条件:学历条件、年龄、性别、工作阅历、曾经解决的问题案例、沟通及交际能力、健康状况、继续学习能力等。招聘采购人员的目的是使人与采购工作岗位相匹配,人与采购事宜相匹配。过高或过低的采购招聘要求有可能招不到合适的人员,或由于种种原因导致采购人员与实际工作岗位不匹配,最终导致实际

工作中留不住人。

(2)以综合能力为评价体系,挖掘素质高、能力强的潜在采购人员

企业招聘信息一经人才市场或网络平台发布,就会收到较多的求职信。如何在较多的求职者中找出适合企业要求的人选?如何找出不同人选间的能力不同点和相同点?这是一门学问,更考验评价体系的合理性和科学性。以1973年美国心理学家戴维·麦克利兰(David Mc-clelland)提出的胜任力为例,他认为评价一个人是否胜任一个岗位,主要是看他的胜任力指标。以采购岗位来说,具体包括以下指标:

①人格特性指标:指某个采购人员的身体特征及其典型的采购行为方式。包括:身体是否健康、能否随机应变、是否吃苦耐劳和是否真诚待人等。

②知识指标:指采购人员对在采购领域的一切有用信息的利用能力,如是否掌握采购基本知识能力、是否具有对采购知识的再学习能力等。

③技能指标:做好采购工作必须具备的工作能力,如国际采购具备的语言能力、电子采购具备的计算机应用能力和招标采购具备的法律、法规熟知能力。

④社会角色扮演指标:主要表现在采购人员是否能代表企业形象,如端庄的外表、文明的举止行为、优雅的谈吐、良好的语言组织能力和礼貌的待人接物。

⑤动机成期望指标:戴维·麦克利兰认为,每个员工都有自己的愿景规划或期望,了解一个人的动机和期望值,有利于掌握潜在采购人员是否对某一采购岗位具有长远的职业规划,及时了解其对采购知识和技能的后继自我培养潜力。

胜任力评估在西方国家应用较广泛,在我国人力资源管理领域也得到了不同程度的发展。目前,在我国采购人员综合能力评测体系中,也发展出较多的常用测评体系,如兴趣测评体系、解决问题能力测评体系、领导力测评体系、沟通能力测评体系。

(3)制定标准化的采购人员面试招聘流程

在人力资源管理没有形成科学化和规范化之前,对采购人员进行面试,往往存在流程随机、面试官组成随机、面试时提出问题随机、提问顺序随机等多方面问题。不能形成对面试者的多层次有序考核,这种考核的盲区,不利于人才的选拔。

规范化、结构化式的标准化面试流程,可以使人才的选拔更科学、更规范、更有效。主要体现在以下几个方面。

①首先要对采购工作的全过程进行分析,结合企业的市场竞争策略和成本控制策略,制定企业的采购人员岗位所需要的实操技能要求、知识要求、沟通能力要求等,从科学的角度规范采购人员的测评内容。

②只要是面试同一岗位的求职者,面试官都提出同一类型问题或同一组问题。这样做的好处是使每个面试同一岗位的求职者都能在被询问同一问题时提出各自的解决方案或思路,面试官可以在同一问题中的回答方案中对面试者进行排名。需要注意的是,面试时需要对采购人员进行隔离管理,避免面试内容被泄露。

③在面试考题中,要有针对性地选择其中最为关键的,可量化考题的,并且有明确的参考答案或评分标准。如此一来,面试者回答考官的问题后可以得到一个具体的分值。面试完后所有分值简单相加或取权重相加后,即可对每个面试者的最终表现进行能力排序。

④要想从人才大市场中选取企业需要的采购人员,除了制定一套完备的测评体系外,还需要有一个有能力执行测评体系的招聘团队,否则容易导致错失合适的人才,浪费企业的人力、

物力和财力。所有招聘人员入职后都必须进行严格、规范的系统性培训,并且熟悉企业的各种规章制度和企业文化。

⑤严格规定面试者的面试时间。一个合理的时间可以对面试者的快速反应能力、平时的工作积累、知识积累的熟练程度进行较准确的评测。

(二)采购人员的考核

采购人员的考核与其他考核一样,须注意考核的公平性、透明性、延续性和规范性。要使采购考核结果有利于提高企业的采购效率和降低成本,必须明确企业采购考核实施办法,明确采购人员考核应该遵循的原则,最后要有一套可执行的完整的考核流程,使采购考核得到员工的认可,激发大家的工作积极性,达到奖勤罚懒、你追我赶的企业文化氛围。

1.建立规范的采购人员考核办法

建立完整的采购人员考评办法,有利于提高企业的管理水平,提高采购部门的工作业绩。

(1)建立采购人员绩效评价体系

建立一个可行的、公开透明的绩效评价系统有利于提高采购人员的工作效率和工作效益。采购评价系统没有一个标准的体系,一般来说,适合本企业的就是最好的。常见的评价系统有以下几种:

①采购管理人员及上级管理部门共同约束的主观评价标准;

②采用外部专家规定的一般标准与本企业的标准相结合而成的综合标准;

③过去一段时间的经验总结标准;

④企业所在的行业常见标准。具体来说,还可以分为质量评价体系标准、数量评价体系标准、交货期评价体系标准、价格评价体系标准、退货率评价标准、投诉率标准等。

(2)建立采购人员绩效评价原则

建立采购人员绩效评价应遵循以下几项原则。

①采购人员考核应实施明显的差异化原则。采购组织结构中采购人员有不同的分工,同样的分工也存在不同的工作绩效,因此在考核过程中除了考核的标准要体现不同层级隶属关系间的差异化,还要体现在考核结果中的业绩差异化,使评价体系更有利于激发员工的工作热情。

②客观原则是采购人员考核的前提。业绩考核的对象是采购实施者和采购管理者,在完整的考核体系办法中,不可带有人为的感情因素和主观色彩,做到实事求是。考核是把被考核者与客观的评价标准进行对比,找出被考核的与标准间的差距或亮点。

③公开化原则可以使采购人员考核体系不断完善。企业制定的考核标准、考核体系和考核范围都应该向被考核对象公开。同时,在这些标准、体系和范围实施前应广泛听取公司高层和一线员工的意见和建议。民主征集的考核体系标准往往更容易得到采购人员的认可,形成良好的执行力。

④尽快反馈原则让采购人员在最短的时间内纠正采购过程中发现的问题。采购有时效性,采购人员的培训和考核往往是同步进行的。因此,及时反馈采购过程中发现的问题有利于提高采购质量。反馈是一门学问,及时的反馈也有利于把好的做法与人分享,让大家及时获知先进者的做法。在反馈过程中,应首先肯定采购人员的优点和进步,然后提出不足之处,为未来工作指明方向。

2. 采购人员考核实施办法

(1)组建采购管理监督评价小组

采购业绩的好坏不是由某个指标体现出来的，而是由与采购有关的综合性指标体现出来的。这些指标可能涉及生产、销售、质检、仓储管理、运输包装等。因此，采购评价小组的成员应包括与采购评价相关因素有关的岗位人员，这样评价的结果才具有权威性和全面性。评价小组的成员应采用民主推荐和选举的方式产生，并规定成员要有一定的任期。成员应具有公正的思想，不公报私仇，不以权谋私，具有一定的大局观和使命感。

(2)对采购工作目标进行量化

采购业绩的好坏不是一两个人的主观臆断，而是从实际出发以量化的方式体现出来的。因此，每个评价指标应具有可操作性和量化性，否则很难对采购人员的业绩好坏进行评判。在量化过程中，要分清每个量化因子的权重大小。一般来说，具有较大权重的因子有：①对公司未来发展战略影响；②对公司目前销售影响；③客户一段时期内投诉率；④对公司成本控制；⑤公司主打产品。量化工作目标的一个非常重要的内容是找出哪些指标是应该进行考核的，是必不可少的。一般来说，采购工作目标体系主要包括以下几个方面。①业务体系指标：采购成本指标、采购质量指标、交货期指标、供应商服务指标、残损率指标；②个人能力指标：沟通能力指标、创新能力指标示、谈判能力指标、团队能力指标。表2-3是采购人员绩效考核表的一个示例。

表2-3　采购人员绩效考核表成员绩效成本控制

成员绩效考核得分	成本控制权重 X%	质量控制权重 Y%	交货期权重 Z%	残损率权重 P%	投诉率权重 Q%	团队协助权重 R%	综合业绩表现分
郑某	A1	A2	A3	A4	A5	A6	A
黄某	B1	B2	B3	B4	B5	B6	B
李某	C1	C2	C3	C4	C5	C6	C
张某	D1	D2	D3	D4	D5	D6	D
王某	E1	E2	E3	E4	E5	E6	E

备注：各项考核满分为100分，权重值之和公式为：X% + Y% + Z% + P% + Q% + R% = 1

(3)规范考核实施流程

采购绩效考核可以使员工实现个人的职业愿景，但处理不好可能会对采购人员产生消极的影响。一个规范有序的考核体系要有一个科学合理的考核流程，在设计考核流程时，每个考核步骤要环环相扣，每个考核细节的执行过程都要求严谨、令人信服。在制定考核流程过程中应使每个考核内容都可控、不存在歧义。

(4)等级评价与结果公示

采购绩效评价的目的是奖勤罚懒，对先进的采购人员进行鼓励，让表现不好的人员有一个学习的标杆，共同促进企业的采购管理工作，最终获得越来越强的市场竞争力。

为了使不同的考核得分有一个层级划分和排序，需要对评价完成的得分进行一个等级划定，规定在哪个等级的得分可以获得晋升、奖励、警告、辞退、换岗或再培训。每一个时期的绩效评价完成后，要对下一考核时间段的绩效考核指标和考核计划做一个重新规划，不断完善企业的考核体系。

（三）采购人员岗位轮换

企业经营日益复杂,岗位分工越来越细,员工长期在一个岗位上工作容易形成机械式操作,失去创新能力和工作的积极性。通过岗位轮换可以使采购人员获得能力的增长和创造力的提升。

1. 岗位轮换的必要性

不同的采购岗位对人才的要求是不一样的,岗位轮换制是企业人力资源管理的一项重要内容。在一定的期限内,让采购人员对不同的岗位间调换,一方面,能够使采购人员积累不同岗位的工作经验,增加采购人员在不同岗位的适应能力,同时培养采购人员的多种能力,从而为企业培养复合型采购人员、骨干管理型采购人员;另一方面可以防止采购人员长时间在同一岗位上为己谋利,有效避免采购人员的腐败行为,形成一种无形的监督机制。

2. 岗位轮换的方法

岗位轮换应有一套规定的标准,当企业的业务流程发生改变或经营方向发生变化时,往往岗位轮换随之产生,岗位轮换的前提是任岗人员必须要有胜任岗位工作的能力。岗位轮换常用的方法有:

①采购管理内部不同岗位、不同部门、不种工种间轮换。

②不同区域采购部门间轮换。

③采购管理部门与其他部门间的岗位轮换。

④同一层次权力岗位间的轮换。

⑤管理层与作业层之间的调上或调下轮换。

3. 岗位轮换的原则

岗位轮换对企业管理的促进作用和市场竞争力提升是不言而喻的。采购部门是一个企业控制成本最为关键的部门,采购人员的稳定性有利于企业经营管理的稳定性,要处理好这两者之间的矛盾关系需要遵循以下几个原则。

（1）自愿性原则

岗位轮换在一定程度上可以提高员工的创造力和工作的积极性,但也因人而异,要使岗位轮换发挥最大的作用,做好与采购人员的沟通非常有必要。通过沟通,可以了解采购人员对新岗位的工作意愿和能力适应程度。双向选择、有效沟通可以减少在采购管理过程中岗位轮换导致的工作失误,避免对企业生产和销售带来负面的冲击效应。同时也可以减少员工的负面情绪,最大限度地发挥采购人员的主观能动性。

（2）适当时间原则

岗位轮换有其内在的规律性和时间性。在轮换过程中要充分考虑采购人员的适应性和轮换的周期性。过短的轮换间隔会使采购人员的能力还没适应或刚刚适应时又要轮换到另一个岗位,加重采购人员的心理负担,使采购人员的工作热情得不到提升,反而下降,作用适得其反。成熟的人力资源管理科学证明,员工在同一工作岗位上工作五年以上依然得不到晋升的,应考虑进行岗位轮换。另外,一名员工在同一个企业如果工作时间非常长,也不能因此进行大量的岗位轮换,建议总的岗位轮换次数在 8 次以内。

（3）流出流向原则

企业的每个采购岗位对采购人员的要求不同,他们所担负的工作性质也就不同,要求的工作职责各异,因此对采购人员的综合能力和素质要求也有所不同。采购人员的岗位轮换要考虑的不单是人的因素,同时也要考虑岗位、企业文化以及能力等因素,尤其要注意的是,轮换后对原岗位和流向岗位会产生怎样不利的影响。对采购人员的岗位流向而言,存在以下四种不合理的流向:高能力流向低要求岗位;高能力流向更高要求岗位;低能力流向高要求岗位;低能力流向更低要求岗位。这四种都是不合理的岗位轮换,都会造成采购人员的浪费或能力的不足。

●项目拓展

集中采购与分散采购需要考虑的标准

集中或分散采购应到什么程度的问题难以简单地回答。大多数公司在两个极端之间进行平衡:在某个时候,他们会采用集中的采购组织,而在几年以后他们可能会选择分散的采购组织。最近几年,许多汽车公司都决定将其采购业务集中化。其他的公司,如办公设备制造商也采取类似的措施,从职能结构转向部门结构。

下面的因素或标准在决定采购的集中或分散时经常被使用:

1. 采购需求的通用性

经营单位对购买产品所要求的通用性越高,从集中的或协作的方法中得到的好处就越多。这就是为什么大型公司中的原材料和包装材料的购买通常集中在一个(公司)地点。

2. 地理位置

当经营单位位于不同的国家和地区时,可能会极大地阻碍合作。实际上,在欧洲和美国之间的贸易和管理实践中存在较大的差异,甚至在欧洲的范围内也存在着重大的文化差异。一些大型公司已经将其协作战略从全球转为地区。

3. 供应市场结构

有时公司会在它的一些供应市场上选择一个或数量有限的几个大型供应商组织。在这种情况下,力量的均衡肯定对供应商有利,采用一种协同的采购方法会更有意义。

4. 潜在的节约

某些类型的原材料价格对采购数量非常敏感。在这种情况下,购买的数量多,会使原材料的价格降低。

5. 所需的专门技术

有时,有效的采购需要非常高的专业技术,如高技术半导体和微芯片的采购。因此,大多数电子产品制造商已经将这些产品的购买集中化,在购买软件和硬件时也是如此。

6. 价格波动

如果物资(如果汁、小麦、咖啡)价格对政治和经济、气候的敏感程度很高,集中的采购方法就会受到偏爱。

7. 客户需求

有时,客户会向制造商指定其必须购买的一些产品,这种现象在飞机工业中非常普遍。这些条件是由客户与负责产品制造的经营单位商定的。

●项目小结

不同的企业有不同的采购组织,要根据企业的实际需要设计企业的采购组织。采购组织设计要明确采购管理组织的责和权,明确采购管理组织的责任是保障企业产品质量的最重要的规章制度。采购组织设计要明确一段时期内的采购量,采购量决定采购组织的规模和结构。采购组织设计要确认内部的采购分工,内部分工直接决定了此组织的层次结构和同一层次结构内平行岗位关系的组成框架。明确采购组织内部任务驱动路径,可以设计出采购管理的作业流程,进而设计组织内的层次隶属关系。

有了采购组织的层次隶属关系后,可以对采购员、采购主管,采购经理、采购总监的职能进行规划和职责明确,这些规划和职责依赖于企业对这些人员的选拔、考核和管理。采购人才素质的好坏是决定企业质量的一个重要方面,因此,企业要明确采购人才选拔的步骤及顺序,合理的人才选拔制度为人才的考核提供了保障,考核要注重公平性、透明性、延续性和规范性,公平、公正、透明的采购考核结果有利于提高企业的采购效率和降低成本,使采购考核得到员工的认可,激发大家的工作积极性,达到建立奖勤罚懒,你追我赶的企业文化氛围,因此要建立一套完整的采购人员绩效评价体系。

●项目测试与训练

一、讨论题

1. 采购组织内部分工越细越好吗？为什么？

2. 采购部隶属于生产管理部会带来哪些执行力问题？

3. 采购人员的选拔与采购质量有什么关系？

4. 李某是广州市某知名饮料集团公司的采购主管,由于现在招普通工人较难,于是李某经常介绍老乡来公司工作,其中张某就职于李某所在采购部。每到考核时期张某都会对李某说"老乡要多多照顾"之类的话语,要求评分时不要对他太严格。试问,对采购人员进行考核时要注意哪些方面？

二、技能训练

1. 训练目的

调查学校周边企业的采购方式、采购部门组织结构和管理职责。

2. 训练要求与操作准备

(1)调查其主要的采购方式,分析采购方式与采购商品之间的关系。

(2)调查其采购部门的组织结构。

(3)调查其采购管理的职责,找出不足之处,提出解决措施。

3. 训练资料与设备

(1)自由组合成小组,每组 3~4 人。

(2)自行组织调研,收集资料。

(3)结合项目背景信息,小组成员对收集的资料进行分析和交流,找出企业采购管理中存在的问题,编制企业采购职责。

(4)训练结束后,各小组以文档的形式在课堂分享成果。

(5)小组之间互评、教师点评。各小组完善实训报告。

课后习题

（一）单选题

1. （ ）采用集权式采购组织。
   A. 价格较高的物品　　　　　　　　B. 价格较低的物品
   C. 研发实验物品　　　　　　　　　D. 小批量采购的物品

2. （ ）采用分权式采购组织。
   A. 价格较高的物品　　　　　　　　B. 关键的零部件
   C. 研发实验物品　　　　　　　　　D. 保密性强的物品

3. 常见的采购部一般不隶属于（ ）管理。
   A. 行政部　　　　　　　　　　　　B. 企业总部
   C. 物流管理部　　　　　　　　　　D. 人力资源部

4. 以下（ ）不是采购员的职责。
   A. 供应商寻找　　　　　　　　　　B. 供应商谈判
   C. 采购合同签订　　　　　　　　　D. 订单信息上传下达

5. 分权式的采购组织就是将与采购相关的职责和工作分别授予（ ）来执行。
   A. 同一个部门　　　　　　　　　　B. 统一的部门
   C. 不同的部门　　　　　　　　　　D. 同一级领导

6. 集权式的采购组织是将采购的职责与工作集中授予（ ）执行。
   A. 一级部门　　　　　　　　　　　B. 一级领导
   C. 一级组织　　　　　　　　　　　D. 一个部门

（二）多选题

1. 采购组织功能有（ ）。
   A. 凝聚功能　　　　　　　　　　　B. 协调功能
   C. 制约功能　　　　　　　　　　　D. 调度功能
   E. 激励功能

2. 采购员的工作职责是（ ）。
   A. 查访厂商
   B. 与供应商就价格、付款方式、交货日期进行谈判
   C. 编制年度采购计划与预算
   D. 处理退货

3. 采购人员的素质要求有（ ）。
   A. 思想品德素质　　　　　　　　　B. 知识素质
   C. 商业活动素质　　　　　　　　　D. 能力素质

4. 采购监控是对采购活动进行的监督和控制活动，包括对（ ）的监控。
   A. 人员　　　　　　　　　　　　　B. 资金
   C. 商品活动　　　　　　　　　　　D. 采购批量

5. 采购主管的工作职责是（ ）。

A. 负责主要原料与物料的采购

B. 与供应商就价格、付款方式、交货日期进行谈判

C. 编制年度采购计划与预算

D. 处理退货

E. 签订审核订购单与合约

● 答案

（一）单选题

1. A　　2. C　　3. D　　4. D　　5. C　　6. D

（二）多选题

1. ABCE　　2. ABD　　3. ABD　　4. ABC　　5. ACE

项目三
采购方式的选择

● 学习目标

知识目标

1. 掌握采购方式的分类,明确采购方式的选择。

2. 认知现实生活中典型的采购方式的相关内容。

3. 认知现代采购方式的独特性与相关采购方式的操作。

技能目标

1. 针对具体采购任务,做出正确合理的采购方式决策。

2. 树立科学的现代化采购观念,正确实施现代化电子采购。

3. 能够正确选择订货点,根据企业实际来制定定期订货法和定量订货法技术。

4. 能够对 JIT 采购的原理和运作流程有一定的了解,并能实施 JIT 采购。

5. 掌握网上招投标采购的知识内容。

● 引导案例及分析

采购方式选择模式创新

广东壹号食品股份有限公司通过亚洲流体网代采交易平台成功采购污水切割泵,扬程 15 m 左右,流量 40 m³/h。据了解,广东壹号食品股份有限公司已在亚洲流体网代采交易平台上成功采购许多产品。相关负责人表示:"亚洲流体网创新工业品代采交易新局面,选择亚洲流体网代采交易平台不是偶然,我们是经过悉心而慎重的选择!"

众所周知,在"互联网+"背景下,各种销售的压力逼着供应商改变营销套路,迫使他们不再局限于线下市场。企业采购趋于电商化、多样化、阳光化、全程化。采购商越来越多地通过电商平台实现全球寻源,达成采购管理标准化、规范化,从而提升整个采购效率。阳光代采的线上模式,实现采购信息的公开透明,从而实现大企业管理透明化,减少整个采购过程中的"灰色地带",减少不必要的成本支出。通过运用"互联网+"采购模式,实现从采购需求到支付结算全过程的在线完成,实时跟踪,进而实现商流、物流、资金流的高效统一。

当然,代采平台的巨大优越性才是促使越来越多采购商入驻的最大原因。

首先,代采交易平台有海量的供应信息。这也是互联网的魅力所在。采购商无须花费大量的时间和信息进行产品的搜索和供应商的选择,供应商会主动找到你,从而缩短采购时间。正如壹号食品相关负责人表示:亚洲流体网代采交易平台拥有20万优质供应商,这为实时得到报价,拿下好价格奠定了基础。更为重要的是,平台整合了各类信息资源,从行业研究到技术解读,从政策法规到产品导购,从工程项目到新品推荐……都为我们的采购提供了很多有用的信息。

其次,采购流程得以简化。传统工业品采购过程都较为烦琐,要经过询价/报价、招标/投标、竞价谈判等烦杂流程,想采购的东西很可能最少半个月之后才能买到。而网上采购则让采购商与供应商之间烦琐的手续流程大大简化,在提高了采购效率的同时还降低了采购成本。

再次,资格认证安全高效。对此,壹号食品负责人感触颇深:"因为我们对产品的性价比要求很高,让我们在对供应商的选择上尤为谨慎,当我们在网上搜索厂家产品的信息时,毕竟隔着网络,没有亲眼看到实物,心里总是不放心。这种顾虑也会让我们错过一些物美价廉的产品。而亚洲流体网代采交易平台的供应商都是经过公司诚信认证的,并且在采购过程中,采购经理是全程跟踪服务,这让人放心不少,也大大提高了我们的采购效率!"

最后,代采服务全面贴心。我们都知道,卖产品卖的是服务,服务的好坏直接决定了产品的受众度和客户的满意度。而对于代采平台,我们总是期望它能消除采购商网上采购的不踏实感。据悉,吸引壹号食品与亚洲流体网合作的最大原因在于,该平台设有一对一采购经理和专业团队的服务,有了专业的采购经理人的帮助,能够很快地提升供应商开发的效率,寻找最优质的供应商,降低壹号食品的采购成本。很多平台都是付费代采的,而流体网,提供免费的代采服务,让壹号食品增加合作的信心。

通过这样的采购案例,我们不难发现,互联网技术的发展与运用给采购商带来了新的发展契机。未来,随着"互联网+"的大热,更多的采购商将从线下转型到线上,以"物有所值"的理念在创新的采购模式中,为企业带来更多成本上的降低,以实现真正意义上的第三利润源。

思　考

1. 分析互联网技术,给采购带来的影响有哪些?
2. 如果你是公司采购经理,你还会选择什么样的方式进行原材料的采购?
3. 对本案例你有什么体会?

任务一
采购方式分类及选择 ◆ ▌▌

任务导读

采购方式的选择是采购方案策划的一项重要内容。在讨论采购方式之前,我们有必要首先了解采购的定义和采购的分类。

采购方式是采购主体获取资源或物品,工程及服务的途径、形式与方法。当采购计划确定以后,采购方式的选择就显得格外重要,它直接决定企业能否有效地组织、控制物品资源,以保证其正常生产和经营,以及最大利润空间的实现,采购方式的选择主要取决于企业制度、资源状况、环境优劣、专业化程度、资金情况和储运水平等,本任务针对企业单位采购方式的选择问题做出分析,给采购个人与采购企业带来参考的依据。

一、采购方式分类

(一)按采购商品的品种性质分类

按采购商品的品种性质可将采购方式分为常规品采购,紧缺品采购、生鲜品采购和时令品采购等多种采购渠道。

1.常规品采购

常规品采购的特点是供大于求,根据品种重要性的不同,又可以分为重要品采购和非重要品采购。

2.紧缺品采购

紧缺品采购的特点是求大于供,这种性质,一般是针对突发意外的情况,需要提前做好采购计划编制与预防紧缺的工作。

3.生鲜品采购

生鲜品采购也称易腐商品采购,生鲜属不易保存的商品。

4.时令品采购

时令品采购,即季节性物品采购,这个一般是企业单位的常规采购操作业务。

(二)按采购主体分类

按采购主体,可以将采购方式分为私人采购、团体(联合)采购和企业采购、政府采购等。

1.私人采购

私人采购是以满足家庭或个人的需要而进行的采购。

2.团队(联合)采购

团队采购是指某些团体与企业联合,通过大批量地向供应商订购货物或是原材料,以低于市场价格获得某些产品或服务的采购行为。

3. 企业采购

企业采购是指企业供应商通过各种渠道,从外部购买生产经营所需物品,从而进行有组织、有规划的采购活动。

4. 政府采购

政府采购又称统一采购或公共采购,是指各级政府及其下属单位,为了开展日常的政务活动和向公众提供社会公共产品或公共服务的需要,在财政部分的监督下,以法定的方式方法和程序(按国际规范一般应以竞争性招标采购为主要方式),从国内外市场上为政府部门或所属公共部门购买所需货物、工程和服务的行为。

(三)按采购技术分类

按采购技术、可以将采购方式分为传统采购、现代采购。

1. 传统采购

传统采购一般是每个月末,企业各个单位(部门)报下个月的采购申请计划到采购部门,然后采购部门把各个单位(部门)的采购申请计划进行汇总,形成一个统一的采购计划书,根据这个采购计划书,分别派人到各个供应商处去订货,然后策划组织运输,将所采购的物资运输回来并验收入库,存放于企业的仓库中,以满足下个月的物资需要。

这种采购以单个单位的采购申请计划为依据,以填充库存为目的,管理比较简单、粗放,市场反应不灵敏,库存量大,资金积压多,库存风险大。

2. 现代采购

现代采购主要有定量订货法采购、定期订货法采购、MRP采购、JIT采购、供应链采购和电子商务采购等。

①定量订货法采购,是指预先确定一个订货点和一个订货批量,然后随时检查库存,当库存下降到订货点时,就发出订货请求,订货批量的多少等于规定的订货批量。

②定期订货法采购,是指预先确定一个订货周期和一个最高库存水准,然后确定订货周期,周期性地检查库存,发出订货,每次的订货量等于规定的最高库存水准与检查库存时实际库存量的差额。

③MRP采购(Material Requirement Planning)即物料需求计划采购,主要应用于生产制造型企业。它是企业采购人员使用MRP应用软件制订采购计划来进行采购。MRP采购的原理是,根据主生产计划(Master Production Schedule,MPS)、产品结构清单(Bill of Material,BOM)以及产品及其零部件的库存量,从而计算出产品的各个零部件、原材料应该投产的时间、投产数量,或订货时间、订货数量,也就是制订出所有零部件、原材料的生产计划和采购计划,然后按照这个采购计划进行采购。

④JIT采购,也叫准时化采购,是一种完全以满足需求为依据的采购方法。即采购方根据需要对供应商下达订货指令,供应商在指定的时间,将指定的商品按规定的品种、数量送到指定的地点。

⑤供应链采购,是一种供应链机制下的采购模式,是指供应链内部企业之间的采购,即供应链内部的需求企业向供应商企业采购订货,供应商企业将货物供应给需求企业。

⑥电子商务采购,是一种在电子商务环境下的采购模式,它的基本原理是:由采购人员通过网络,在网上寻找供应商和所需品种,在网上洽谈贸易、订货甚至支付货款,而在线下送货、进货,从而完成全部的采购活动。

(四)按采购职能的范围和目标分类

按采购职能的范围和目标,可将采购方式分为商业领域采购、公共领导采购和制造业采购。

1. 商业领域采购

商业领域采购是为了转售而进行的采购和储存货物。

2. 公共领域采购

公共领域采购是指中央和地方政府以及其他公共服务部门为了向公众提供公共服务而进行的采购。

3. 制造业采购

制造业采购是为了制造、加工货物或材料而进行的采购。

二、采购方式选择

按采购方式选择的发展历程,可分为现货采购、远期合同采购和期货采购;按采购权限可分为分散采购和集中采购;按采购主体完成采购任务的途径,可分为直接采购和间接采购、招标采购与协调采购、单一来源采购等。

(一)采购方式可划分为现货采购、远期合同采购和期货采购

1. 现货采购

现货采购是指商品交换中即期实现货币转化为商品的购买行为。现货采购具有即时交接,责任明确,无信誉风险,灵活方便,手续简单,易于组织管理等优点,但现货采购对市场的依赖性大。

2. 远期合同采购

远期合同采购是指供需双方为稳定供需关系,实现商品购销而签订远期合同的采购方式,它通过合同约定,实现商品的供应和资金的结算,并通过法律和供需双方的信誉与能力来保证预定交割的实现。

3. 期货采购

期货采购分为金融期货和商品期货。这里所讲的商品期货的采购是采购者在交易所买入标准化的,受法律约束的期货合约,在未来的某个时刻、某个地点,按期货合约规定购入货物的采购方式。

（二）分散采购与集中采购

1. 分散采购

分散采购是由企业各下属单位(如子公司、分厂、车间或分店)实施的满足自身生产经营需要的采购。而企业的集中采购、分散采购没有本质区别,都是由企业说了算。分散采购的重点在于政府采购范畴下,受相关法规约束自行采购,不受政府采购法规约束。单位如何才能自行采购呢? 一是不用一分与财政沾边的钱,这种一般只适用于自收自支事业单位,其他事业单位和行政机关不适用;二是财政部门同意单位自行采购,这种情况较少。自行采购就简单了,直接买就行。分散采购,对采购人,本质上不如集中采购简单方便,也不利于提高资金使用效果,仅适用于急、难、专的情况。

（1）分散采购的优点

①能适应不同地区市场环境变化,商品采购具有相当的弹性;

②对市场反应灵敏,补货及时,购销迅速;

③由于分部拥有采购权,可以提高一线部门的积极性,提高其士气;

④由于采购权和销售权合一,分部拥有较大权力,因而便于分部考核,要求其对整个经营业绩负责。

（2）分散采购的缺点

①部门各自为政,容易出现交叉采购、人员费用较大;

②由于采购权力下放,使采购控制较难,采购过程中容易出现舞弊现象;

③计划不连贯,形象不统一,难以实施统一促销活动,商店整体利益控制较难;

④由于各部门或分店的采购数量有限,难以获得大量采购的价格优惠。

由于分散采购制度存在许多弊病,这种方式正逐渐被集中采购所取代。只有在地区之间消费需求存在较大差异时,分散采购才适用于跨地区的连锁公司。

2. 集中采购

集中采购是指政府采购中将对采购目录内的货物、工程、服务集中进行采购,集中采购包括集中采购机构采购和部门集中采购,目录内属于通用的政府采购项目,应当委托集中采购机构代理采购,属于本部门、本系统有特殊要求的项目,应当实行部门集中采购。

（1）集中采购的优点

①集中的数量优势;

②避免重复;

③集中采购形成规模运输从而降低运输成本;

④减少企业内部的各部门及单位的竞争和冲突;

⑤形成供应基地;

⑥降低采购成本。

（2）集中采购的缺点

①容易受外来因素的干扰,如政府有关部门人员、公司上级领导推荐;

②内部人员分别推荐不同的单位,初选和评标时往往议而不决,工作效率低,会产生或加剧内部矛盾;

③如果采购流程的任何一个环节不能按期完成,都会导致不能按计划完成采购,进而影响工期、施工单位索赔等;

④采购主管部门往往诱致性地推荐投标单位,致使更优秀的单位被瞒报。

(三)直接采购和间接采购

1. 直接采购

直接采购是指采购主体直接向物品制造厂家采购的方式。

(1)直接采购的优点

采购环节少,时间短,手续简便,意图表达准确,信息反馈快,易于供需双方交流、支持、合作,没有竞争性。

(2)直接采购的缺点

商品的来源渠道单一,或属于专利、首次制造、合同追加、原有采购项目的后续扩充和发生了不可预见的紧急情况不能从其他供应商处采购等情况。采购活动处于一对一的状态,且采购人处于主动地位。在交易过程中,容易发生各种不规范行为。

2. 间接采购

间接采购是指通过中间商实施采购行为的方式,也称委托采购或中介采购,主要包括委托流通企业采购、调拨采购。间接采购适合于核心业务规模大,盈利水平高的企业。其适用条件是当地或较近的区域有能够承担采购任务的流通企业或中介组织。

(1)间接采购的特点

①充分发挥工商企业各自的核心能力;

②减少流动资金占用,增加资金周转率;

③分散采购风险,减少物品非正常损失;

④减少交易费用和时间,从而降低采购成本。

(2)间接采购的适用范围

①适合于核心业务规模大,盈利水平高的企业;

②规模过小,缺乏能力、资格和渠道的企业;

③没有适合采购需要的机构、人员、仓储设施的企业。

(四)招标采购与协同采购

1. 招标采购

招标采购是指采购方作为招标方,事先提出采购的条件和要求,邀请众多企业参加投标,然后由采购方按照规定的程序和标准一次性地从中择优选择交易对象,并与提出最有利条件的投标方签订协议等过程。整个过程要求公开、公正。招标采购是政府采购最常用的方法之一。招标采购可分为竞争性招标采购和限制性招标采购。它们的做法基本相同,其主要的区别是招标的范围不同,一个是向社会公开招标,一个是在选定的若干个供应商中招标。除此以外,其他在原理上都是相同的。一个完整的招标采购过程由供应商调查和选择、招标、投标、开标、评标、决标、合同授予等阶段组成。

2. 协同采购

协同采购是指企业内部各部门以及与外部协同进行的采购作业方式。协同采购分为企业内部协同与企业外部协同。

①企业内部协同：企业进行高效的采购行为，需要企业内部各部门的协同合作。

②企业外部协同：企业和供应商在共享库存、需求等方面的信息基础上，企业根据供应链的供应情况实时在线调整自己的计划和执行交付的过程。同时，供应商根据企业实的库存、计划等信息实时调整自己的计划，可以在不牺牲服务水平的基础上降低库存。

（五）单一来源采购

单一来源采购是指只能从唯一供应商处采购、不可预见的紧急情况、为了保证一致或配套服务从原供应商添购原合同金额 10% 以内的情形的政府采购项目，采购人向特定的一个供应商采购的一种政府采购方式。通常是所购产品的来源渠道单一或属专利、艺术品、秘密咨询、属原形态或首次制造、合同追加、后续扩充等特殊的采购，我国在《政府采购法》第 31 条对此做了相应的规定。同时，单一来源采购由于其自身采购方式的特殊性和必需性，被各国和各种形式的国际经济组织广泛采用，如：《国际复兴开发银行贷款和国际开发协会信贷采购指南》（简称《指南》）在"招标以外的采购方式"一章中规定的直接签订合同方法，即单一来源采购；联合国国际贸易法委员会《货物、工程和服务采购示范法》（简称《示范法》）第 51 条规定了单一来源采购；世界贸易组织《政府采购协议》（简称《协议》）第 7 条规定了限制性招标，也与单一来源采购类似；欧盟《政府采购指令》（简称《指令》）规定了谈判程序，其中不带竞争邀请的谈判程序也是单一来源采购。

（六）其他采购

（1）招标是一种卖方有序竞争采购方式。招标分为公开招标和邀请招标。公开招标，是指招标人以招标公告的方式邀请不特定的法人或者其他组织投标。公开招标的特点：采购规模大、采购大众化、普通，生产厂家多。邀请招标，是指招标人以投标邀请书的方式邀请特定的法人或者其他组织投标。邀请招标特点：使用特定工艺的所需采购物只有少数几家生产。

（2）询价是指采购人向供应商或承包人就采购的工程、货物或服务询问价格，确定选择交易对象及交易条件的采购方式。在公共采购中，通常要求询价对象的数量为三个及以上。询价采购特点：采购规模小，可货比三家而定。

（3）订单是指采购人主动向供应商或承包人发出订单从而达成交易的采购方式。

（4）磋商是采购人与一个或多个供应商或承包人谈判，商定工程、货物或服务的价格、条件和合同条款，签订合同的采购方式。政府采购中的单一来源采购和竞争性谈判均属于磋商。采用专利技术的只能直接进行商务谈判。

（5）竞价是指供应商或承包人按照采购人规定的方式和期限相继提交更低价格，采购人从中选择交易对象的采购方式。为降低采购成本，提高竞争程度，将信息技术与竞价方式相结合以实现在线实时采购的电子竞价已得到越来越广泛的应用。

（6）比选是采购人公开发出采购信息，邀请多个供应商或承包人就采购的工程、货物或服务提供报价和方案，按照事先公布的规则进行比较，从中选择交易对象的采购方式。与招标相比，比选的规范程度较低，需要在实践中继续探索和完善。

任务二
典型采购方式的认知 ◀▮▮

任务导读

在常规的采购方式选择中,有些采购方式是企业主流选择的,这些采购方式会以企业采购流程当中规定的流程内容,做相关的信息导向,以规范在采购过程中发生与发现不可知的事情,为了能够有效地控制采购流程,又保障健全的采购机制,进而实施采购需要对常规的采购方式做具体的控制与章程规范,从而控制采购成本与提高采购效率,而认知这些典型采购方式是很有必要的。

一、集中采购与分散采购认知

集中采购第一层含义:为了降低分散采购的选择风险和时间成本,除了一般"甲供"材料设备由项目部(项目公司)采购外,对于某些大型机电设备等由公司本部负责集中采购。也就是一般意义上的集中采购。第二层含义:集中时间、集中人力、集中采购。

无论是由项目部(项目公司)进行的采购,还是由公司本部负责的集中采购,房地产企业通常采取的做法是"一标一招":在采购供应计划(如果有的话)下,按照采购招标规程(如果有的话),几乎每一项采购都要走一遍编制标书→邀请→考察、洽谈→开标、评标→签订合同的程序。

分散采购是集中采购的完善和补充,有利于采购环节与存货、供料等环节的协调配合,有利于增强基层工作责任心,使基层工作富有弹性和成效。

与集中采购相对应,分散采购是由企业下属各单位(如子公司、分厂、车间或分店)实施的满足自身生产经营需要的采购。

(一)集中采购的"集中"功能

1.要体现在财政预算的安排上

财政部门对相同的采购项目应尽量集中在一个月里进行统筹安排,避免多次重复安排相同项目的采购而产生降低工作效率和采购效益等弊端。任何政府采购项目,最终都要由财政部门负责付款结账,对此,财政部门何时能安排采购预算资金就成了决定采购工作得以开始和实施的重要前提,因为,一旦财政部门安排了采购资金,相应的采购人就会准时实施采购。因此,要充分提高财政资金的使用效率、有效地扩大政府采购的规模,对采购人的采购项目,财政部门就必须要从源头上给予通盘的、宏观上的考虑。

具体来说,要将各个预算单位想要采购的相同或功能相近的项目,或是可以连环配套采购的项目,尽量统一调度或筹集资金进行一次性的安排,否则,每个月都安排几个相同项目的采购,不但浪费了时间、精力,还无法实现规模采购的效益。在实际工作中,就有一些地方的财政部门,由于不会科学地调度和合理地安排财政预算资金,造成每个月都安排几个预算单位去采购几台微机或其他办公耗材等,这就明显失去了科学性和合理性,人为地增加了工作量。因此,集中采购的集中功能,首先就是要体现在财政部门的预算安排上,具有相对集中的科学性。

2.要体现在采购项目的委托上

采购人对其有关采购项目的采购,应集中在一次进行委托,不得人为拆分、多次采购。对采购人来说,有些采购项目是批量的,或是有"关联"的,或是可相互"配套"的整体项目,如学校里的"电教"项目,既有"网络工程"项目,也有电视、电脑等物资采购项目,对此,就"电教"项目而言,其本身就是一个整体采购项目,无须再拆分或细化成"工程"项目与"商品采购"项目;同样,对原来就是一个整批的采购项目,更不可从量上进行化整为零,分次采购,如将10台电脑分几次采购,等等,否则,这些行为就明显会影响到政府采购的效果。因此,对财政预算已经安排的采购项目,采购人必须要不折不扣地实施集中采购,不得化整为零,不得私自采购。

3.要体现在采购项目的具体操作上

集中采购机构对相同或功能相近的受托采购项目,应尽量集中在一次进行采购,以减少采购次数,提高工作效率和经济效益。对集中采购机构来说,不但委托的采购人众多,而且采购项目又纷繁复杂,委托时间也有早有迟等,如果集中采购机构采取"随时委托、随时采购"的方式,势必会发生重复采购相同项目的问题,进而出现了重复劳动,增大了工作量,降低了工作效率。因此,如果集中采购机构能采取"定期、汇总"的采购方式,将采购人委托的采购项目进行归类,或按功能进行相互衔接、配套,每类项目每个月只集中采购一次,这样,就会人为地扩大批次采购规模,既可以减少工作量,又可以获得更大的规模采购效益。

4.要体现在采购项目的调试和验收上

集中采购机构应统一组织技术专家、采购人等进行集中验收把关,以节约人力、财力等。由于集中采购机构一批购进的采购项目涉及多个采购人的委托,对此,如果要求采购人各自去找专家验收,势必会增加难度,也会耗费更多的时间、精力和财力等,而如果由集中采购机构能够出面组织一个专家验收小组,将整批采购项目一次性验收完毕后,再交付采购人,就会减少诸多采购人的验收工作量,节省了大量的时间、人力,同时,集中验收也会增强对验收人员的监督,更利于对采购项目的质量把关。

(二)集中采购的方式选择

为实现采购业务集中管控的业务需求,集中采购包括以下几种典型应用方式:集中订货、分开收货、集中付款;集中采购后调拨;集中定价、分开采购;集中订货、分开收货付款等。采用哪种方式,取决于对下属公司的股权控制、税收、物料特性、进出口业绩统计等因素,一般公司、单位可能同时存在几种集中采购的方式。

1.集中订货、分开收货、集中付款方式

集团总部或采购公司负责管理供应商及制定采购价格等采购政策,并且负责采购订货工作。分子机构提出采购申请,前者进行汇总、调整,并根据调整结果下达采购订单,发收货通知单给分子机构;分子机构根据收货通知单或采购订单进行收货及入库;前者汇集后者的入库单进行与外部供应商货款结算,并根据各分子机构的入库单与分子机构分别进行内部结算。

2. 集中采购后的调拨方式

集团总部或采购公司负责管理供应商及制定采购价格等采购政策,并且负责采购订货工作。分子机构提出采购申请,前者进行汇总、调整,并根据调整结果下达采购订单,前者完成后续的收货、入库、外部货款结算处理。之后,根据各分子机构的采购申请,前者启动内部调拨流程,制定调拨订单并做调拨出库,后者根据调拨订单做入库处理,两者最后做内部结算处理。

(三)分散采购

1. 分散采购适用的采购主体

①二级法人单位、子公司、分厂、车间。

②离主厂区或集团供应基地较远,分散采购时成本低于集中采购时的成本。

③异国、异地供应的情况。

2. 分散采购适用的采购客体

①小批量、单件、价值低、总支出在产品经营费用中所占比重小的物品(各厂情况不同,自己确定)。

②分散采购优于集中采购的物品,费用、时间、效率、质量等因素均有利,而不影响正常的生产与经营情况。

③市场资源有保证,易于送达的物品。

④分散后,各基层有采购与检测能力的物品。

⑤产品开发研制、试验所需要的物品。

3. 分散采购的程序和方法

分散采购的程序与集中采购大致相同,只是取消了集中决策环节,实施其他步骤。企业下属单位的生产研发人员根据生产、科研、维护、办公的需要,填写请购单,由基层主管审核、签字后,到指定财务部门领取支票或汇票或现金,然后到市场或厂家购买、检验、领取或核销、结算即可。采购时一般借助于现货采购方式。

4. 选择分散采购时应该考虑的因素

集中采购相对于分散采购来说,它的规模大,效益好,易取得主动权,易保证进货质量。有利于统筹安排各种物品的采购业务;有利于物品的配套安排;有利于整体物流的规划和采购成本的降低;有利于得到供应商的支持和保障;有利于物品单价的降低;有利于集体决策;也有利于增加采购过程的透明度,减少腐败的滋生和蔓延。另外,集中采购相对于分散采购又具有量大、过程长、手续多、容易造成库存成本增加、占用资金、采购与需要脱节、保管损失增加、保管水准要求增高的弊端,且容易挫伤基层的积极性、使命感和创新精神。在实际采购中要趋利避害、扬长避短。根据企业自身的条件、资源状况、市场需要,灵活地做出制度安排,并积极创新采购方式和内容,使本企业在市场竞争中处于有利的地位。

在决定分散采购时,应该考虑下列的因素。

(1)采购需求的通用性

经营单位对购买产品所要求的通用性越高,从集中或协作的方法中得到的好处就越多。这就是大型公司中的原材料和包装材料的购买通常集中在一个地点(公司)的原因。

（2）地理位置

当经营单位位于不同的国家或地区时,可能会极大地阻碍双方的协作。实际上,在欧洲和美国之间的贸易和管理实践中存在较大的差异,甚至在欧洲范围内也存在着重大的文化差异。一些大型公司已经从全球的协作战略转为地区的协作战略。

（3）供应市场结构

有时,公司会在供应市场上选择一个或数量有限的几个大型供应商组织。在这种情况下,力量的均衡肯定对供应商有利,采用一种协同的采购方法以在面对这些强有力的贸易伙伴时获得一个更好的谈判地位是有意义的。

（4）潜在的节约

一些类型的原材料的价格对采购数量非常敏感,在这种情况下,购买数量的增加会立刻使成本降低。对于标准商品和高技术部件也是如此。

（5）所需的专门技术

有时,有效的采购例如在高技术半导体和微芯片的采购需要非常高的专业技术。因此,大多数电子产品制造商已经将这些产品的购买集中化,在购买软件和硬件时也是如此。

（6）价格波动

如果物资（如果汁、小麦、咖啡）的价格对政治和经济气候的敏感程度很高,集中的采购方法就会受到偏爱。

（7）客户需求

有时,客户会向制造商指定他所必须购买的产品,这种现象在飞机工业中非常普遍。这些条件是与负责产品制造的经营单位商定的。

除了以上需要考虑的因素外,选择分散采购时,还应该有利于资源的合理配置,减少层次,加速周转,简化手续,满足要求,节约物品,提高综合利用率,保证和促进生产的发展,有利于调动各方的积极性,促进企业整体目标的实现等。

当然,集中采购和分散采购并不是完全对立的。客观情况是复杂的,仅一种采购方式是不能满足生产需要的,大多数公司会在两个极端之间进行平衡:在某个时候他们会采用集中的采购组织,而在几年以后也许他们会选择更加分散的采购组织。

二、联合采购认知

联合采购（Consortium Purchasing）是委托专业采购服务机构进行的采购活动,是企业、政府、个体工商户实行区域联合集中采购,使不同地区零散项目集合起来,形成大规模采购,以此来实现提高规模经济效益和降低采购成本的目标。

联合采购可以帮助企业降低成本,规范企业的采购行为,杜绝商业贿赂,杜绝采购人员的灰色收入。联合采购还可以弥补一些企业购买性支出的资金有限、采购规模小、单位分散、采购范围窄、品目少、采购经验不足、对供应商无法形成吸引力等不足,有效理顺采购关系,创造规模经济效益。

（一）联合采购主体确定

联合采购主体重点负责组织各个政府采购部门开展诸如汇总采购品目和数量、制作招标文件、发布政府采购信息等联合集中采购的各项前后期工作。若是纵向联合采购,地(市)级政府采购部门应是联合采购主体;若是横向联合采购,同级的各县(市)应轮流作为区域联合采购主体,依次组织开展联合集中招标采购活动。

(二)确定联合采购时间

合理安排招标采购时间,对于兼顾各县(市)政府采购部门,各采购单位和采购供应商的利益,保证政府采购活动的安排,保证采购单位正常开展工作具有十分重要的意义。区域联合集中招标采购时间应根据实际情况灵活确定:对于日常消耗性货物的采购,可采取某一时间跨度(如半年或一年)为联合采购时间;对于任务性采购,一般选在任务开始之前进行联合采购。

(三)确定联合采购地点

招投标地点的确定同样是联合采购所要解决的一个重要问题。为了提高县级政府采购部门组织大规模集中招标采购的能力,如果是纵向联合采购,应在各县(市)政府采购部门所在地进行集中招标采购;如果是横向联合采购,就应轮流在各县(市)召开招投标会议,确定合理的资金支付方式。

在政府采购中,资金支付一直是供应商最关心的问题,联合采购也不例外。由于联合采购的特殊性,它的资金支付方式是采用集中支付还是采用分散支付也应该视情况而定。若是纵向采购,各县(市)则应将采购资金集中到地级政府采购部门,再统一支付给采购供应商;若是横向采购,则应分散支付,由各县(市)按合同规定的时间,各自将款项直接支付给采购供应商。

三、询价采购认知

询价采购是指对几个供货商(通常至少三家)的报价进行比较以确保价格具有竞争性的一种采购方式。该采购的特点是只允许供应商提供一个报价,而且不许改变其报价。不得同某一供应商或承包商就其报价进行谈判。询价采购,是指询价小组(由采购人的代表和有关专家共三人以上的单数组成,其中专家的人数不得少于成员总数的三分之二)根据采购需求,从符合相应资格条件的供应商名单中确定不少于三家的供应商,向其发出询价单让其报价,由供应商一次报出不得更改的报价,然后询价小组在报价的基础上进行比较,并确定最优供应商的一种采购方式,也就是我们通常所说的货比三家,它是一种相对简单而又快速的采购方式。政府采购法规定实行询价采购方式的,应符合采购的货物规格、标准统一、现货货源充足且价格变化幅度小的政府采购项目。

(一)询价采购的步骤

1.成立询价小组

成立询价小组是执行询价采购方式的重要环节,要选择专业水平较高、素质全面的人士参加,专家组成的询价小组应对采购项目的价格构成和评定、成交标准等事项做出规定。询价小组根据所要采购的内容从符合相应价格条件下的供应商名单中选定三家以上的供应商,并且为询价采购做好充分的事前准备,如确定采购的需求,预测采购的风险,等等。

2.确定被询价的供应商名单

询价小组根据所采购商品的特点及对供应商、承包商或服务提供者的要求,特别是根据要采购的内容,从符合相应资格条件的供应商名单中,选定三家以上的供应商。选择时必须依据所要采购的内容,同时考察各供应商的供应能力和资格条件做出慎重选择。

3.询价

对所选定的供应商分别发出询价单,询价单的内容除了价格以外,还应包括商品品质、数量、规格、交货时间、交货方式、售后服务等,供应商应就询价单的内容如实填报。询价小组要求被询价的供应商一次报出不得更改的价格。

4.确定成交供应商

采购人根据符合采购需求、质量和服务相等且报价最低的原则确定成交供应商,并将结果通知所有被询价的未成交的供应商。

(二)询价采购的分类

询价采购还可分为报价采购、议价采购和订购。

(1)报价采购是指采购方向供应商发出询价或征购函,请其正式报价的一种采购方法。

(2)议价采购是指与供应商进行个别谈判,商定价格的一种采购方法。

(3)订购是指利用订购单或订购函,列出采购所需物资及标准寄给供应商的一种采购方法。

(三)询价采购的风险形式

1.价格风险

询价采购遵循的是货比三家,通过多家供应商之间的竞争获取质优价廉的物品,但由于信息不对称的存在,加之询价采购报价方式的缺陷,导致了采购过程中的价格风险,具体表现为以下几个方面:

(1)价格垄断

市场经济的飞速发展,使得一批产品质量过硬、品牌信誉高的企业脱颖而出,这类企业往往是一些大型企业,具备完善的销售渠道和营销体系,在某个城市和地区都设有总代理商,掌握了一定区域市场价格的话语权,这使得在采购此类产品时,采购机构所询价的供应商都向总代理商申请特价,无形中形成了一个价格垄断体系,最终询价的对象实质上只有一家,即某品牌产品的地区总代理商,使公开、公平的询价采购只能流于形式,无法有效实现通过价格竞争获取最优价格的目的。

(2)合谋报价

合谋报价是指被询价的供应商互通信息,联手操纵价格。这种方式给询价采购带来风险。从笔者参与的多次询价采购来看,以办公自动化产品为例,由于被询价的供应商所在的地域相对集中,相互之间常有调剂产品的现象发生,某些供应商之间会达成一定的策略同盟,在回应采购机构的询价时会私下达成协议,促成某个供应商赢得采购合同,不难想见,此时所获取的价格很可能不是最优价格,这给集中采购的效益蒙上了一层阴影。

（3）低价陷阱

低价陷阱是指某些供应商为赢得采购合同和提供售后价策略,但在执行合同和提供售后服务上大打折扣,给采购的后续环节带来许多不确定因素,影响了采购整体效益的提高。从采购实践来看,此类风险在询价采购中并不鲜见,某些供应商在询价单上报出低价后,在执行合同时却以各种理由推脱,如无法按期交货、产品的配件或附加设备不全,有的甚至以次充优,偷梁换柱,给采购带来了隐患。

2.采购机构的道德风险

由于信息不对称的普遍存在,询价采购中采购机构的道德风险也是不容回避的问题,采购机构的道德风险是指采购机构利用供应商所不知道的私有信息采取不利于供应商的行为,在询价采购中主要表现为:

（1）采购信息的不公开

在询价采购中,采购企业出于机构利益或个人利益的考虑,对本应公开的信息隐而不发,使某些具备实力的供应商失去参与机会,损害了潜在供应商的知情权。

（2）保护主义引发的对供应商的歧视政策

在采购活动中,采购企业往往出于保护老客户和本地关系户的目的,在制定询价采购方案和沟通采购信息方面对熟悉的供应商给予倾斜照顾,无形中造成了对外地供应商和潜在供应商的歧视,影响了供应商之间的公平竞争。

（3）确定询价供应商过程中的暗箱操作

《政府采购法》规定,确定供应商的程序、标准、依据等应该及时向供应商公布,然而在实际工作中,采购机构可能采取拖延信息发布、模糊选择标准等办法给供应商知晓信息造成壁垒,从而为确定询价供应商中的暗箱操作创造机会。

3.询价流程的失范风险

现行《政府采购法》对询价采购的具体操作流程没有规范,各单位在进行询价采购时的程序各不相同,询价流程缺乏统一性和规范性,这使得询价采购可能存在失范风险,影响了采购效益的提高。

（1）询价对象选择过程的失范

确定询价对象是询价采购的首要环节,也是影响询价采购效益的重要因素,在具体采购活动中,由于没有相关法律条文规范询价对象的选取方式,各单位在选取询价对象时的方法不尽相同,有的从熟悉的供应商中挑选,有的从以往打过交道的供应商中选取,没能较好体现询价对象选择的公开透明,对潜在合格供应商造成了一定的影响。

（2）报价过程的失范

供应商在回应采购机构的询价时往往采取的是传真方式,由于各供应商报价时间不一,有些供应商便企图利用报价时间差获取其他供应商的报价信息,以调整自己的报价,影响了最优采购价格的实现。

（3）供应商评定标准的失范

在确定预成交供应商时,通常采取的是最低价法,即报价最低的供应商赢得采购合同,但实际上,像这些赢得合同的供应商提供的产品使用寿命是未知数,这需要从询价操作中确定好一些产品质量范围基准系数,如果范围基数、参数或是标准系数不明确、不到位,偏高或是偏低,都会影响最终采购交效益,某些供应商虽然报价很低,但从考虑产品使用寿命的采购理念来看,此类供应商是不可取的,因此,需要从法律、法规的角度规范供应商的评定标准,确保"物有所值"目标的实现。

4. 供应商履约风险

询价采购具有采购周期短的优点,但换个角度考虑,正是由于其组织设计上的缺陷,无法在事前和事中对供应商进行全面细致的考察,为后续履约环节埋下了隐患,表现在实际采购活动中,就是供应商在以低价获得采购合同后,却不能按期或保质保量地履行合同,主要体现在:一是有价无货,在笔者参与的多次询价采购中,有时供应商在以低价成为预成交商后,却以暂时无货为理由拒签合同,给采购任务的完成制造障碍;二是低价劣货,由于信息不对称,供应商在供货时往往采取以劣充优,以次充好来蒙蔽用户,这类货物往往是返修率和故障率双高,造成了用户对采购机构的不满;三是售后服务大打折扣,某些供应商在履行售后服务义务时往往推三阻四,以各种理由降低服务质量,使得所购产品的服务质量无法得到保障。

四、政府采购认知

政府采购(Government Procurement)是指国家各级政府为从事日常的政务活动或为了满足公共服务的目的,利用国家财政资金和政府借款购买货物、工程和服务的行为。政府采购不仅是指具体的采购过程,而且是采购政策、采购程序、采购过程及采购管理的总称,是一种对公共采购管理的制度。

完善、合理的政府采购对社会资源的有效利用,提高财政资金的利用效果起到很大的作用,因而政府采购也是财政支出管理的一个重要环节。

具体的政府采购制度是在长期的政府采购实践中形成的对政府采购行为进行管理的一系列法律和惯例的总称。具体来说,政府采购制度包括以下内容:

(1)政府采购政策,包括采购的目标和原则;

(2)政府采购的方式和程序;

(3)政府采购的组织管理。

(一)政府采购的特征

1. 采购主体的特定性

在我国,政府采购的主体是指行使有关国家权力或从事某种公共职能的国家机关、事业单位和社会团体。按照世界贸易组织(以下简称WTO)的政府采购协议规定,政府采购的主体是"由直接或基本上受政府控制的实体或其他由政府指定的实体",不仅包括政府机构本身,而且包括其他实体,如政府代理机构;不仅包括中央一级的政府实体,还包括地方政府采购实体。各缔约方在加入《政府采购协议》时应提供一份采购实体清单,列入《政府采购协议》附件。只有被列入清单的采购实体才会受到《政府采购协议》的约束。因此无论是中国,还是《政府采购协议》的缔约方,政府采购的主体都是特定的。

2. 资金来源的公共性

政府采购所使用的资金都为财政性资金,资金的来源是纳税人的税金或政府公共服务的收费。

3. 采购活动的单向性

政府采购不同于商业性采购，不是为卖而买，而是通过买为政府部门提供消费品或向社会提供公共利益。

4. 采购对象的广泛性

政府采购的对象包罗万象，大到宇宙空间站，小到一张办公用纸，既有有形产品又有无形产品，国际惯例是按其性质分为三大类：货物、工程和服务。

5. 采购过程的规范性

政府采购不是简单地一手交钱，一手交货，而是要按照有关政府采购的法律、法规，根据不同的采购规模、采购对象及采购时间要求等，采用法定的采购方式和程序组织采购，使每项采购活动都要规范运作，接受社会监督，体现公开、竞争的原则。

6. 采购结果的政策性

政府采购必须遵循国家政策的要求，如节约支出、购买国货、保护中小企业、保护环境等。同时在很多国家，政府采购金额已占一个国家国内生产总值的 10% 以上，成为各国政府经常使用的一种宏观经济调控手段。

（二）政府采购的主要目标

1. 经济目标

无论是公共部门的采购抑或是私营部门的采购，"物有所值"均是其基本的目标，即首要的原则就是在适当的时间，以适当的价格，从适当的来源，买到高质量的物品。

2. 效益目标

提高效益的一个重要方面是通过授权和采购程序的权力下放来实现，实现财政效益最大化。

3. 非歧视目标

非歧视目标与竞争投标程序原则相关，且对建立真正中立的技术规格具有不可低估的意义。

4. 透明目标

透明目标要求全部的采购程序按照良好的计划与公开的规则和程序来完成。

5. 责任意识

政府采购的工作人员在履行职责的整个过程中，对自己的职务行为负责任。

6. 促进中小企业发展目标

在一定的条件下对中小企业采取优先政策。

7. 其他政策考量

许多政府利用政府采购来强化特定的社会目标，如鼓励企业招聘残疾人，改善劳动条件。

上述诸多目标有时是一致的，有时可能存在冲突，所以如何在上述诸目标中实现平衡，是政府采购的重要课题。《政府采购法》规定,政府采购的方式主要有公开招标、邀请招标、竞争性谈判、询价、单一来源和国务院政府采购监督管理部门认定的其他方式,本法规规定了各种采购方式的适用条件和基本程序,但对各种采购方式的确定主体即采购方式由谁确定没有做具体规定。

在实践中,常常在采购方式的确定上引起争议,采购方式是由监管机构确定还是由操作机构确定,没有依据,也不好操作。在一些地方,明确把采购方式的确定权划归监管机构,即由监管机构直接指定项目的采购方式,把确定和审批采购方式作为监管机构的主要工作职责,规定采购方式必须经过政府采购管理机构来确定,采购人或采购代理机构必须按照管理机构确定或审批的方式实施采购。还有一些地方,规定采购方式由采购人或者采购代理机构来确定。

从我国《政府采购法》的具体规定和精神实质来看,政府采购的范围是由政府采购目录来决定的,而政府采购目录是由品目和限额构成的。其中,品目界定了采购范围,即哪些属于政府采购范围;限额界定了采购方式,即在纳入政府采购范围的项目达到一定限额之上的,就要采用公开招标方式,而在此限额之下的,就可以根据采购项目的具体情况采取其他非公开招标方式。

我国《政府采购法》对在公开招标方式以外的其他方式,如邀请招标、竞争性谈判、询价、单一来源等,适用条件都有严格而明确的规定。如不够公开招标限额标准,需要采用其他方式,或者虽够公开招标限额标准但因故不能采用公开招标方式经报管理机构批准可以采用其他方式的,采购人或采购代理机构可以依照《政府采购法》规定的各类采购方式的适用条件以及采购项目的具体情况自主选择其他采购方式。这时,则不需要报经管理机构审批。换言之,采购管理机构在制定采购目录时已经规定了公开招标方式的限额标准,在采购活动实施过程中可依法对采购人或采购代理机构确定采购方式的行为进行监督检查,而对具体的采购项目则不需要也不能直接规定出具体的采购方式。

综上所述,管理机构编制采购目录、规定公开招标方式的限额标准、对采购人或采购代理机构确定采购方式的行为实施监督管理,是正确履行了《政府采购法》所赋予的对政府采购工作的监督管理职责,但如果对每一个具体的采购项目都要直接规定出具体的采购方式,则属于超越了《政府采购法》所赋予的监督管理职责,是一种越权行为,这种行为直接参与了具体的采购活动,是与法不符,与理不通的。在采购方式的确定上,既不能由监管机构确定或者直接指定采购方式,也不能由采购人或者采购代理机构自行确定采购方式,而应当由监管机构制定采购政策、编制采购目录、确定采购方式限额标准,采购人或者采购代理机构依照《政府采购法》关于各类采购方式的适用条件的规定,根据监管机构规定的采购方式限额标准,结合项目的具体情况,选择恰当的采购方式,是既符合法律、法规的规定,又适合采购工作实际的一种方法,应予以推行。

任务三
现代采购方式的认知 ◀◆Ⅱ

任务导读

随着互联网商务信息科学技术的发展,现在很多传统的采购方式与采购渠道已经不适应,或是不适合企业的生产发展需要,要提高采购效率与控制采购成本,就需要更新采购思维,采用最新的现代化技术手段,迎合采购的合理性与高效性,公司单位必须要拥有一套完善的现代化采购机制,而现代化的采购方式方法,需要有创新的理念与实践基础,本任务针对现代化采购方式做出详细的描述,为企业的正常合理采购提供可参考的依据。

一、电子采购认知

电子采购(E-Procurement)是由采购方发起的一种采购行为,是一种不见面的网上交易,如网上招标、网上竞标、网上谈判等。人们把企业之间在网络上进行的这种招标、竞价、谈判等活动定义为 B2B 电子商务,事实上,这也只是电子采购的一个组成部分。可以说,企业采购电子化是企业运营信息化不可或缺的组成部分。电子采购使企业不再采用人工办法购买和销售它们的产品,在这一全新的商业模式(如图 3-1 所示)下,随着买主和卖主通过电子网络而连接,商业交易开始变得具有无缝性,其自身的优势是十分显著的。

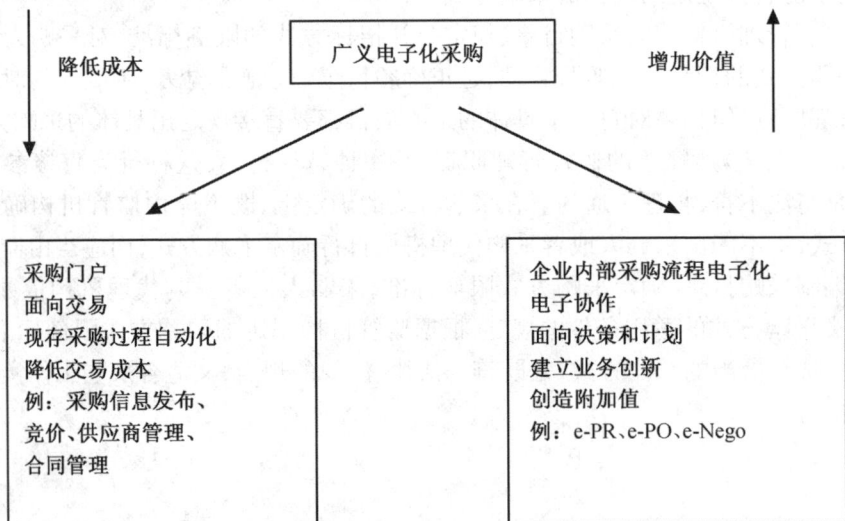

```
                    ┌─────────────────┐
降低成本              │  广义电子化采购  │          增加价值
                    └─────────────────┘
```

┌──────────────────┐   ┌──────────────────────┐
│ 采购门户   │   │ 企业内部采购流程电子化 │
│ 面向交易   │   │ 电子协作   │
│ 现存采购过程自动化 │   │ 面向决策和计划   │
│ 降低交易成本   │   │ 建立业务创新   │
│ 例:采购信息发布、 │   │ 创造附加值   │
│ 竞价、供应商管理、 │   │ 例:e-PR、e-PO、e-Nego │
│ 合同管理   │   │   │
└──────────────────┘   └──────────────────────┘

图 3-1　电子采购的商业模式

(一)电子采购发展

电子采购最先兴起于美国,它的最初形式是一对一的电子数据交换系统,即 EDI,该电子商务系统大幅度地提高了采购效率,但早期的解决方式价格昂贵、耗费庞大,且由于其封闭性仅能为一个买家服务,尤令中小供应商和买家却步。为此,联合国制定了商业 EDI 标准,但在具体实施过程中,关于标准问题在行业内及行业间的协调工作举步维艰,因此,在真正商业伙伴间,EDI 并未广泛开展。20 世纪 90 年代中期,电子采购开始兴起,这时供应商通过将其产品在网上发布,来提高供应商的信息透明度及市场涵盖面。近年来,全方位综合电子采购平台出现且通过广泛连接买卖双方来进行电子采购服务。

电子采购是一种在互联网上创建专业供应商网络的基于 Web 的方式。它能够使企业通过网络,寻找合适的供货商和物品,并随时了解市场行情和库存情况,编制销售计划,在线采购所需的物品,并对采购订单和采购的物品进行在线管理、台账管理和库存管理,实现采购的自动统计分析。实施电子采购,不仅方便、快捷,而且交易成本低,信息公开程度透明,是一种很有发展前途的采购方式。实现电子采购的方式有两种:使用 EDI(电子数据交换)的电子采购和使用互联网的电子采购。电子采购门户站点对购买简单商品最为有效,它可以让供应商创建和维护其产品的在线目录,其他公司可以从这些目录中搜索商品,下订单以及当场确定付款和装运选择。在试图购买那些必须定制的产品时,常常需要人力判断以及人与人之间的协商。首先,要整理叫作 RFP(建议请求)的信息包,其中包括某一商品的技术规格和供应要求;其次,必须找到能够满足该请求的供应商。为了节省时间和资金,只需要与有资格的供应商联络,这样花费的精力最少。使这一过程自动化的一种方式就是使用 EDI 网络,它能够让供应商和买主交换采购信息。只要交纳一点事务处理费,就能通过 EDI 网络提交信息包,并通过同一网络收到答复。

(二)电子采购的优势

电子采购比一般的电子商务和一般性的采购在本质上有了更多的概念延伸,它不仅仅完成采购行为,而且利用信息和网络技术对采购全程的各个环节进行管理,有效地整合了企业的资源,帮助供求双方降低了成本,提高了企业的核心竞争力。

1. 提高采购效率,缩短了采购周期

采购企业通过电子采购交易平台进行竞价采购,可以根据采购方企业的要求自由设定交易时间和交易方式,大大地缩短了采购周期。自采购方竞价采购项目正式开始至竞价结束,一般只需要 1~2 周,较传统招标采购节省 30%~60% 的采购时间。

2. 节约大量的采购成本

据美国全国采购管理协会称,使用电子采购系统可以为采购企业节省大量成本。采用传统方式生成一份订单所需要的平均费用为 150 美元,使用基于 Web 的电子采购解决方案则可以将这一费用减少到 30 美元。企业通过竞价采购商品的价格平均降幅为 10% 左右,最高时可超过 40%。通用电气公司估计通过电子采购将每年节约 100 亿美元。

3. 优化采购流程

采购流程的电子化不是用计算机和网络技术简单替换原有的方式方法,而是要依据更科学的方法重新设计采购流程,在这个过程中,摒弃了传统采购模式中不适应社会生产发展的落后因素。

4. 减少过量的安全库存

世界著名的家电行业跨国企业海尔集团在实施电子采购后,采购成本大幅降低,仓储面积减少一半,库存资金降低约 7 亿元,库存资金周转日期从 30 天降低到了 12 天以下。

5. 信息共享

不同企业,包括各个供应商都可以共享信息,不但可以了解当时采购、竞标的详细信息,还可以查询以往交易活动的记录,这些记录包括中标、交货、履约等情况,帮助买方全面了解供应商,帮助卖方更清楚地把握市场需求及企业本身在交易活动中的成败得失,积累经验。这使供求双方之间的信息更加透明。

6. 改善客户关系

电子采购能帮助采购方改善客户服务和客户满意度,促进供应链绩效,以及改善与供应商关系。

7. 供应商获益

对于供应商,电子采购可以更及时地掌握市场需求,降低销售成本,增进与采购商之间的关系,获得更多的贸易机会。

国内外无数企业实施电子采购的成功经验证明,电子采购在降低成本,提高商业效率方面,比在线零售、企业资源计划(ERP)更具潜力。电子采购的投资收益远远高于过去 10 年内已经在企业中占主导地位的任何商业革命,包括企业流程再造、策略性采购等。

(三) 电子采购的实现

在电子采购过程中,从招标方发布招标信息到最后的双方签约,主要实现以下环节:

(1)招标方主要工作是编辑标书并且生成 XML 格式的标书文件,然后在将招标书生成 XML 文件,发送到系统,由系统将招标文件入库,招标方在标书发布后可以接收投标方的投标书,并且在开标后可以审阅投标书,在评标方评标后可以接收评标书,审阅评标书决定中标者,在决定中标者后给中标者发送订单。

(2)投标方主要工作是查阅招标书,编辑投标书签名,将投标书生成 XML 文件,加密,发送给招标方,如果中标则接收订单。

(3)评标方主要工作是在开标后审阅投标文件,生成评标书,并且签名生成 XML 文件,加密发送给招标方。

具体设计实现如下:

1. 总体设计实现

该系统能够使得在系统中注册的招标用户可以在该系统中进行招标信息的发布,对投标书进行查阅、筛选、评定、辅助决策等功能。根据不同的用户和不同的权限为访问者提供不同的功能。系统中的招标书、投标书、评标书、订单比较多,根据大量动态访问关系数据库的特征,对于数据的显示则采用了 XML-XSL 技术。总体采用 Struts 框架,该框架本身的最大特点就是将逻辑和显示分割开来。我们的设计依从于这种结构,所有的逻辑操作由事物体来完成,它是调度其他功能体的指挥中心,诸如注册、登陆、投标、开标等操作的调用都会首先转到事物体来做判断,然后事物体选择适当的操作进行处理。

在主页面有两个链接针对所有的用户:登录可以让注册的用户登录到系统;注册可以让新用户进行注册。对于合法的注册用户显示内容如下:添加标书显示一个表单来添加新的个人标书。个人标书显示的是用户个人所发布的标书。公共标书显示一个表单用来显示当前系统所拥有的其他用户的标书,通过这个表单用户可以对所感兴趣的标书进行查看,并且可以进行投标。修改信息这个链接显示一个表单用来显示用户的个人信息,并且通过它修改个人信息。

2.数据处理

由于访问数据库的操作比较单一,要访问的数据都集中在一个业务管理数据库中,对数据库的安全性要求比较高,因此,使用数据库的连接池来统一实现数据库访问功能。对于数据的处理主要包括如下几个环节:

第一,Schema 文件的生成。对于 XML 文件中用到的元素,根据数据在关系数据库中的属性定义一系列的 Schema 文件。

第二,招标书的 XML 文件的生成。利用 MOM 对其进行操作生成招标书的 XML,创建一个根元素,并将其添加到文档中,最后 JDOM 转化为招标书的 XML 文本。

第三,招标书的 XML 文件的显示。XML 文件的显示是根据不同的数据建立不同的 CSS 文件,然而只采用 CSS 样式的话,在生成 XML 时就要受到 CSS 样式的限制,生成的数据就有许多的冗余。这样,XML 的特点就没有体现出来,与用传统的 Html 页面就没有什么区别。因此,本方案使用了 XSL,XSL 不仅按样式显示 XML,还可以过虑和分类 XML 数据。这样我们可以事先预生成一些常用的 XML,在服务器端通过 XSL 按不同的要求过滤数据,以及将数据从一种格式转换成另一种格式。

用于索引公共标书记录的 XML,它包含的数据有标书的 ID,标书的名称和编号,通过它,用户可以检索自己需要的招标书。它的操作过程如下:

首先由页面得到提交的 offer ID 号,并将其转发到 XML 解析器,XML 解析器将参数 offer ID 号继续传递给 useroffer.xsl 同时传递给 XML 解析器,由解析器对其进行转换后,将结果发送到 html 页面,这个页面里显示的即为标书内容。

(四)电子采购平台(如图 3-2 所示)

1.协同招投标管理系统

协同招投标管理系统是一个协同的、集成的招标采购管理平台,使各种类型的用户(包括组织者、采购业主、投标商、审批机构等)都能在统一且个性化的信息门户中一起协同工作,摆脱时间和地域的限制。协同招投标管理系统,以招投标法为基础,融合了招投标在中国的实践经验,实现了整个招标过程的电子化管理和运作,可以在线实现招标、投标、开标、评标和决标等整个复杂的招标投标流程,使招标的理念和互联网技术完美结合,从时间上、价格上、质量上都全面突破了传统的招投标方式,最大限度地实现招标方的利益。协同招投标管理系统以自主开发的国内领先的工作流系统作为系统的核心,可以帮助客户快速高效地实现各种复杂的招标投标流程,包括各种内部审批流程。

2.企业竞价采购平台

企业竞价采购平台是供应商之间以及供应商和采购商之间互不见面的网上竞价采购管理平台,可以使供应商远程地参与采购竞价。竞价采购,又称反拍卖采购技术(RAT),是由采购

图 3-2　某电子采购平台

招标和网上竞价两部分有机结合在一起的采购方式。它用电子商务取代以往的谈判公关,帮助采购商最大限度地发现卖主,并引发供应商之间的竞争,大幅度降低采购成本,同时有力地变革了采购流程,是对企业具有跨时代意义的零风险采购辅助手段。在传统招标采购中,供应商总是在确保低价中标的同时尽量争取价格最高,并且由于比值、比价、招投标过程较长,供应商之间相互见面等因素,容易产生供应商之间价格同盟,因此不能在最大范围内推动各投标方的反复竞价,从而使降价空间缩小,导致采购品降价不足;而 RAT 则是根据工业采购品的不同特点,由采购商制定产品质量标准、竞价规则,通过 B2B 的方式,使采购商得以更好地发现卖主,并推动供应商竞争。成交价格可以是一个,也可以是一组,对供货方来说只有竞争价格是透明的,博弈阵容对其并不透明,从而很好地强化了降价竞争,使采购品价格大大降低。经过各个卖主之间一番激烈的降价竞争,一条降价曲线会自动输出,竞价结果客观、公开,不再需要人为的议标过程。

3. 电子目录采购系统

电子目录采购系统是一套基于国内领先工作流技术的集办公自动化、产品目录管理、供应商管理以及电子采购于一体的综合解决方案。可以帮助客户快速高效地实现内部采购供应系统的任意商业运作流程,搭建符合其自身需求的涵盖招标采购、竞价采购、商务谈判在内多种采购方式的在线采购平台,并能有效地管理供应商和产品目录。主要功能模块包括工作流引擎、可视化流程定义工具、流程监控工具、流程节点定义、信息发布系统、视图定义、综合查询统计定义、文档自动生成、电子文档管理、组织结构管理、权限管理、供应商管理、专家管理、产品目录管理、在线投标、开标大厅、在线评标、竞价大厅、谈判大厅、合同管理、采购效果分析、项目任务管理、日志管理、在线编辑器等。

二、网上招标采购认知

网上招标采购是指采购商集中采购项目,通过互联网发布采购信息,接受供应商网上投标报价,网上开标以及公布采购结果的全过程,是依托互联网信息平台,推进网上电子招标投标,商务洽谈与交易实施过程的实行电子化管理,推进招标项目的标准化、精细化、规范化管理,促进传统市场与互联网市场的充分联动,有利于长效、高效管理机制的形成;为工程领域专项治理做好铺垫,提高围标、串标难度,将围标、串标可能性降到最低,有效改善传统的工程建设招标投标模式,从根本上推动以完善惩治和预防腐败体系为重点的反腐倡廉建设。

从招投标的角度来说,网上招标会增加招投标过程的透明度和公平性,由于采购单位不能直接决定谁中标,所以相对来说,投标单位不必过多地考虑和采购单位之间很复杂的关系。

当前随着国有企业改革进程的加快以及信息技术的迅猛发展,电子商务对企业的经营活动产生了巨大的推动作用。像首钢公司目前每年的物资外部采购达60多亿元,外购物流总吨位达2 000多万吨,用于订货会和到全国各地驻点的费用达数百万元,巨额的交易费用和人力资源的消耗造成了钢铁企业的低利润率,也限制了企业的机构改革。因此,企业的经济效益必须从采购技术创新中产生,全面实行网上招投标能大大节约企业采购成本,图3-3为各招标网站图标。

网上采购的一般实施步骤:

第一步,企业单位要进行采购需求分析与策划,对现有采购流程进行优化,制定出适合网上交易的标准采购流程。

第二步,在第三方采购平台注册入驻;或是自己建立采购网站。这是进行网上采购的基础平台,要按照采购流程来组织页面内容,可以通过使用虚拟主机、主机托管、自建主机等方式来建立网站,也可以加入一些有实力的采购网站,通过它们的专业化服务,也可以获得非常丰富的供求信息,起到事半功倍的效果。

第三步,采购单位通过自己网站,或是第三方采购平台发布招标采购信息(即发布招标书或招标公告),详细说明对物料的要求(包括数量、质量、时间、地点等),对供应商的资质要求等。也可以通过搜索引擎,企业黄页(如图3-4所示),寻找供应商,主动向他们发送电子邮件,对所购物料进行询价,广泛收集报价信息。

第四步,供应商进入采购网站,在网上进行资料填写和报价。

第五步,对供应商进行初步筛选,收集投标书或进行贸易洽谈。

第六步,在网上公布中标单位和价格,如有必要,应对供应商进行实地考察后再签订采购合同。

第七步,采购实施。中标单位按采购订单通过运输物流交付货物,采购单位支付货款,处理有关善后事宜,按照供应链管理(SCM)思想,供需双方需要进行战略合作,实现信息共享。采购单位可以通过网络了解供应单位的物料质量及供应情况,供应单位可以随时掌握所供物料在采购单位中的库存情况及采购单位的生产变化需求,以便及时补货,实现准时化生产和采购。

图 3-3　各招标网图标

三、即时制采购认知

即时制采购(JIT procurement)又称为准时化采购,它是由准时化生产(Just In Time)管理思想演变而来的。JIT采购的基本思想:将合适的产品,以合适的数量和合适的价格,在合适的时间送达到合适的地点,最好地满足用户需要。

它不但能够最好地满足用户需要,而且可以最大限度地消除库存、浪费。从而极大地降低企业的采购成本和经营成本,提高企业的竞争力正是因为JIT采购对于提高企业经济效益有着显著的效果,20世纪80年代以来,西方经济发达国家非常重视对JIT采购的研究与应用。据资料统计,到目前为止绝大多数的企业已经开始全部或局部应用JIT采购方法,并取得了良好的应用效果。

图 3-4　某企业网站黄页

（一）JIT采购模式的原理

日本丰田公司的大野耐一创造 JIT 生产方式是在美国参观超级市场时受超级市场的供货方式的启发而萌生的想法。而实际上超级市场模式本来就是一种采购供应的模式。有一个供应商、一个用户，双方形成了一个供需"节点"，需方是采购方，供应商是供应方，供方按照需方的要求给需方进行准时化供货，它们之间的采购供应关系，就是一种准时化采购模式，JIT 采购的原理主要表现在以下几个方面：

与传统采购面向库存不同，准时化采购是一种直接面向需求的采购模式，它的采购送货是直接送到需求点上。

（1）用户需要什么，就送什么，品种规格符合客户需要。

（2）用户需要什么质量，就送什么质量，品种质量符合客户需要，拒绝次品和废品。

（3）用户需要多少就送多少，不少送，也不多送。

（4）用户什么时候需要，就什么时候送货，不晚送，也不早送，非常准时。

（5）用户在什么地点需要，就送到什么地点。

以上几条，即是 JIT 采购的原理，它既做到了很好的满足企业对物资的需求，又使得企业的库存量最小，只要在生产线边有一点临时的存放，一天工作结束后，这些临时存放就消失了，库存完全为零。依据 JIT 采购的原理，一个企业中的所有活动只有当需要进行的时候接受服务，才是最合算的。

（二）JIT采购模式的主要特点

1. 采用较少的供应商

单源供应指的是对某一种原材料或外购件只从一个供应商那里采购；或者说，对某一种原材料或外购件的需求，仅由一个供应商供货。JIT 采购认为，最理想的是：对每一种原材料或外购件，只有一个供应商。因此，单源供应是 JIT 采购的基本特征之一。传统的采购模式一般是多头采购，供应商的数目相对较多。从理论上讲，采取单源供应比多头供应好，一方面，对供应商的管理比较方便,且可以使供应商获得内部规模效益和长期订货,从而使购买原材料和外购件的价格降低,有利于降低采购成本;另一方面,单源供应可以使制造商成为供应商的一个非常重要的客户,因而加强了制造商与供应商之间的相互依赖关系,有利于供需之间建立长期稳定的合作关系,质量上比较容易保证。但是,采取单源供应也有风险,比如供应商可能因意外原因中断交货。另外,采取单源供应,会使企业不能得到竞争性的采购价格,从而对供应商的依赖性过大等。

在日本,虽然98%的JIT企业采取单源供应,但实际上,一些企业常采用同一原材料或外购件由两个供应商供货的方法,其中一个供应商为主,另一个供应商为辅。从实际工作中看出,许多企业也不是很愿意成为单一供应商。原因很简单,一方面供应商是具有独立性较强的商业竞争者,不愿意把自己的成本数据披露给企业;另一方面是供应商不愿意成为企业的一个产品库存点。实施JIT采购,需要减少库存,但库存成本原先在企业一边,现在转移到供应商。因此,企业必须意识到供应商的这种忧虑。

2. 采取小批量采购的策略

小批量采购是JIT采购的一个基本特征。JIT采购和传统的采购模式的一个重要不同之处在于准时生产需要减小批量,甚至实现"一个流生产"。因此,采购物资也应采用小批量办法。从另一个角度看,由于企业生产对原材料和外购件的需求是不确定的,而JIT采购又旨在消除原材料和外购件库存,为了保证准时、按质按量供应所需的原材料和外购件,采购必然是小批量的。但是,小批量采购必然增加运输次数和运输成本,对供应商来说,这点是很为难的事情,特别是当某些供应商离企业距离较远的情形下,实施JIT采购的难度就很大。通常情况下,解决这一问题的方法主要有四种:一是供应商在地理位置上靠近制造商,如日本汽车制造商扩展到哪里,其供应商就跟到哪里;二是供应商在制造商附近建立临时仓库,实质上,这只是将负担转嫁给了供应商,而未从根本上解决问题;三是由一个专门的承包运输商或第三方物流企业负责送货,按照事先达成的协议,搜集分布在不同地方的供应商的小批量物料,准时按量送到制造商的生产线上;四是让一个供应商负责供应多种原材料和外购件。

3. 对供应商选择的标准发生变化

由于JIT采购采取单源供应,因而对供应商的合理选择就显得尤为重要。可以说,能否选择到合格的供应商是JIT采购能否成功实施的关键。合格的供应商应具有较好的技术、设备条件和较高的管理水平,可以保障采购的原材料和外购件的质量,保证准时按量供货。在传统的采购模式中,供应商是通过价格竞争而选择的,供应商与企业的关系是短期合作的关系,当发现供应商不合适时,可以通过市场竞标的方式重新选择供应商。但在JIT采购模式中,由于供应商和企业是长期的合作关系,供应商的合作能力将影响企业长期的经济利益,因此,对供应商的要求就比较高。在选择供应商时,需要对供应商按照一定标准进行综合评价,这些标准应包括产品质量、交货期、价格、技术能力、应变能力、批量柔性、交货期与价格的均衡、价格与批量的均衡、地理位置等,而不像传统采购那样主要依靠价格标准。在大多数情况下,其他标准较好的供应商,其价格可能也是较低的,即使不是这样,双方建立起互利互惠的合作关系后,企业可以帮助供应商找出降低成本的方法,从而使价格降低。当双方更进一步建立了良好的合作关系后,很多工作可以简化以致消除,如订货、修改订货、点数统计、品质检验等,从而减少浪费,降低成本。

4. 对交货的准时性要求更加严格

JIT 采购的一个重要特点是要求交货准时，这是实施准时化生产的前提条件。交货准时取决于供应商的生产与运输条件。作为供应商来说，要使交货准时，可以从以下几个方面着手：一是不断改善企业的生产条件，提高生产的连续性和稳定性，减少由于生产过程的不稳定导致的延迟交货或误点现象。作为准时化供应链管理的一部分，供应商同样应采用准时化的生产管理模式，以提高生产过程的准时性。另一方面，为了提高交货准时性，运输问题不可忽视。在物流管理中，运输问题是一个很重要的问题，它决定准时交货的可能性，因此，就要求用户企业和供应企业都应着重考虑好这一方面的问题，并进行有效的计划和管理，使运输过程准确无误。

5. 从根源上保障采购质量

实施 JIT 采购后，企业的原材料和外购件的库存很少，甚至为零。因此，为了保障企业生产经营的顺利进行，采购物资的质量必须从根源上抓起，也就是说，质量问题应由供应商负责，而不是企业的物资采购部门。JIT 采购就是要把质量责任返回给供应商，从根源上保证采购质量。为此，供应商必须参与制造商的产品设计过程，制造商也应帮助供应商提高技术能力和管理水平。美国 IBM 公司企业战略中的重要一环就是帮助供应商建立供应体系，以实现真正的本地化采购供应。这不仅对供应商有利，对 IBM 也很有帮助。为此，IBM 建立了一个开放、兼容的信息平台，在此基础上，IBM 可以详细地了解供应商的生产流程，介入产品设计、生产、质量控制等过程，为其产品线找出竞争优势。以长城公司为例，IBM 和长城公司之间既是合资公司的业务伙伴关系，同时也是供应商与客户的关系。通过帮助长城公司提高技术水平，不仅使长城公司的市场竞争能力增强了，也使长城公司能够更好地提供高质量的产品为 IBM 服务，同时，IBM 还向长城公司提供一种开放的技术标准作为技术支持，使长城公司可以了解 IBM 眼中的业界发展方向。由于 IBM 本身具有一流的技术能力，长城公司与之保持同样的发展方向就自然增加了自身的竞争能力。

6. 对信息交流的需求加强

JIT 采购要求供应与需求双方信息高度共享，保证供应与需求信息的准确性和实时性。由于双方的战略合作关系，企业在生产计划、库存、质量等各方面的信息都可以及时进行交流，以便出现问题时能够及时处理。只有供需双方进行可靠而快速的双向信息交流，才能保证所需的原材料和外购件的准时、按量供应。同时，充分的信息交换可以增强供应商的应变能力。所以实施 JIT 采购，就要求供应商和制造商之间进行有效的信息交流。信息内容包括生产作业计划、产品设计、工程数据、质量、成本、交货期等。全球知名的沃尔玛公司和宝洁公司合作后，双方成立了一个协作团队，共同控制商品的质量。双方以结盟的方式，通过计算机实现数据共享。宝洁公司借助数据库，除及时了解沃尔玛物流中心自己所需的商品情况外，还能及时了解自己产品在沃尔玛各店铺的销售量、库存量和价格等，这不仅能使宝洁公司及时制订出符合市场需求的生产和研发计划，同时也能对沃尔玛的库存做到连续补货，沃尔玛只需要决定商品的进货数量就可以了。反过来，沃尔玛向宝洁公司反馈市场和消费信息，直接指导宝洁调整产品结构，改进产品质量，双方形成一个双赢的合作联盟。

7. 可靠的送货和特定的包装要求

由于 JIT 采购消除了原材料和外购件的缓冲库存，供应商交货的失误和送货的延迟必将导致企业生产的停工待料。因此,可靠送货是实施 JIT 采购的前提条件。而送货的可靠性,常取决于供应商的生产能力和运输条件,一些不可预料的因素,如恶劣的气候条件、交通堵塞、运输工具故障等,都可能引起送货延迟。此外,JIT 采购对原材料和外购件的包装也提出了特定的要求。最理想的情况是,对每一种原材料和外购件,采用标准规格且可重复使用的容器包装,既可提高运输效率,又能保证交货的准确性。

(三)JIT 采购的具体实施

JIT 采购是一个不断完善和改进的过程,需要在实施过程中不断总结经验教训,从降低运输成本、提供交货的准确性、提高产品质量、降低供应库存等各个方面进行改进,不断提高 JIT 采购的运作绩效。实行 JIT 采购效益非常好,操作也非常简单,但对企业管理基础和信息化建设基础要求较高。作为一种先进的采购方法,由于能为企业带来显著的经济效益,JIT 采购模式已经引起了更多企业的了解和重视,推广和应用已是企业发展的必然需要和大势所趋。企业要开展 JIT 采购,要了解和探索 JIT 采购的原理和方法,从基础工作抓起,逐步创造条件,一旦实施起来才能达到运筹帷幄、事半功倍的效果,早日为企业创造经济效益,提高企业的竞争能力。

(四)JIT 采购与传统采购的区别

(1)传统采购会选择较多供应商,合作关系松散、物料质量不稳定;JIT 采购则选择较少供应商,合作关系稳固、物料质量较稳定。

(2)在供应商评价上,传统采购只评价合同履行能力;JIT 采购对合同履行能力、生产设计能力、物料配送能力、产品研发能力等进行综合评价。

(3)在交货方式上,传统采购由采购商安排、按合同交货;JIT 采购由供应商安排,确保交货准时性。

(4)在到货检查与信息交流上,传统采购每次到货检查信息不对称,易导致暗箱操作;JIT 采购质量有保障,无须检查,采供双方高度共享准时实时信息,易建立信任感。

(5)在采购批量与运输上,传统采购大批量采购,配送频率低,运输次数相对少;JIT 采购为小批量采购、频率高、运输次数多。

四、MRP 采购认知

MRP 采购指根据产品结构各层次物品的从属和数量关系,以每个物品为生产计划对象,以完工时期为时间基准倒排计划,按提前期长短区别各个物品下达采购计划时间的先后顺序,是一种工业制造企业内物资采购计划管理模式。MRP 是根据市场需求预测和顾客订单制订产品的生产计划,然后基于产品生成进度计划,组成产品的材料结构表和库存状况,通过计算机计算所需物料的需求量和需求时间,从而确定材料的加工进度和订货采购日程的一种实用技术。

MRP 中的库存状态文件的数据主要有两部分:一部分是静态的数据,它是在运行 MRP 采购之前就确定的数据,如物料的编号、描述、提前期、安全库存等;另一部分是动态的数据,如总需求量、库存量、净需求量、计划发出(订货)量等。MRP 采购在运行时,不断更变的是动态数据。下面对库存状态文件中的几个数据进行说明：

（1）总需求量（Gross Requirements）。如果是产品级物料，则总需求量由 MPS（Master Production Schedule）决定；如果是零件级物料，则总需求量来自于上层物料（父项）的计划发出采购订货量。

（2）预计到货量（Scheduled Receipts）。该项目有的系统称为在途量，即计划在某一时刻入库但尚在生产或采购中，可以作为 MRP 使用。

（3）现有数（On Hand）。表示上期末结转到本期初可用的库存量。

现有数 = 上期末现有数 + 本期预计到货量 − 本期总需求量

（4）净需求量（Net Requirements）。当现有数加上预计到货不能满足需求时产生净需求。

净需求量 = 现有数 + 预计到货 − 总需求量

（5）计划接收订货（Planned Order Receipts）。当净需求为正时，就需要接收一个订货量，以弥补净需求。计划收货量取决于订货批量的考虑，如果采用逐批采购订货的方式，则计划收货量就是净需求量。

（6）计划发出订货（Planned Order Release）。计划发出订货量与计划接收订货量相等，但是时间上提前一个时间段，即订货提前期。

订货日期 = 计划接收订货日期 − 订货提前期

另外，有的系统设计的库存状态数据可能还包括一些辅助数据项，如订货情况、盘点记录、尚未解决的订货、需求的变化等。图 3-5 为 MRP 逻辑流程图。

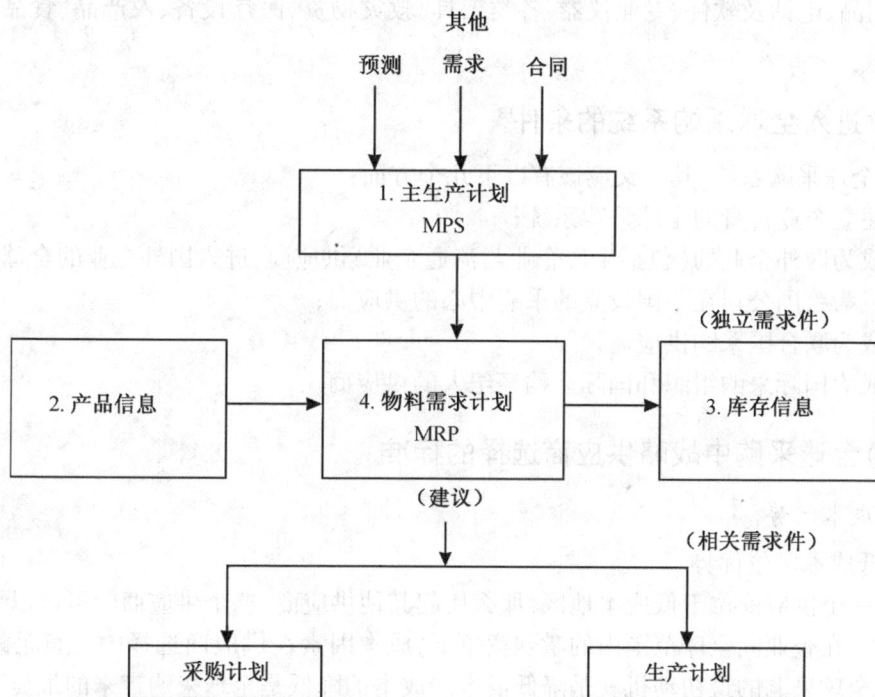

图 3-5　MRP 逻辑流程图

五、国际采购认知

国际采购是指超越国界的,在一个或几个国家市场中购买产品、货物或者服务的过程,这种国际化采购可以使公司以较强的竞争力在国际市场上成功地运营。

定义1:全球采购是指利用全球的资源,在全世界范围内去寻找供应商,寻找质量最好,价格合理的产品。

定义2:全球采购是指不包括企业行为的"官方采购",如联合国、各种国际组织、各国政府等机构和组织,为履行公共职能,使用公共性资金所进行的货物、工程和服务的采购。采购的对象包罗万象,既有产品、设备等各种各样的物品,也有房屋、构筑物、市政及环境改造等工程,还有其他各种服务。

(一)了解国际采购通用规则

全世界公认采购法则有四个,即《联合国采购示范法》《WTO政府采购协议》《欧盟采购指南》《世界银行采购指南》。在加入WTO时,中国政府并没有加入《WTO政府采购协议》。但中国政府承诺在2020年以前,中国会向APEC成员开放政府采购市场。联合国采购、企业之间的国际采购则按采购规则进行。以联合国采购为例,1998年为30亿美元,2000年为40亿美元,2001年为50亿美元,2002年为100亿美元。采购范围涉及运输车辆、包机服务、通信设备、办公用品、电话及软件、专业仪器、各类工具、救灾物资、医疗设备、农产品、食品、药品等众多领域。

(二)进入全球采购系统的条件

进入全球采购系统,其含义应该有以下几个方面:

(1)建立企业自身的全球采购系统;

(2)成为国外企业的(包括生产企业与流通企业)供应商,进入国外企业的全球采购系统;

(3)成为跨国公司在中国设立的采购中心的供应商;

(4)成为联合国采购供应商;

(5)成为国际采购组织和国际采购经纪人的供应商。

(三)全球采购中战略供应商选择的标准

1.低成本优势

(1)低成本区位优势

如果一个供应商位于低成本地区,那么比起其他供应商,这个供应商就可以以更低的成本进行竞争。在企业间全球范围内的激烈竞争下,成本因素在供应商选择中一直是最重要的因素之一。全球采购的最初动机就是降低成本。成本的降低是全球采购带来的最显著的利益。

(2)规模经济

希尔和琼斯(2004)认为,规模经济是指因大量生产而导致的单位成本的降低。生产结构是供应商选择中的一个重要因素。波特(1986)认为,低成本战略可以通过对集中的生产布局或者通过对分散的生产活动进行协调而获得。在低成本战略中,把生产活动集中到一个或几个生产地点可以带来生产上的规模经济。采购是生产活动的一个延伸,波特的观点也可以用在供应商的选择上。

（3）学习效果

巨大的生产能力也有助于一个供应商通过学习效果更快地实现成本的降低。学习效果是通过员工从大量生产中获得的生产经验和管理能力的提高而实现的。学习效果压低了成本结构,并使得供应商可以向其客户索取更低的价格,从而确保持续的竞争优势以及给消费者带来更大的利益。

2. 产品差异化优势

当一个企业希望获得的质量改进、技术提高,交付和可靠性等改善也会通过全球采购来实现。不同国家都有各自不同的优势。这就给企业提供了一个利用这些不同优势的机会。也就是说,除了具有低成本优势的供应商,采购企业还有更多的机会在全球范围内寻找到具有质量和创新优势的供应商。

（1）质量优势

质量优势是按照供应商提供可靠、耐用并且符合采购企业对具体要求产品的能力来衡量的。可靠性是一个重要的质量标准。近些年,可靠性在企业确立竞争优势的过程中的作用愈发重要。许多供应企业采用了 Sigma 方法,从而大大地降低了产品的缺陷率。这就意味着这些企业能够给其用户提供更可靠的产品。供应商质量也成了供应商选择过程中一个被关注的方面。越来越多的企业已经意识到,质量的持续改进是企业生存的基本要求。如果一个企业只关心成本的降低,这个企业是不会确保其长期的竞争优势的。

（2）创新优势

供应商的创新能力包括供应商的技术水平、专门知识,新产品设计能力以及对现有产品进行改进的能力。从长期观点来看,产品和生产流程的创新或许是确保竞争优势最重要的一环。在有些产业中,质量和成本被看作是订单资格。因此,这些产业中的企业如果要试图获得竞争优势,就必须具有产品和生产流程方面的创新能力。竞争可以被视为一个由创新驱动的过程。创新是获得竞争优势的一个主要源泉,这是因为创新可以使企业具有一些独特的能力,一些其竞争对手所缺乏的技术。独特性可以使一个企业与其竞争对手区别开来,并且为其产品索取一个溢价,或者,许多生产流程的创新还会导致产品单位成本的大大降低,从而获得比其竞争对手更大的成本优势。

3. 低成本优势和产品差异化优势的结合

随着企业间越来越激烈的竞争以及科学技术的进步,一些企业不再仅仅局限于实行单一战略。生产技术和信息技术的发展使得在低成本战略和产品差异化战略之间的选择变得不再像过去那么明确。这些企业在努力保持成本优势的同时,也在寻求产品差异化的优势。丰田汽车公司是汽车生产领域中同时实施低成本战略和产品差异化战略的一个典范。丰田汽车公司通过大量采购标准化零部件获得了显著的规模经济。与此同时,丰田汽车公司还通过柔性生产以及利用供应商的设计和技术能力来获得产品差异化优势。更重要的是,通过模块化和平台设计,丰田汽车公司同时获得了低成本优势和产品差异化优势。丰田汽车公司这个案例对供应商的选择产生了很大的影响。在丰田汽车公司案例中,供应商选择的焦点从零部件供应商转移到了模块和系统供应商。这些供应商以规模经济的生产方式来供应模块和系统,具有很强的生产创新性模块和系统创新能力。

4.战略供应商选择组合模型构建

与以上所讨论的企业竞争战略的要求相一致,本章引入一个用于战略供应商的选择组合模型(如图3-6所示)。在本模型中,质量是供应商选择过程中的最基本的要求。

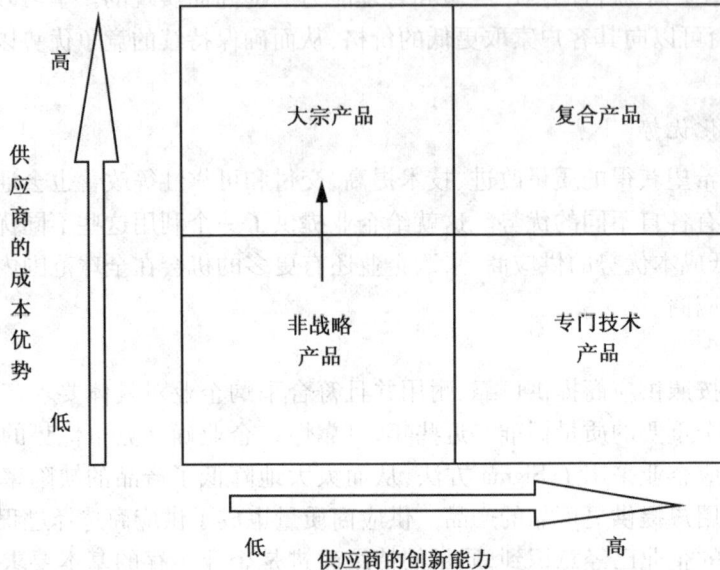

图3-6 供应商选择中按照成本和创新能力对产品进行分类

在图3-6中,纵轴为供应商的成本优势,即该供应商具有的规模经济、区位等成本优势。当一个供应商具有这些特征时,就可以说此供应商拥有很强的成本优势。相反,当供应商仅仅具有其中的一个特征时,比如低成本区位优势,那么供应商的成本优势就比较弱。横轴即供应商的创新能力,包括供应商的技术优势,专门知识优势,用于研发的投资、专利保护,以及设计和工程能力。以模型中两个坐标为基础,采购企业可以按照四种不同的产品分类进行供应商选择,即非战略产品、大宗产品、专门技术产品和复合产品。

(1)非战略产品的采购

非战略产品在技术上不具有复杂性,并且其价值很低。这类产品的例子包括办公室用品、维护、修理、运营物品等。对这类产品而言,企业一般通过尽可能简单的程序进行采购。企业对这种产品的需求通常相对很小。企业无须经常视察供应商、每日进行信息反馈或组织跨职能团队等。在非战略产品的采购中,与供应商伙伴式的合作关系反而是一种资源的浪费。在选择生产非战略产品供应商的时候,采购企业不需要供应商具有很强的创新能力。供应商应该具有单位价格优势,但是采购企业不愿花费太多的资源用于对供应商的评估,尤其是对其规模经济状况,学习效果和其他成本结构的评估。而且,由于需求量相对较低,供应商或许不需要达到生产上的规模经济。实力雄厚的供应商也可能因为很小的市场需求而不愿生产此类产品。

然而,供应商必须达到应有的质量标准,比如ISQ 9000或GS 9000等。这是因为质量标准在全球采购中通常是采购企业所要求的一个门槛标准。非战略产品对企业竞争战略的实施不会有很大影响。换句话说,不管是低成本战略还是差异化战略,非战略产品并不是企业追求竞争优势中的核心产品。因此,即使一个生产非战略产品的供应商被选中,这个供应商也不会成为采购企业的核心成员,而只是停留在采购企业的战略范畴之外。而且,由于企业间更激烈的竞争,许多企业正在努力通过合并采购和标准化进一步降低在非战略产品上的费用。因此,非战略产品有向大宗产品转换的趋势,如图3-6箭头所示。

（2）大宗产品的采购

与非战略产品类似,大宗产品在技术上也不具有复杂性,而只需要技术成熟即可生产,如包装箱、汽车轮毂等。大宗产品通常有统一的产业标准并缺乏差异化。然而,企业一般要花费大量的资金用于这类产品的采购。由于很小比例的成本降低就意味着很大数量的资金节省,因此,这类物品是帮助企业降低成本的源泉,尤其是对于实行低成本战略的企业更是如此。此外,全球范围内激烈的竞争使得具有创新性的产品在更短的时间内变成标准产品,这更加强了大宗产品在企业中的成本比重。竹内弘高和波特(1986)认为,一个企业在全球范围内成功生产并销售标准化产品的能力对企业的竞争优势至关重要。作为获得竞争优势的一个步骤,采购企业会从全球范围寻找最佳的供应商来获得这些产品。生产大宗物品的供应商不需要有很强的创新能力,但是必须具有出色的成本结构。当前,许多采购企业的营销和生产运作越来越具有全球性质。因此,采购企业对供应商的选择是基于其为企业提供全球支持的能力。

特伦特和蒙克萨(2003)认为,当没有供应商具有全球供货能力时,要想获得最高水平的全球采购是不可能的。所以,具有规模经济生产、学习效果并且具有低成本的区位优势的供应商将成为采购企业的首选。例如,一些美国和欧洲的领先企业最近越来越依赖于"全球供应商",以支持这些企业的全球运作。为了降低成本,一个采购企业甚至会说服与之有伙伴关系的供应商把生产基地转移到低成本地区。

（3）专门知识产品的采购

与非战略产品和大宗产品相比,专门知识产品在技术上具有复杂性,并且代表着新兴的技术。生产专门技术产品的供应商一般具有专门知识或者拥有专利和其他的创新能力。采购企业在选择这些供应商的时候没有什么主导权。相反,供应商或许有选择采购企业的权利。这类供应商把精力集中于产品创新和技术开发而不是降低产品成本上。在这种情况下,如果采购企业实行低成本战略,它会努力寻找这类产品的替代品,以减少对专门知识产品供应商的依赖。而对于实行创新战略的采购企业,这类供应商却是增强其差异化战略优势的源泉。

（4）复合产品的采购

企业在复合产品的采购上花费大量的资金。同时,复合产品具有很高的技术含量和创新潜能。计算机使用的微处理器、汽车发动机和传动装置都属于复合产品。提供此类产品的供应商具有降低成本的能力。但是更重要的是,这些供应商在产品和产品创新、产品设计、工程和研发投资等方面具有极强的综合能力。例如,小岛冲压工业公司是主要为丰田汽车公司提供汽车零部件的供应商。这家供应商设计自己的汽车零部件并且拥有自己的研发实验室,能够执行关键的增值活动,从而为丰田公司带来战略优势。实行复合战略的全球采购企业偏好和这类供应商建立紧密的伙伴关系。这种伙伴关系集中于供应商在产品开发过程中的早期介入,关注长期的价值增值潜力和降低产品成本。

供应商选择过程中的组合分析可以使采购企业的采购变得更加有效。随着采购活动对企业竞争战略的贡献的与日俱增,选择与采购企业竞争战略相适应的、有竞争力的供应商将是企业保持并加强其竞争优势的关键一环。

六、采购外包认知

采购外包(Procurement Outsourcing)就是企业在关注自身核心竞争力的同时,将全部或部分采购业务活动外包给第三方,采购人员可以通过自身分析和理解供应市场相关的知识,来辅助管理人员进行决策,利用行业外包网站,如图3-7所示,也是一种很好的采购外包方式。

采购外包的特点是:具有并行的作业分布模式;在组织结构上,实行采购外包的企业,由于采购业务的精简而具有更大的应变性;以信息技术为依托实现外部资源的整合;采购外包可以使企业专注于核心竞争力的发展。在我国,许多企业采购变成了一项运行效能低下的资产,企业重视程度还远远不够。由于采购流程的缺陷和不良的采购支出,企业每年要白白损失许多利益。成功的采购外包策略可以帮助企业降低采购成本、提高采购业务能力、改善采购质量和提高采购利润率。

图3-7 某外包网站

现在有相当一部分企业开始把次优的采购活动,不是核心业务,或者不是专长领域和不能很好控制的采购项目交给高度专业化的外包服务型公司。在过去的几年中,企业一直在将精力集中在主业上,把其余的业务都外包出去。常见的外包商务活动包括旅行服务、猎头招聘、员工福利、工资发放和其他一些财务活动。采购外包已经成为商务流程外包(BPO)的必然延伸。

近年来,随着基于网络的采购技术(电子商务采购,网上征招采购商,代理商,供应商,拍卖,招标,网上交易所)和价值分析工具的发展,为监测和管理采购及采购外包提供了必要的可见性和有效的控制手段。

(六)我国企业采购外包的对策

采购业务外包作为新经济时代的企业经营管理的一种模式,能给企业和社会经济的发展带来较大的效用。但采购业务外包战略也是一把双刃剑,它在带来福音的同时,也可能蕴藏着风险。所以企业在实施采购业务外包模式时,必须权衡考虑,尽可能地发挥其有利之处,规避其不利之处。

1. 改进企业管理模式

我国企业无法很好地实施采购外包的历史原因是,我国传统国有企业通常都是"大而全"的小社会,尤其是企业资产规模和生产能力规模往往决定一个企业领导的行政级别的高低与在职消费的大小,这也导致我国大多数企业贪多求大,盲目扩张,对于能否形成核心竞争业务,并能产生持续的竞争优势则漠不关心。企业习惯于将价值链上的从研发、设计、供应、生产、营销、销售到售后服务,全部自己包揽,从而造成我国企业产品技术含量低、层次重复,跟不上市场需求的变化。显然,"纵向一体化"的企业管理模式已经不适应市场快速变化的要求。

2. 识别、培育与提升企业的核心竞争力,确立采购外包有效运作的业务保障

每个成功企业都有它的核心竞争力,实施外包的企业首先应该善于识别其核心竞争力。核心竞争力是知识而不是产品,所以企业首先应该考察企业内部最具优势的知识是什么。其次,应把企业的目标定位在价值链的最好且最具有竞争力的两三个环节上。再次,企业的核心竞争力需要在企业最有价值即企业可以赢得最大利润的领域里进行。最后,核心竞争力的确定不仅要顾及企业当下的经济活动,还应看到企业未来的经济活动,即运用科学发展的观点来确定企业的核心竞争力。

3. 积极建立学习型组织

随着知识经济的到来,学习型组织成为企业开展创新活动和提高竞争力的必要条件。当企业单元都成为学习型组织时,外包整体就能够更加有效地达到战略协调、知识共享、能力互补和信息技术兼容等经营管理的目标。企业才能把学习与工作系统地、持续地结合起来,支持组织在个人、工作团队以及整个组织系统这三个不同层次上的平衡发展。构造学习型组织对企业实施业务外包也有举足轻重的作用。

4. 注重流程管理

采购外包的重点并不在外包业务本身,而在于对其进行的管理。要处理好内部流程和外部流程的有效结合问题,就要把外包企业的核心能力和承包企业的核心能力有效整合起来。企业首先要对采购外包的重要性进行评价,并对其风险进行评估,做出是否进行采购外包的决策。

●项目小结

企业与单位采用何种采购方式,采购管理机构应制定采购目录内容,要针对产品、原材料与服务等规定,以企业单位实际能够正确核查监控管理;以降低采购成本,提高采购效率为目标,运用新的现代化电子采购技术,新的互联网技术来进行采购选择。

正确履行了《中华人民共和国企业采购法》与2017年修订的《中华人民共和国政府采购法》中的公开招标方式的限额标准、对采购人或采购代理机构确定的采购方式的行为实施监督管理,正确履行采购法所赋予的采购工作的监督管理职责。

在采购方式的确定上,既不能由监管机构确定或者直接指定采购方式,也不能由采购人或者采购代理机构自行确定采购方式。而应当由企业监管机构制定采购政策、编制采购目录、确定采购方式与采购限额标准,采购人或者采购代理机构依照企业与《政府采购法》关于各类采购方式的适用条件的规定,根据企业监管机构规定的采购方式,结合采购对象的具体情况,选

择恰当的采购方式,是既符合法律、法规的规定,又符合采购工作实际的一种方法,应予以推行。

● 项目测试与训练

一、讨论分析题

案例背景:某国有控股集团公司需要在3个月内采购一批通信信号设备(4月1日提交采购计划,要求7月1日设备到位,开始安装调试),集团公司采购部(以下简称采购部)负责采购项目的执行,采购总金额预计超过500万元,由于采购金额较大,且该类设备的专业性和复杂性较高,因此采购部根据当时情况决定采用招标采购方式择优选定供应商。

招标过程:采购部根据设备使用部门给出的设备技术参数和交货期等要求编制招标文件。首次招标共邀请6家供应商分别为A、B、C、D、E、F。截至4月15日发标当天售出标书三份,供应商C、E、F因各种原因无法按时交货而放弃购买标书,5月5日投标截止时,采购部仅收到A供应商一份标书,供应商B、D也退出投标。采购部将情况上报集团公司管理层后,决定此次邀请招标无效,并决定再次邀请其他厂商参加招标。第二次招标又邀请了供应商G、H与A共同投标,而H因无法满足产品技术邀请而放弃投标,G在投标时间截止前未给予明确答复。至此有效投标仍为A。经集团公司管理层研究决定,此次招标仍然无效。并决定将邀请招标更改为竞争性谈判采购方式,由采购部会同技术部门和设备使用部门与A公司展开谈判,尽快完成采购任务。

案例结果:最后采购部通过与A公司谈判达成协议,此次采购通信设备共计金额822.6万元,交货日期为7月1日前。

请根据上述材料,并结合项目采购管理的理论,回答以下问题:

(1)该采购部在首次招标采购中采用邀请招标采购的方式是否合适?为什么?

(2)该案例中采购部改为使用竞争性谈判采购方式是否适合?竞争性谈判包括哪些主要形式?

(3)根据上述材料,你认为在招标采购过程中需要注意哪些问题?

二、技能训练

请同学们3~5个人一组,进入某一间企业,深入了解企业经营产品业务,进行市场调研,收集这个企业的采购物品与原材料资料,试将这个企业的采购物品与原材料按20/80法则分类,将其划分为战略采购品,集中采购品,瓶颈采购品和正常采购品。完成后,上交书面调研资料。

(1)训练目的:了解企业采购方式选择与实施流程,明确成本控制方式。

(2)训练要求与操作准备:做好调研的前期接洽准备。

(3)训练资料与设备:PC,U盘,笔记本,企业信息资料。

课后习题

(一)单选题

1.询价小组由采购人的代表和有关专家共( )个以上的单数组成。

    A.3   B.5

C. 7　　　　　　　　　　　　　　D. 9

2. 下列各项不属于政府采购方式的是(　　)。

　　A. 公开招标　　　　　　　　　　B. 邀请招标

　　C. 国内竞争性招标　　　　　　　D. 单一来源采购

3. 关于政府采购方式,下列说法不正确的是(　　)。

　　A. 供应商数量有限或采用公开招标方式的成本费用占政府采购项目总价值比例过大而不值得的政府采购项目,可采用邀请招标方式

　　B. 达到公开招标限额标准的政府采购项目采用公开招标方式

　　C. 采购的货物规格、标准统一,现货货源充足且价格变化幅度小的政府采购项目采用询价方式

　　D. 凡未达到政府采购限额标准的项目,均应采用公开招标采购方式

4. (　　)是指采购人以招标公告的方式广泛邀请不特定供应商(或承包商)参加投标,它是政府采购的主要采购方式。

　　A. 公开招标　　　　　　　　　　B. 邀请招标

　　C. 竞争性谈判　　　　　　　　　D. 询价

5. 中华人民共和国招标投标法实施条例自(　　)起施行。

　　A. 2012 年 2 月 1 日　　　　　　B. 2011 年 12 月 1 日

　　C. 2012 年 1 月 1 日　　　　　　D. 2011 年 12 月 20 日

6. JIT 采购是准时化生产系统(JIT)的重要组成部分。JIT 生产管理源自于(　　)国家。

　　A. 德国　　　　　　　　　　　　B. 英国

　　C. 美国　　　　　　　　　　　　D. 日本

(二)多选题

1. 按照选择交易主体的方式划分,常用的采购方式有(　　)。

　　A. 招标　　　　　　　　　　　　B. 询价

　　C. 磋商　　　　　　　　　　　　D. 竞价与比选

　　E. 单一来源采购

2. 我国政府采购实行集中采购和分散采购的组织形式,其中(　　)。

　　A. 集中采购均应委托采购代理机构代理采购

　　B. 政府集中采购目录由国务院确定

　　C. 分散采购应委托采购代理机构代理采购

　　D. 《政府集中采购目录及标准》中的部门集中采购项目可由相关部门自行组织采购

　　E. 集中采购分为集中采购机构代理采购和部门集中采购

3. 对于询价采购方式,下列说法正确的是(　　)。

　　A. 询价小组要求被询价的供应商一次报出不得更改的价格

　　B. 采购人根据符合采购需求、质量和服务相等且报价最低的原则确定成交供应商

　　C. 应将结果通知所有询价的未成交的供应商

　　D. 确定被询价的供应商名单后再成立询价小组

　　E. 只将结果通知部分询价的供应商

4. 成功的采购外包策略的优点有(　　)。

A. 帮助企业降低采购成本   B. 提高采购业务能力

C. 提高企业管理水平   D. 改善采购质量和提高采购利润率

5. 集中采购的优点有(　　)。

A. 集中的数量优势

B. 避免复制,更低的运输成本

C. 减少企业内部的各部门及单位的竞争和冲突

D. 形成供应基地

● 答案

(一)单选题

1. A   2. C   3. D   4. A   5. A   6. D

(二)多选题

1. ABCD   2. DE   3. ABC   4. ACD   5. ABCD

项目四　采购前的基础工作

●学习目标

知识目标

1. 掌握供应市场分析的原因及市场分析步骤。
2. 理解供应市场的四种结构形态。
3. 掌握采购需求分析以及采取的方法。
4. 理解采购流程的环节及步骤,掌握采购订单的制定过程。
5. 掌握采购商品的细分,理解采购商品规格说明以及进货管理与进货评价。
6. 掌握采购流程的优化方法。

技能目标

1. 能够利用所学理论知识点评供应市场,并界定供应市场形态。
2. 能够根据实际进行采购需求分析,开立请购单,审核并处理请购单,计算经济订购批量。
3. 能够根据企业相关资料,建立有效率的采购流程,并对原企业的采购流程进行优化。

●引导案例及分析

卡斯制造公司的采购需求管理

上海福特卡斯机械制造有限公司5年前开始生产某型号的微型同步电动机,定价为每台2 500元。主要材料为硅钢片、钢板和其他辅助零件,每台微型同步电动机成本大约1 800元。

虽然存在价差空间,但该企业利润很低,经济效益很不理想。企业管理层分析后发现,原因在于市场竞争激烈,企业的生产受原材料供应和销售市场波动影响很大,生产数量无法控制,生产中时有剩余大量原材料的现象,加上物流成本不断增加,所以企业经营越来越困难。

后来,该企业决定调整微型同步电动机所需原材料的采购方式,对公司生产的几种型号的产品的原材料供货,根据需求统筹安排,并安排了市场人员跟踪销售信息并进行预测,然后根据原材料清单进行采购。采购上采取了多批次少批量生产的方法,企业的成本终于得到了有效的控制。

分析

卡斯制造公司是怎样走出低利润困境的?

任务一
供应市场分析

任务导读

本项任务将引领读者了解供应市场分析的原因,掌握供应市场分析的步骤与内容,理解供应市场的四种结构形态;能够利用所学理论知识点评供应市场,并界定供应市场形态;能够根据实际进行采购需求分析,开立请购单,审核并处理请购单,计算经济订购批量。

供应市场分析是指企业针对所采购的物品或服务,系统地进行供应商、供应价格、供应量、供应风险等与供应市场相关的情报数据的调集、收集、整理、归纳,从中分析出所有相关要素以获取采购决策所需依据的过程。

一、供应市场分析

(一)市场和市场结构

"市场"最初的含义是指商品交易的场所,"市"就是买卖,"场"就是场所。"市场"即买者和卖者于一定的时间聚集在一起进行交换的场所。市场的含义随着商品经济的发展而不断发生变化,在不同的历史时期、不同的场合,具有不同的含义。

在现代市场经济中,市场是指整个商品变换关系的总和,它包含了商品变换中买方、卖方、中间人及辅助机构之间的所有关系。在经济生活中,生产者与消费者之间存在很多矛盾,如生产者与消费者在空间上分离、生产者与消费者在时间上有差异、生产者与消费者在商品估价上有差异、生产者与消费者在商品供需数量上有差异、生产者与消费者在商品供需质量上有矛盾等。市场作为社会生产力发展到一定阶段的产物,就是为解决这些矛盾而存在和发展的。

从根本上说,市场结构是反映市场竞争和垄断关系的概念,一个产业的市场结构问题,其实质就是该产业的竞争性(或者说是垄断性)程度问题。一个特定市场中的各个市场主体在市场交易中的地位、作用、比例关系及其在市场上交换的商品的特点,即形成了具体产业的市场结构。按竞争程度,可以把市场划分为完全竞争市场、垄断竞争市场、寡头垄断市场和完全垄断市场四种市场结构。

1. 完全竞争市场

在完全竞争市场中,商品价格由无数的卖者和买者共同决定,任何单个的卖者和买者都只能是价格的接受者且他们拥有产品的完备信息;卖者与买者可以自由进出市场;卖者生产的产品完全相同,没有任何差异。这样的市场在现实生活中不存在,只有少数农产品市场与它比较相似。

2. 垄断竞争市场

在垄断竞争市场中,卖者与买者众多,卖者提供的产品存在一定的差异,对价格起着一定的影响作用;卖者与买者可以自由进出市场。这样的市场较为现实,像大多数日用消费品市场、家电市场就是这种市场。

3. 寡头垄断市场

在寡头垄断市场中,只有少数的卖者,这些卖者占有相当大的市场份额,对产品价格有很大的影响力,但卖者之间的相互依存度很大,价格和产量具有相对稳定性;整个市场进入有很大障碍。这样的市场也较为现实,像电力、石油等就是这种市场。

4. 完全垄断市场

在完全垄断市场中,只有一个卖者,其产品具有特殊性,能完全控制产品价格;其他卖者几乎不可能进入市场。像一些国家造币所需专用林场的木材,属于自然资源垄断;铁路、邮政等属于政府垄断;拥有专利权的微软等属于控制垄断。

(二)供应市场分析的原因

供应市场分析是为了满足企业目前及未来发展的需要,针对所采购的商品,系统地进行供应商、供应价格、供应量、供应风险等基础数据的收集、整理和分析,为企业的采购决策提供依据。

通过对供应市场分析,企业可以得到所需要的采购数据资料,从而为采购决策的定量化、科学化提供依据。在现代市场经济中,随着供应管理在企业价值链中的地位越来越高,更多的人开始认识到企业要想在竞争日益激烈的市场环境下生存和发展,不仅要重视产品销售市场的分析,还要更加重视供应市场的分析和研究。供应市场分析的原因主要体现在以下几个方面。

1. 企业采购决策的正确性

任何一项决策都需要以科学的数据资料为基础,采购决策也不例外。要想保证企业采购决策的正确性,必须要对供应市场进行科学的调查分析,了解市场中各种因素之间相互制约、相互影响的关系,获得正确、科学的市场资料,并以这些资料为基础,及时调整采购战略。只有这样才能防止采购战略决策不会偏离正确的轨道。

2. 企业采购工作的适应性

市场是企业经营的外部条件,企业的生存离不开市场。但市场结构变化多端、市场中的关系错综复杂,都给企业带来很大的威胁。因此,必须要正确认识市场,客观分析其中的关系,主动适应市场变化,把握其中的有利时机,及时做出防范威胁的措施,企业的采购工作才能具有良好的适应性,从而得以顺利开展。

3．提高企业竞争力的现实性

通过对供应市场分析,企业能够敏锐地发现市场中各种因素的变化趋势,并能及时地把握有利时机,将潜在的机会变成企业现实的利益,从而大大提高企业的竞争力。

(三)供应市场分析的步骤

供应市场分析可以是周期性的,也可以是以项目为基础进行的;可以是定量分析,也可以是定性分析,但多数是定量分析和定性分析相结合;可以是短期市场分析,也可以是长期市场分析。虽然每个项目对供应市场分析都有其自己的方法,但一般情况下,供应市场分析都有以下几个主要步骤。

1．确定供应市场分析的目标企业

供应市场中各种因素之间的关系错综复杂,涉及面广,因此要对供应市场进行分析,要解决什么问题,问题解决到什么程度,解决问题的时间多长,需要多少信息,信息准确到什么程度,如何获得信息,谁负责获取信息,如何处理信息等问题都包含在一个简明概述中。

2．设计供应市场调研方案

在对相关资料进行分析之后,就要设计供应市场调研方案,确定以后调研的具体内容,如调研的时间安排、调研的内容、调研的组织配备等。

3．收集相关资料并进行分析

收集与供应市场相关的资料并进行分析,根据其结果做出初步的判断,确认是否有必要进一步进行供应市场调查,从而为下一步的安排奠定良好的基础。相关资料和信息的来源主要有:各种信息中心或互联网上查询的信息,广告及供应商提供的资料,国家有关部门发布的政策方针、发展规划等。

4．对供应市场进行调研

根据供应市场调研方案,开始调研工作。认真调查各种原材料的供需现状及发展趋势等问题。调研的方式有很多种,如深入调研法、电话调研、访谈等,可以灵活采用各种调研形式。调研过程要围绕调研主体、突出重点、紧扣调研内容。

5．撰写供应市场分析报告及评估

供应市场分析及信息收集结束后,要对所获得的信息和情报进行归纳、总结、分析,在此基础上提出总结报告,并对不同的供应商选择方案进行比较。根据得出的结论,可以分别采用不同的采购策略,将调研结论以书面报告的形式撰写出来,供决策者进行决策。对分析结果的评估应该包括对预期问题的解决程度,对方法和结果是否满意等。

(四)供应市场分析的内容与层次

1．供应市场分析的内容

具体的市场分析内容有:供应市场研究、供应市场风险分析。

（1）供应市场研究

供应市场研究主要研究三部分内容：一是供应市场研究过程；二是供应市场结构分析；三是宏观、中观、微观供应市场分析。

（2）供应市场风险分析

如果供应市场风险能够降低的话，将给成本的降低带来很大的空间。因此，它是采购决策必须重点考虑与分析的内容。一般应该在新供应商评价、选择认可之前就要进行分析，也可对现有的供应商定期进行分析。

供应市场风险分析包括四个阶段：准备阶段、分析评价阶段、行动改进阶段和总结阶段。

2. 供应市场分析的层次

供应市场分析可以分为宏观经济分析、中观经济分析和微观经济分析三个层次。

（1）宏观经济分析

宏观经济分析是指分析一般经济环境以及影响未来供需平衡的因素，例如产业范围、经济增长率、产业政策及发展方向、行业设施利用率、货币汇率及利率、税收政策与税率、政府体制结构与政治环境、关税政策与进出口限制、人工成本、通货膨胀、消费价格指数、订购状况等。

（2）中观经济分析

中观经济分析集中研究特定的行业、部门。在这个层次，很多信息都可以从国家的中央统计部门和行业信息机构中获得。这个层次需要处理的信息主要有供求状况、行业效率、行业增长状态、行业生产与库存量、市场供应结构、供应商的数量与分布等。

（3）微观经济分析

微观经济分析集中于评估个别产业供应和产品的优势与劣势，如供应商财务审计、组织架构、质量体系与水平、产品开发能力、工艺水平、生产能力与产量、交货周期及准时率、服务质量、成本结构与价格水平、作为供应商认证程序一部分的质量审计等。它的目标是透彻地了解供应商的特定能力及其长期市场地位。

二、市场结构分析

市场结构，是指某一市场中各种要素之间的内在联系及其特征，包括市场供给者之间、需求者之间、供给和需求者之间以及市场上现有的供给者、需求者与正在进入该市场的供给者、需求者之间的关系。

1. 市场结构的组成

（1）市场主体

市场主体是指在市场上从事经济活动，享有权利和承担义务的个人和组织。任何市场主体参与经济活动都带有明确的目的，以在满足社会需要中追求自身利益最大化为目标。

市场主体具有营利性，这是其最本质、最重要的特征。市场主体还具有独立性，主要表现为产权的独立和经营权的独立。市场主体的灵活性，主要表现在市场主体遵循市场规律对经营战略和策略进行调整，是其存在于市场的基本功能。此外，市场主体还具有相互间的关联性、平等性、合法性等特征。

（2）市场格局

市场格局是指在市场经济条件下，市场上买卖双方在交换活动中所处的地位和相互关系。这种地位和关系的出现，取决于市场上商品的供给与需求状况。

（3）市场集中度

市场集中度就是某产业市场前几名企业市场份额占整个市场的比例。

①绝对集中度分析。绝对集中度是以该产业市场中最大的 N 个企业所占市场份额累计数占整个产业市场的比例来表示的。

②相对集中度分析。相对集中度一般用洛伦茨曲线及基尼系数表示。

2. 市场结构的划分依据

划分市场结构，主要依据以下三条：

①行业内的生产者数目或企业数目；

②产品的差别程度；

③进入障碍的大小。

3. 市场结构的类型

（1）完全竞争

完全竞争是经济学中理想的市场竞争状态，也是几个典型的市场形式之一。完全竞争的结果符合帕累托最优。

一般地，当市场中的买者和卖者规模足够大，并且每个人（包括买者和卖者）都是价格接受者，而且不能单独影响市场价格时，这样的竞争性状态被称为完全竞争，同时，也称这样的市场为完全竞争市场。更加微观地说，完全竞争指在市场上的产品是同质的，信息是完全的，生产者可以自由地进出这个市场。

此外，也有学者认为，不管市场规模如何，只要市场中的个人认为，或者相信市场价格是给定的并且个人不能影响市场价格时，这样的状态就可以判断为竞争性的。例如，可以证明，在单一产品竞争市场中，两家企业如果进行伯川德竞争的话，就是竞争性的。换句话说，市场规模足够大是完全竞争的充分条件之一，但并非是必要条件。

（2）垄断性竞争

垄断性竞争是经济学中比较典型的市场形式之一，并在以下条件下产生：

①市场中具有众多的生产者和消费者；

②消费者具有明确的偏好，商品和服务是"非同质的"。

进行垄断性竞争的企业在短期具有垄断性质，而在长期则是零利润和生产能力过剩的。值得注意的是，垄断性竞争虽然一直是微观经济学中研究市场与竞争的话题，但是越来越被宏观经济学家所运用，特别是在1970年以后注重微观基础的建模风潮下。

（3）寡头垄断

寡头垄断是一种由少数卖方（寡头）主导市场的市场状态。在英语中，该词来源于希腊语中的"很少的卖者"。在这种市场状态下，每个寡头都关注其他寡头的行为。寡头垄断下的市场的一个显著特征就是寡头们相互影响。一个寡头厂商做出的决策影响其他寡头厂商，也被其他厂商的决策所影响。所以在做战略规划时，要考虑其他市场参者对此决策可能做出的回应。这就是一个典型的博弈状况。

（4）垄断

①卖方垄断。垄断又称卖者垄断，中国台湾地区通常叫独占，一般指唯一的卖者在一个或多个市场，通过一个或多个阶段面对竞争性的消费者；与买者垄断相反。垄断者在市场上，能够随意调节价格与产量（不能同时调节）。

一般认为，垄断的基本原因是进入障碍，也就是说，垄断者能在其市场上保持唯一卖者的地位，是因为其他企业不能进入市场并与之竞争。进入障碍产生垄断的原因有以下三个：

a. 资源形成垄断，关键资源由一家企业拥有。

b. 政府创造垄断，政府给予一家企业排他性的生产某种产品或劳务的权利。

c. 自然形成垄断，生产成本使一个生产者比大量生产者更有效率。

自然垄断指因产业发展的自然需要而形成的垄断状态。一般来说，规模经济能够形成自然垄断，像有些公用工程如供应自来水、电气的企业，投资很大，涉及面很广而利润不宜过高，一个地区设多套自来水管道或电力电信线路也比较浪费，这种情况即自然垄断；又如一个小乡镇，只有一家租车店或一家洗衣店就足以覆盖服务需要，也属自然垄断；再如高科技产品，由于技术研发能力的限制，在一定时期只有一家或少数厂家能够生产，而形成自然垄断。西方自然垄断理论从产生到发展分别以规模经济、范围经济和成本劣加性解释了自然垄断出现和存在的原因。

②买方垄断。买方垄断指只有一个买者而卖者很多的市场类型。在这种情况下，买者就具有了垄断性，如果买方垄断者希望通过在这个市场上购买产品而使其利益最大化，那么，他将购买较少的数量，并因此支付较低的价格。在买方垄断市场上，购买量是由买方垄断者的边际价值和边际费用决定的。

三、采购需求分析与确定

要进行采购，首先要弄清采购管理机构所代理的全体需求者们究竟需要什么、需要多少、什么时间需要的问题，从而明确应当采购什么、采购多少、什么时间采购以及怎样采购的问题，从而得到一份确实可靠、科学合理的采购任务清单。这个环节的工作，就叫作采购需求分析。

需求分析是制订采购计划的基础和前提。在进行采购需求分析时，采购人员首先可以通过接收采购申请的方式来对采购需求进行大概的了解。

（一）采购申请

采购申请又称请购，是指企业各需求部门向采购部门提出在未来一段时间内所需要物品的种类以及数量等相关信息，并填制一定的表格交由采购部门。采购申请是采购流程的起点。通过采购申请，采购部门可以明确用户的需求、愿望和要求。

1. 提出采购申请

（1）采购申请的内容

需求部门一般以采购申请单或请购单的形式向采购部门提出采购申请，采购申请主要包含以下内容：①请购部门；②物品名称、规格、型号；③需求数量；④需求时间；⑤请购原因及用途；⑥特殊要求；⑦备注等。

由于用途不同，请购单通常有数联，并以不同的颜色区分以便于分发传递。一般情况下请购单分为五联。第一联准购单,由采购单位留存;第二联验收单,由会计部门留存;第三联验收单副联,由计算机中心留存;第四联采购通知单,由请购单位留存;第五联验收物料联,由物料单位留存。

(2)采购申请的注意事项

为了避免采购物品不符合采购申请需求,在进行采购申请时应注意下列事项。

①由适当的采购申请人来进行。采购申请所需求的内容,只有使用部门或统筹管理的部门最为清楚。由这些部门提出申请,最能正确表达各项需求的内容与附属条件。若由其他单位提出,难免会发生需求物品和采购物品不符的失误。

②以书面的方式提出。物品的采购有时候会涉及相当复杂的内容,若仅仅以口头方式提出要求的条件,不但容易发生沟通上的错误,而且将来在验收时若与实际的需求发生差错时,因"口说无凭",买卖双方也会因此产生纷争。因此,若能以请购单的形式详细记载所需物料的名称、规格、料号、数量、需要日期等内容,可使采购申请的需求明确与具体。

③确定需求的内容。在请购中应明确表明申请采购物品的各项具体内容,包括物品的成分、尺寸、形状、强度、精密度、耗损率、不良率、色泽、操作方式、维护等各种特性以及劳务的服务速度、次数、地点、态度等。

④以规格表明需求水准。请购部门对物品品质的要求水准如果可以用规格表明的,就应以规格表明,主要包括厂牌或商标、形状或尺度、化学成分或物理特性、生产方式或制作方法、市场等级、标准规格、样品、蓝图或规范、性能或效果、用途等。

⑤注意预算的限制。采购申请所需求的内容通常与采购申请人的预算有密切关系,因此,在提出采购申请之前,必须先对支付能力与愿意接受价格的上下限加以计算,以免采购申请内容超出预算范围。

2. 开立请购单

需求部门提出采购申请时,往往需要填写请购单或采购申请单。一个企业内部的需求一般来自于生产和使用部门,而一些办公设备的需求来自于办公室负责人或公司主管,有的来自于销售部门、广告部门或实验室。在开立请购单时,需要注意以下几点。

(1)通常开立请购单时,经办人员应该考虑存量管理基准、用料预算、库存情况等因素,经主管审核后,按照请购权限呈送采购部门核准并编号。

(2)紧急请购时,由请购部门在"备注"栏注明原因,并加盖"紧急采购章",以急件卷宗报送。

(3)低值易耗品由物料管理部门依照月度耗用情况,并考虑库存情况,填写请购单提出购买要求。

(4)招待用品和办公用品等可免开请购单,应以"总务用品申请单"委托总务部门办理可规定其核准权限。

表4-1是常见的请购单样式。

表 4-1　请购单

申购部门：　　　　　　　　　年　　月　　日　　　　　编号：

序号	品名	规格型号	单位	请购数量	单价	总价	要求到货日期	用途
备注								

请购人：　　　　　部门主管确认：　　　　　采购经办人：　　　　财务：　　　　核准：

说明

1. 流程：使用部门请购(填写品名、规格型号、单位、请购数量、要求到货日期、用途等)—部门主管确认—主管副总核准—采购。

2. 采购经办人必须凭核批的请购单及时采购，报账时请购单需附发票和入库后方可报账。

3. 审批

请购单填写完毕要依照请购物料的规格、数量、金额的不同，按照规定的流程递送不同层次的主管和部门予以审批，通常是物料管理部门、生产管理部门或专门的项目负责部门等。对所申请的每一种物品，相关审核人员需要提出以下问题进行分析。

(1) 是不是非要采购这个品种，考虑资源市场的产品变革，有没有其他更好的替代品？

(2) 是不是非要采购这么多的数量，考虑采购价值和成本以及库存控制的需要，能不能少一点或多一点？

(3) 这个品种的需求时间是不是可靠，考虑采购价值和成本以及库存控制的需要，可不可以推后或提前？

(4) 这个品种采购有没有特别要求，考虑采购价值和成本以及库存控制的需要，这些要求是不是必要，有没有实现的可能性？

同时，对不同类别(原材料、固定资产、总务用品)的请购单要有不同的主管核准，不同大小的请购额要由不同管理层次的主管核准。以原材料为例：

(1) 请购金额预估在 × 万元以下者，由科长审核。

(2) 请购金额预估在 × 万元至 ×× 万元者，由经理审核。

(3) 请购金额预估在 ×× 万元以上者，由总经理审核。

4. 采购部门汇总

依请购权限呈核并编号(由各部门依事业部等类别编订)后，呈送采购部门。采购部门按照请购部门或供应商将请购单进行汇总，汇总时可以按照品种(同一品种不同采购要求)、品种类别(一个大类作为一个品种系列)、供应商、采购地区等方式进行。

5. 处理采购申请

对请购单汇总以后，采购部门还要制定详细的购货订单说明书发给供应商，尽快办理询价议价,并将议价结果记录于请购单,然后将请购单的第二联呈准,必要时先送请购单位签注意见。在处理采购申请时,主要有以下几种方法。

(1)先到先服务。这种方法不考虑请求的重要程度和紧急程度,对所有的请购方来说符合公平的原则。

(2)根据需求日期安排。这种方式一般不考虑供应商的提前期问题。例如,物资 A 有 20 周的提前期,物资 B 有 3 周的提前期。物资 A 的需求日是未来 18 周,物资 B 的需求日是未来 5 周。如果对两种物资的请购单同时到达,物资 B 应该首先被订购。因物资 A 虽然在正常的提前期内,但应按需求日期被安排在后面进行订购。

(3)紧急订单。紧急的请购在任何采购企业中都具有最高的优先权。它们的出现可能有许多原因,每一个紧急请购都应该引起采购方的密切关注。

(4)重要订单。按订单的重要程度进行订购时,往往需要用多个标准确定请购的优先级,具体包括:与此订单相关的一些措施有需求日和估计的提前期之间的差异、金额和数量、产品和服务的主要性能以及采购的复杂性等。

(5)季节性订单。针对具有季节性物资的采购活动,应按照采购物资的季节性来确定采购需求的优先级,因为如果不及时进货,就采购不到这些物资了。

(二)采购需求分析的方法

一般情况下,需求分析是很简单的。例如,在单次、单一品种需求的情况下,需要什么、需要多少、什么时候需要的问题非常明确,不需要进行复杂的需求分析也就清楚了。但在较复杂的采购情况下,需求分析就变得十分必要了。例如,一个汽车制造企业,有上万个零部件,有很多车间、很多工序,每个车间、每个工序生产这些零部件,都需要不同品种、不同数量的原材料、工具、设备、用品,在各个不同时间需求不同的品种。这么多的零部件,什么时候需要什么材料、需要多少,哪些品种要单独采购,哪些品种要联合采购,哪些品种先采购,哪些品种后采购,采购多少,如果这些问题不进行认真的分析研究,就不可能进行科学的采购工作。

采购需求分析的方法主要有需求预测法、经济订购批量法、物料需求计划、物资消耗定额等。

1.需求预测法

预测是对未来可能发生的情况的预计与推测。需求预测是根据企业过去的物资消耗情况找出企业物资的消耗规律,根据这个规律来预测未来企业物资的需求量。常用的需求预测法主要有以下几种。

(1)德尔菲法

德尔菲法又称专家调查法,一般由 10~20 位专家背靠背地独立对某一对象进行预测,由预测单位对专家的意见结果进行综合处理,如果结果不符合需求,进行再次反馈修正。经过 3~4 轮,预测的结果基本趋于一致,预测单位即可做出预测判断。

(2)客户意见推测法

客户意见推测法是指通过征询客户的潜在需求或未来购买计划的情况,了解客户购买商品的活动、变化及特征等,在收集意见的基础上分析市场变化,预测未来市场需求。运用这种方法预测的客观性大大提高。

（3）部门主管集体讨论法

部门主管集体讨论法通常由高级决策人员召集销售、采购、财务、研发等各部门主管开会讨论。与会人员充分发表意见，提出预测值，然后由召集人按照一定的方法，对所有单个的预测值进行处理，即得预测结果。

这种方法的优点是：简单易行，不需要统计历史资料等准备，汇集了各主管的经验和判断。缺点是：由于各主管的主观意见，故预测缺乏严谨的科学性。

【例】某企业计划次年采购某种产品，现需预测其采购量，特召集甲、乙、丙三名采购员征求他们对采购数量的意见。甲、乙、丙三人预测结果人员如表4-2所示，试根据甲、乙、丙三名采购员的估计值为次年购进量做出决策。

表4-2　采购量预测表

人员	最高采购量（吨）	概率（%）	最可能采购量（吨）	概率（%）	最低采购量（吨）	概率（%）
甲	1 500	0.3	1 800	0.2	1 200	0.2
乙	1 200	0.5	1 600	0.4	1 000	0.5
丙	1 000	0.2	1 400	0.4	800	0.3

解析：第一步，根据上述数据，可以求出每位采购员的期望值。

$$甲 = 1\ 500 \times 0.3 + 1\ 200 \times 0.2 + 1\ 000 \times 0.2 = 890（吨）$$
$$乙 = 1\ 800 \times 0.2 + 1\ 600 \times 0.4 + 1\ 400 \times 0.4 = 1\ 560（吨）$$
$$丙 = 1\ 200 \times 0.2 + 1\ 000 \times 0.5 + 800 \times 0.3 = 980（吨）$$

第二步，综合以上三种意见，得出：

$$采购量 = (890 + 1\ 560 + 980) \div 3 \approx 1\ 143（吨）$$

根据三名采购员的意见，可以确定明年能够采购的数量大约为1 143吨。

（4）时间序列预测法

时间序列预测法是指把预测指标，如销售量等指标的实际历史数据按时间顺序排列，运用数学方法进行分析，找出其中的变化趋势和规律性的一种定量预测方法。常用的有移动平均法、指数平滑法、一元回归法等。

2. 经济订购批量法

经济订购批量法指为使每次发单的订货成本、储存成本、购货成本的总和为最低的量，一般而言，较适用于产品结构中阶层较低物料项目采购量的确定。

经济订购批量公式为：$Q = \sqrt{\dfrac{2DS}{IC}}$

式中：Q——经济订购批量；

D——年总订货量；

S——每次订购费用单位储存成本；

C——商品单位成本（单价）。

经济订货周期公式为：

$$T = \frac{Q}{D}$$

每年的经济订货次数公式为：

$$N = \frac{D}{Q}$$

【例】某企业每年需某种材料 3 600 千克，该材料单位成本 1 元，单位储存成本 2 元，每次订货费用为 25 元。则，

$$Q = \sqrt{\frac{2DS}{IC}} = \sqrt{\frac{2 \times 3\ 600 \times 25}{2 \times 1}} = 300（千克）$$

$$T = \frac{Q}{D} = 300/3\ 600 \approx 0.083（年）或者 0.083 \times 365 = 30（天）$$

$$N = \frac{D}{Q} = 3\ 600/300 = 12（次）$$

该企业平均 30 天采购一次，每次采购的数量为 30 千克，每年采购 12 次。

经济订购批量也可以用图解法求得：先计算出一系列不同批量的各有关成本，然后在坐标图上描出由各有关成本构成的订货成本线、储存成本线和总成本线，总成本线的最低点（或者是订货成本线和存储成本线的交点）相应的批量，即经济订购批量，如图 4-1 所示。

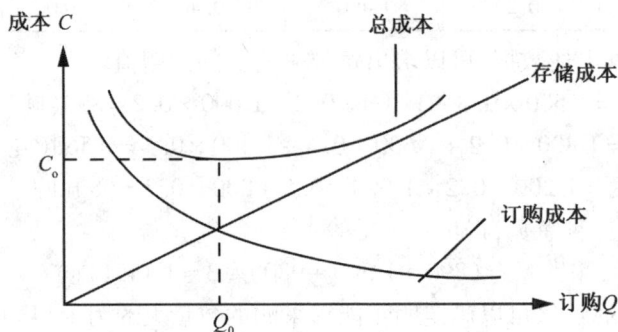

图 4-1 经济订购批量图

3. 物料需求计划

物料需求计划（MRP），是生产企业最常用的需求分析方法，是一种管理理念、生产方式，也是一种方法技术、信息系统，既是一种库存控制方法也是一种时间进度安排方法。它的基本原理就是根据企业的主产品生产计划、主产品的结构文件和库存文件，分别求出主产品的所有零部件的需求时间和需求数量，也就是求出物料需求计划。

其核心思想是：围绕物料转化组织相应的资源，实现在正确的时间、正确的地点得到正确的物料，实现按需准时生产，提高客户服务水平，同时使库存成本最低、生产运作效率最高。

物料需求计划最早都是用人工分析计算得出来的。到了 20 世纪 60 年代，有了计算机以后，逐渐发展成用计算机进行计算，当时叫作 MRP（Material Requirement Planning）软件。随着计算机和软件技术的发展，又进一步发展成 MRPⅡ、MRPⅢ。

MRP 采购管理具有以下几个方面的特点：

（1）MRP 按产品结构将所有物料的需求联系起来考虑。

（2）MRP 将企业中的需求分为独立需求和相关需求。

（3）MRP 对物料的库存状态数据引入了时间分段的概念。

（4）采购作业从为补充库存而采购转变成为订单采购。

（5）从单纯地保证生产需要转变为参与生产和保证生产。

（6）在同供应商的关系方面，从单纯的买卖关系转变为长期合作关系。

4. 物资消耗定额法

物资消耗定额，是在一定生产技术组织的条件下，生产单位产品或完成单位工作量所需要消耗的物资的标准量。通常用绝对数表示，如制造一台机床或零件需要消耗多少钢材、生铁。

工业企业制定物资消耗定额的方法通常有三种：

（1）技术分析法

技术分析法比较科学、精确，但需要精确计算，工作量较大。适用于生产企业制定产品的物料消耗定额。

技术分析法的基本步骤是：

①根据产品装配图求出产品的所有零部件；

②根据每个零部件的加工工艺流程求出每个零部件的物料消耗定额。

对于每个零件，考虑从下料切削开始一直到最后形成零件净尺寸 Q 为止的所有各道切削加工的切削尺寸 Q_i，每个零件的净尺寸 Q 加上所有各道切削尺寸量之和，就是这个零件的物料消耗定额 G：

$$G = Q + \sum_{i=1}^{n} Q_i$$

其中，切削消耗留量尺寸 Q_i 包括：

Q_1：加工留量。选择材料直径、长度时，总是要比零件的净直径、净长度要大，超过的部分就是加工切削的尺寸留量。加上加工尺寸留量后的零件材料就叫零件的毛坯。

Q_2：下料切削留量。下料时，每一个零件的毛坯都是从一整段原材料上切断而得的，切断每一段毛坯都要损耗一个切口宽度的材料，这就是下料切削留量。一个零件的毛坯尺寸加上切口尺寸，就是零件的工艺尺寸。

Q_3：夹头损耗。一整段材料可能要切成多个零件毛坯。在切削多个毛坯时，总是需要用机床夹具夹住一头。如果最后一个毛坯不能掉头切削，则这个材料夹头部分就不能再利用而成为一种损耗，这就是夹头损耗。

Q_4：残料损耗。在切削多个毛坯时，也可能出现 n 个工艺尺寸不能刚好平分一整段材料而剩余一小部分不能利用，这就是残料损耗。

夹头损耗和残料损耗都要分摊到每个零件上去计算物料消耗定额。

（2）统计分析法

统计分析法是一种根据以往生产中物资消耗的统计资料，经过分析研究并考虑计划期内生产技术组织条件的变化等因素的方法。采用这种方法时，需要有详细可靠的统计资料。例如，要制定某种产品的物料消耗定额，可以根据过去一段时间仓库的领料记录和同期间内产品的产出记录进行统计平均，就可以求出平均每个产品的材料消耗量，这个平均消耗量就可以看成该产品的物料消耗定额。

（3）经验估计法

经验估计法是一种根据技术人员、工人的实际生产经验，参考有关的技术条件和考虑到企业在计划期内生产条件的变化等因素制定定额的方法。这种方法简单易行，但科学性较差。

任务二
采购商品认知

任务导读

本项任务将引领读者学习采购商品的知识,使读者能够对采购的商品进行细分,并对采购商品的规格能够解释清楚,理解采购商品的规格说明含义、类型以及必要性,掌握其规格带来的问题。

一、采购商品分类

(一)采购商品的一般分类

根据一定的目的,选择恰当的标志,将任何一个商品集合总体逐次进行划分的过程,即为商品分类。分类具有普遍性,凡有物、有人、有一定管理职能的地方都存在分类。分类是我们认识事物、区分事物的重要方法。分类的结果给我们带来效率,使日常事务大大简化。商品分类一般将商品集合总体划分为大类、品类、品种或大类、中类、小类、品种、细目等范围逐渐缩小、特征更趋一致的局部集合体。

商品的大类一般根据商品生产和流通领域的行业来划分,既要同生产行业对口,又要与流通组织相适应。商品品类或种类等是指若干具有共同性质和特征的商品的总称,它们各自包括若干商品品种。商品品种是按商品特性、成分等方面特征进一步划分得到的商品类组,品种的名称即为具体商品名称。

商品、材料、物质、现象等概念都是概括一定范围的集合总体。任何集合总体都可以根据一定的标志逐次归纳为若干范围较小的单元(局部集合体),直至划分为最小的单元。上述商品的局部集合体,可以继续划分至最小的单元——商品细目。商品细目是对品种的详尽区分,包括商品的规格、花色、型号、质量等级等。商品细目能更具体地反映商品的特征。

对品种繁多的商品进行分类,是采购活动科学化、规范化管理的需要,它有利于采购活动提高管理效率和经济效益。

1. 采购物品的 80/20 法则

采购物品的 80/20 法则的含义是在通常情况下,大量的采购物品只占采购物品总价值的 20% ,而剩下的数量或者种类占 20% 的采购物品则占有采购物品总价值的 80% 。因此,在制定采购策略时要充分考虑采购物品的 80/20 法则,把采购工作的重点放在价值占 80% 而数量或种类只占 20% 的物品上。

2. 采购商品的分类

采购商品的分类是采购工作专业化实施的基础。依据不同采购物品的重要性及供应风险,可将它们分为战略采购品、瓶颈采购品、集中采购品及正常采购品。

（1）战略采购品

战略采购品是指价值比例高、产品要求高,同时供应风险比较大(只能依靠个别供应商供应、供应难以确保或者供应物资对企业很重要)的采购物品。原材料是许多公司采购总量中的重要组成部分。原材料的采购通常涉及大量的资金,而且原材料在一定程度上决定了成品的成本价格,因此它们通常被称为战略产品。比如汽车厂商需要采购的发动机和变速器,电视机厂商需采购的彩色显像管及计算机厂商需要采购的微处理器等。

企业要对提供战略品的供应商进行重点管理,和他们建立战略合作伙伴关系,通过双方的共同努力去改进产品质量,提高交货可靠性、降低成本并组织供应商早期参与本公司的产品开发等,以确保供应,降低供应风险。

（2）瓶颈采购品

瓶颈采购品是指价值比例虽不算高,但供应风险较大的物品,如油漆厂用的色粉、食品行业的维生素等。这类采购品的采购策略主要是确保产品供应,必要时甚至可提高一些价格和增加一些成本,同时也要积极与供应商搞好关系,以确保供应。

（3）集中采购品

集中采购品是指那些价值比例较高,但供应风险不大,很容易从不同的供应商处采购到的物品。主要包括化工、钢铁、包装等原材料或标准产品等。这类采购品宜采用集中竞价的方法进行采购,主要目的是降低采购成本,追求最低价格,通常可采取两种做法:一是将不同时期或不同单位的同类产品集中起来统一同供应商谈判;二是采用招标的方式找不同的供应商参与竞价。但是,在追求价格的同时要保证质量和供应的可靠性。一般情况下,这类物品不宜签订长期合同,且采购时要密切关注供应市场的价格走向和趋势。

（4）正常采购品

正常采购品是指价值较低、供应风险也较低,有大量供应商的商品,如办公用品、标准件等。这类采购品进行系统化采购即可,它只占采购总价值的20%,无须花费大量的时间和精力。因此其采购策略是要提高行政效率,采用程序化、规格化、系统化工作等作业方式进行采购。例如,减少供应商数量,采用计算机系统、程序化作业以减少开单、发单、跟单、跟票等行政工作时间,提高工作的准确性及效率等。

（二）采购商品的细分

商品分类是商品学的重要研究内容,又是商品经营管理的一种手段。商品分类为国民经济各部门各企业实施各项管理活动奠定了科学基础;商品的科学分类有利于推行标准化活动;有利于开展商品研究和教学工作;便于消费者和用户选购商品。

随着科学技术的进步和商品生产与交换的不断发展,商品种类日益增多,商品细分的意义越来越大。不同类型的商品进行采购时会产生很多各种各样的问题,因此为了采购方便,采购商品还可以进行如下细分。

1. 细分的种类

（1）有形商品和无形商品

有形商品采购包括对原料、辅助材料、半成品、零部件、成品、投资品或固定设备及维护运营用品(MRO物品)等的采购。

①原料。原料就是未经转化或只有最小限度转化的材料,在生产流程中作为基本的材料存在。在产品的制造过程中,即使原料的形体发生物理或化学变化,它依然存在于产品中。通常,原料是产品制造成本中所占比例最高的项目。

②辅助材料(辅料)。辅助材料指的是在产品制造过程中除原料之外,被使用或消耗的材料。有些辅料与产品制造有直接的关系,但在产品制成时,辅料本身已经消失,如化学制品所需要的催化剂;有些辅料虽然还附着在产品上,但因其价值不高而被视为辅料,如衬衣上的纽扣;有些辅料与产品制造过程没有直接的关系,只是消耗性的材料或工具,如包装材料及燃料等。

③半成品。这些产品已经经过一次或多次处理,并会在后面的阶段进行深加工。它们在最终产品中实际存在,如用于制造最终产品的钢板和钢丝等。

④零部件。它指的是不需要再经历额外的物理变化,但是将通过与其他部件相连接而被包括进某个系统中的产成品,它们被嵌入最终产品内部,如汽车上的发动机和变速箱。

⑤成品。主要是指用于销售而采购的所有产品。它们在经过可以忽略的价值增值后,与其他的成品一起销售,如由汽车生产商提供的附件,像汽车收音机等。制造上并不生产这些产品,而是从专门的供应商那里取得这些产品。百货公司所销售的消费品也属于这个范围。

⑥投资品或固定设备。这些产品不会被立刻消耗掉,但其经过一段时间后会贬值。账面价值一般会逐年在资产负债表中报出。投资品可以是生产中使用的机器,也可以是计算机和建筑物。

⑦保养、维修与运营物品。这些产品是为保持组织的运转(尤其是辅助活动的进行)而需要的间接材料或用于消费的物品。这些物品一般由库存供应,包括办公用品、清洁材料和复印纸等。

无形商品采购主要是咨询服务和技术采购,或是采购设备时附带的服务,主要形式有技术、服务和工程发包。

①技术。技术是指能够正确操作和使用机器、设备、原料等的专业知识。只有拥有了技术才能正确使用机器和设备,从而降低材料损耗率,减少机器或设备的故障率,这样才能达到减少投入、增加产出的目的。

②服务。服务的范围包括从雇用临时劳务到出专业的工程公司(承包商)。另外,服务还包括安装服务、培训服务、维修服务等某些特殊的专业服务。

③工程发包。工程发包包括厂房、办公室等建筑物的建设与修缮,以及配管工程、动力配线工程、空调或保温工程及仪表安装工程等。工程发包有时要求承包商连工带料以争取完工时效;有时要求承包商自行备料,仅以小时来计付工资给承包商,如此可以节省工程发包的成本。但是规模较大的企业,本身兼具机器制造和维修能力,就有可能投入材料自行施工,无论是在完工品质和成本上还是在时间等方面,均有良好的管制和绩效。

(2)直接物料和间接物料采购

①直接物料是与最终产品的生产直接相关的物料,它通常是指大宗采购。这种采购具有可预见性和大宗交易的特点,因此在采购交易中所占的比例比较小。

②间接物料是公司购买的与最终产品不直接相关的商品或服务。间接物料又可以分为ORM和MRO。ORM通常是指企业日常采购的办公用品和服务;MRO是指维持企业生产活动持续进行而做的维护、修理、装配等间接物流(如润滑油)。一般情况下,对于直接生产物料,

供应商相对比较固定,以长期供货合同或一定期间内稳定的价格供货,有专门的采购部门和采购人员负责各类原材料的采购,物料价格比较高,批次比较多,重复性大;对于间接物料,价格相对较低,采购周期不定,供应商来源广泛,价格随采购批次变动可能较大,相对采购成本较高。

2. 不同商品的采购策略

根据上面的分类,下面介绍几种主要类型商品的采购策略。

(1)原材料采购

原材料采购的方式包括现货采购和期货采购等。在现货采购中,商品交易所发挥了非常重要的作用。世界上主要的商品交易所位于美国,其中有从事贵重金属交易的纽约商品交易所,从事谷物、玉米、大豆交易的芝加哥交易所。另外,除美国之外的一个主要商品交易所是伦敦金属交易所,它主要从事有色金属的交易。

期货交易是远期交易,这意味着采购的货物将在未来时间里交货,不是意图在约定的时间接受或交付这些货物,而是通过清算原始交易和新的交易之间的价差履行合同。因此,在期货交易市场并没有货物交易,有的只是关于货物合同的交易。适宜在期货交易市场进行采购的原材料有以下几类。

①所采购的原材料占成品成本价格的很大部分。

②几乎不可能将由采购带来的价格上涨转嫁到销售价格上。

③成品中使用的原材料不能被其他产品代替,如果有很多可能的替代品,使用期货市场的必要性就较低。然而,如果一种产品依赖于一种特定的原材料,则期货市场将非常有用。

(2)投资品采购

投资品的采购首先需要制订周密的计划,然后设置专门的项目小组负责投资方案,小组成员通常包括项目领导人、项目工程师、计划工程师、项目管理员、工艺工程师或环境专家、项目采购员及各个专业的工程师。

项目领导人最终负责项目在技术、预算和计划方面的工作;项目工程师负责不同技术专业之间的协调;计划工程师负责制订和维持最新的计划和文件;项目管理员负责预算,管理与项目有关的各项事务;项目采购员作为采购部门的代表对采购的所有方面负责。

投资品的采购中还包括一些特殊的方面,具体如下。

①银行担保。这是采购方提出的对供应商的要求,要求确保供应方按照合同履行义务。

②产权让渡。在供应商收到这些原料的货款时,原料的所有权被转移给采购方。

③性能保证。供应商保证在一定的环境下达到订单中规定的性能(通常供应商必须在验收测试中加以证明)。

(3)元件采购

采购元件时,最值得注意的是元件的质量问题,因为生产线上的任何缺陷都会导致供货延误和生产损失。因此,买方应该特别注意对供应商的质量管理,一般采取的预防措施是:在供应商满足订单的要求之前,首先对其现有的质量体系和生产流程进行检查。如果认为供应商能够按照要求的质量提供产品,这个供应商将被列在"许可的供应商"名单上,而那些经常不能满足质量标准的供应商将被淘汰。在评估之后,双方将共同努力达成质量协议,确定质量改善的目标。在质量协议达成后,将对是否满足所有条件进行定期检查。当存在疑问或确信有质量问题时,将进行额外的质量检查,直至满足规定的质量标准。有关供应商质量行为的信息将被记录在质量控制系统之中。以此信息为基础,可以根据供应商的表现在谈判中采取行动。

（4）MRO用品的采购

在MRO用品的采购方面,首先应该减少行政工作的时间来提高采购效率。通常采取的措施包括:通过标准化使产品种类大为减少;通过电子商务和互联网技术等向特定的经销商采购。同供应商之间的协定可以通过所谓的滚动交易进行,它规定了价格、交货条件和合同期限。订单实际上是由使用者依据事先商定的全部合同条件自己发出的,这使得采购者能够减少大量的行政工作。

在采购MRO用品时,可以采用系统合同。系统合同通常涵盖一个工厂或部门对MRO用品的所有需求,这种需求一般会提供给供应商,由它来维持库存和确保定期、及时地交货。系统合同的建立过程如下。

① 由相关的使用者和采购者对一个特定的产品组或产品种类进行分析,在详细的清单基础上削减产品品种并将其标准化。

② 分析供应商的数量,以便把整个产品组交付给一个专门的供应商(通常是一个经销商),它负责清查存货和供应所有的货物。

在这种方式下,内部的使用者可以直接向供应商订购,而无须采购部门的干涉。供应商以一定的周期向每个部门的经理或预算负责人提供该部门发出订单的汇总表(一般以月为单位来统计)。这种解决方案避免了大量的工作,并且解决了许多采购部门中的"小订单问题"。但这类合同要求供应商和用户之间有高度的联合。

（5）劳务采购

劳务采购中经常遇到的问题是"自己做"和外购的取舍问题。一般情况下,当内部能力不足可能导致无法完成计划的工作,或者由于内部缺乏经验而无法以可接受的质量水平或合理的成本水平完成计划的工作时,适宜采用外部采购。

外部采购的作用在于:第三方的知识、设备和经验可达到最优使用,将本部门风险转嫁给第三方,从而使自身组织中的工作更加简单,第三方独立的观察可以避免自身组织的短视。但是,外部采购可能导致对供应商的依赖增加,需要经常检查和外购有关的成本,将活动外包给第三方时也会产生风险,如沟通风险、信息泄露的风险、由第三方实施活动时的社会和法律问题的风险等。

二、采购商品规格说明

（一）商品规格的含义

商品规格是描述产品各方面要求的各种形式的结合体,是用来反映商品品质的主要技术指标,是用户将需求传递给可能的供应商的主要方式。

商品规格可以描述供应商必须满足的性能参数,或者给出产品或服务如何去做出完整的设计方案。商品规格一般由产品设计部门、使用部门或采购质量专职管理机构共同确定,它是供应商进行生产的依据或标准,也是企业来料检验部门所遵循的标准。如果采购方不能明确定义所采购物料的规格,那么供应商就不能提供正确的产品,自然也就不能开始报价工作。

（二）商品规格说明的必要性

商品规格有助于供应商决定他们是否提供这种产品或服务，如果提供，则以什么成本提供。规格说明是采购订单和采购合同的核心，规格对获得优秀品质的商品起着非常重要的作用，更能协调解决工程部门、制造部门、营销部门及采购部门之间的设计冲突。在准备报价或者进入报价之前，供应商需要以规格说明作为基础。

产品在设计时，原料的成本会因规格的确立而固定，并且是发生在向采购部门提出采购之前。由于市场、原料及生产方法的经常波动、持续修正、简化及改善提高等，从原始设计中就将商品规格化、标准化就会节省相当多的金额。

（三）商品规格的类型

商品的规格可以用多种形式进行描述，也可以是几种描述形式的综合。常用的描述方式主要有工程样图、品牌、样品、市场等级、化学和物理规格、商业规格、原材料和制造方式的规格、设计规格、功能规格等。多数企业的产品需要以上述方法中的两种或更多的方法来对规格进行说明。

1. 工程样图

规格的一般形式是工程样图或者工程设计图。这种形式的规格适用于机械加工品、铸件、压膜部件、建筑、电子线路和组件等的采购。这种描述方式的成本较大，这不仅在于准备样图的成本，还在于用它来描述的产品对于供应商来说往往是非标准化的商品，因此需要花费很大的成本才能生产。不过，这种描述方式是所有规格描述方法中最准确的一种，尤其适用于购买那些生产中需要的精密度非常高的产品。检验部门则按工程样图来测量尺寸和进行其他方面的检验。

2. 品牌

品牌是指产品的牌子，它是销售者给自己的产品规定的商业名称，它包括名称、标志、商标。品牌实质上代表着供应商对交付给采购者的产品特征、利益和服务的一贯性的承诺。当采购方对购买的一件产品使用效果很满意，以后往往会再购买同样品牌的产品。

但是购买品牌产品可能成本比较高，采购方会选择非品牌的替代品，而且在采购时过分强调品牌，会导致潜在供应商数量的减少，丧失众多供应商竞争带来的价格降低或改进质量的机会。

3. 样品

样品可以用作规格。当样品满足采购方的需求时，规格将引用样品，并且声明生产的其他产品应该以样品为标准。这种方法适用于那些难以用文字、图样表达的物料，如小麦、玉米、棉花等最好利用样品建立市场等级，这是最佳的描述规格的方法。

4. 市场等级

市场等级，是依据过去所建立的标准来判定某项特定的商品。此方法通常限于天然商品，这样的产品主要有木材、农产品肉类和奶制品。市场等级的评定工作必须由权威部门来完成。在采用市场等级的规格方式时，检验的作用非常重要。

5. 化学和物理规格

化学和物理特性决定的规格定义了采购方所想采购的原材料的特性。例如,不同规格的浓硫酸(98%的浓硫酸和60%的浓硫酸),其化学和物理特性不同(98%的浓硫酸比60%的浓硫酸的吸水性要强得多)。

6. 商业规格

商业规格描述的是原材料做工的质量、尺寸、化学成分、检验方法等。

由于各行业重复使用相同的材料,因此,该行业和政府就为这些材料制定商业标准,用于完整地说明该行业标准化的材料。当材料是依据商业规格制定的时候,采购就可以省去许多麻烦。在商业贸易往来中,许多商品已经设立了标准规格。商业标准可适用于原料、装配物料、个别的零部件及配件等。

7. 原材料和制造方式的规格

原材料和制造方式的规格使供应商确切地了解使用什么样的原材料和如何生产所需要的产品。该规格最常使用于军事服务和能源部门,近年来在产业界也在使用修正后的这些规格,如颜料、钢铁、化学及药品等行业。但是这种方法在产业界中的应用还是非常少的,采用这种方法、规格制定及检验的成本是相当高的。

8. 设计规格

设计规格是买方为自己建立的规格,它完整地描述了所需要的产品或服务,并且通常会定义通过何种流程可以制造出该产品和原材料。

买方在建立设计规格时应该尽量符合产业标准,如果必须有特别的尺寸、公差或特征时,应努力使这些“特别品”成为标准零件的附加或替代品,如此可以节省许多时间和金钱。另外,还应该尽可能地避免因使用著名品牌或因商标或专利品造成的单一供应源所导致的过高价格。由于设计规格是买方建立的符合自身要求的特殊规格,其检验成本相当高,因此使用这种方法采购原料时需要特别做好检验工作。

9. 功能规格

功能规格定义了产品或服务所必须达到的成果,用于定义重要的设备和许多类型的服务。采购方只对最终结果感兴趣,并不在意细节,功能规格一般由供应商决定。当使用了功能规格时,供应商将最大限度地确定如何满足需求,同时对最终产品的质量承担风险。

使用这种规格时,供应商的选择非常重要,必须选择有能力且有诚信的供应商,因为供应商必须承担设计、制造产品及品质的责任。若供应商能力不足,就无法提供许多先进的技术及制造;若供应商不够诚实,材料及技术则可能会相当低劣。所以使用这种规格时,必须在众多的供应商中选择最佳者,有潜力的供应商可保证品质,以及通过竞争提供较合理的价格。

(四)服务的工作说明

1. 服务的工作说明概述

如果工作说明不清楚可能会导致很多问题,如质量低劣的服务、浪费时间和金钱、合同纠纷和诉讼、顾客的不满等。因此,需要编制良好的工作说明,让工作人员对自己的工作有清楚的认识,使顾客的满意度提高。除了货物、工程以外的所有项目都属于服务采购的范围,包括专业服务、技术服务、信息服务、课题研究、运输、培训、维修、劳务等。当采购服务时,通常以工作说明的形式定义规格等。

SOW(工作说明书)为供应商清晰地描述了将要完成的成果和要求,包括检验和接收工作、质量、服务支持、文档化、维护等内容。SOW 一般都会详细说明将来需要做的工作,其工作范围包括时间期限、所期望的最终结果、评估绩效和质量标准等,所有的重要特点都要详细说明。例如,一个简单的家政服务工作说明,要详细描述服务内容(如未铺地毯的地板应擦洗干净、烘干并打蜡、护壁板上的蜡痕需清除)、服务频率(每天、每周、每月、每季度)、重点部位(如大厅、厨房、电梯间)、使用的特别材料(如清洁剂或上光剂)及供给方式说明或其他要求的定期文档、需求保证(如驾照、营业执照、工人工资)和责任。服务越复杂,工作说明也就越复杂。SOW 还可以分为若干部分进行描述,每个部分可以当作独立的子项目进行管理,同时还要协调各个部分之间的关系,保证它们之间的连续性。

2. 工作说明的类型

工作说明可以分为以下几种类型。

(1)工作的绩效说明

采购方描述自己所需的服务应该达到的绩效特点,供应商根据此工作的绩效说明去提供相应的服务。

(2)工作的设计说明

设计说明是最详细的工作说明形式。在这种形式的工作说明中,采购方详细描述了自己所需服务的提供方法,但是没有详细说明此服务应该达到的绩效情况。此种类型主要用于建筑、货物的制造等。

(3)工作的功能说明

采购方描述自己将要解决的问题,由供应商根据此工作的功能说明来想办法解决问题。

(4)工作的努力水平说明

工作的努力水平说明是工作的绩效说明的一种特殊形式,它由同行的评估来度量。

(5)复合的工作说明

复合的工作说明是以上四种工作说明方式的组合。

3. 工作说明的编制

工作说明需要遵循已有的标准大纲进行编制,防止遗漏要点。该标准大纲包括:

(1)项目目标

项目所要达到的目标情况要在这部分说明。

(2)背景信息

背景信息将提供问题的历史信息,如为什么需要解决,目前可能存在的限制条件,以及供应商可能需要注意的问题等。

(3)工作范围的要求

工作范围的要求包括工作任务、技术因素、各种文件、检验、接受和绩效标准、采购方和供应商的责任等内容。

(4)工作进度

以时间进度表的形式表示工作完成的特定阶段。

（5）可交付性

此部分描述所需要交付的内容、检查周期、评估标准和需要收集的信息。

（6）进度报告的最终期限

本部分规定了进度报告的最终时间及该报告包括的各种信息。

（7）绩效评估要素

每个工作说明都应清晰地规定衡量绩效和质量的标准。

4.规格带来的问题

如果规格不适用于企业的特定情况，那么企业就采购不到所需的产品，从而可能造成企业成本的增加及顾客接货的延迟等问题。

产品规格出现问题的原因如下。

（1）标准化的缺乏

制定的规格应该尽可能满足更广范围的应用，如果规格的适用范围较窄，将导致额外成本的增加等问题。

（2）苛刻的规格

苛刻的规格是指规格的制定者对物资供应的要求比它实际所需要的条件更严格。这种行为将导致过高的采购成本和原本可用的供应商由于达不到过于严格的规格要求而被淘汰。

（3）松散的规格

松散的规格是指规格的制定者省略了关键的细节还是对关键的参数施加了限制。这种情况会带来一连串的质量问题，供应商交付来的商品或服务满足了规格的要求，但是却不能满足实际的应用要求。

（4）倾斜的规格

倾斜的规格是指满足特殊的产品或服务的规格。这种倾斜的规格可能会抑制竞争，从而使采购价格过高。

（5）无用的普通规格

当普通产品创立了品牌，有能力限制竞争时，就会制定较高的价格，从而使规格的作用消失。

（6）过时的规格

因为规格是供应商报价和为采购方提供产品或服务的依据，所以如果规格过时，将会使所有的后续工作产生问题，从而可能形成较高的成本。

（7）国际标准的差异

供应商和采购方必须要使用统一的国际标准规格体系，否则供应商提供的产品或服务可能就不能满足采购方的要求。

任务三
采购流程的优化 ◆▮

任务导读

本任务将引领读者学习采购流程的环节及步骤;熟悉采购订单的内容与格式,会使用采购订单,熟知采购订单的操作规范;了解采购流程中进货管理与管理评价;掌握采购流程的优化方法。

一、采购流程认知

采购流程通常是指有制造需求的厂家选择和购买生产所需的各种原材料、零部件等物料的全过程。这个过程中,作为制造业的购买方,首先要寻找相应的供应商,调查其产品在数量、质量、价格、信誉等方面是否满足自己的购买要求;其次要以订单方式给供应商传递详细的购买计划和需求信息并商定结款方式,以便供应商能够准确地按照客户的性能指标进行生产和供货;最后要定期对采购物料的管理工作进行评价,寻求能够提高效率的采购流程创新模式。所以,采购流程体系涵盖了从采购计划的制订、供应商的认证、合同的签订与执行到供应商的评审与监控的全部过程。

上述采购流程可以用一个简单的流程图表示,如图 4-2 所示。

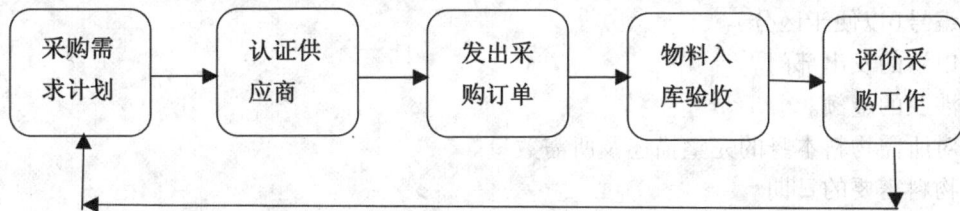

图 4-2　采购流程图

(一)采购的基本流程

采购流程是采购活动的全部操作过程,是采购人员从事采购活动的执行标准和业务规范,采购人员必须遵照执行。采购流程会因采购的方式及采购的对象等不同而在作业环节上有若干差异,但一个完整的采购过程大体上又有一个共同的模式。一般来说,一个采购流程有 5 个步骤。这里我们将 5 个步骤进行分化,并详细介绍其中的环节。

1. 确认需求

任何采购都产生于企业某个部门的确切需求。生产或使用部门的人员应该清楚地知道本部门独特的需求:需要什么、需要多少、何时需要。这样,库存部门就会收到这个部门发出的物料需求单,并将物料需求信息汇总后传递给采购部门。有时,这类需求也可以由其他部门的富余物料加以满足。当然,企业或迟或早都要进行新的物料采购,所以采购部门必须有能及时发现物料需求信息的通畅渠道。

同时,采购部门应协助生产部门一起预测物料需求。采购管理人员不仅应要求需求部在填写请购单时尽可能地采用标准化格式,尽量少发特殊订单,而且应督促其尽早地预测需求以避免太多的紧急订单,从而减少因特殊订单和紧急订货而增加的采购成本。另外,由于了解价格趋势和总的市场情况,有时为了避免供应中断或价格上涨,采购部门必然会发出一些期货订单。这意味着对于任何标准化的采购项目,采购部门都要就正常供货提前日期或其他的主要变化通知使用部门,以便对物料需求做出预测。这就要求采购部门和供应商能在早期介入(通常作为新产品开发团队的一个成员)确认需求的工作。采购部门和供应商的早期介入会给企业带来许多有用信息和帮助,从而使企业避免风险或减少成本,加速产品推向市场的速度,同时带来更大的竞争优势。

2.进行需求说明

说明需求即确认需求之后,还要对需求的细节(如品质、包装、售后服务输及检验方式等)均加以准确说明和描述,以便使货物来源选择及价格谈判等作业能顺利进行。采购部门如果不了解使用部门到底需要什么,就不可能进行采购。出于这个目的,采购门必须对所申请采购物料的品名、规格、型号等有准确的说明。如果采购部门的人员对申请采购的产品不熟悉,或关于请购事项的描述不够准确,则应该向请购者或采购团队进行咨询,采购部门不能单方面处理。

具体的规格要求交给供应商之前,采购部门是能见到它的最后一个部门,因而需要对其进行最后检查一次。这一步完成之后要填写请购单。请购单应该包括以下内容:

①日期。

②编号(以便于区分)。

③申请的发出部门。

④涉及的金额。

⑤对所需物料本身的完整描述及所需数量。

⑥物料需要的日期。

⑦任何特殊的发送说明。

⑧授权申请人的签字。

3.选择供应商

选择供应商是指根据需求说明在原有供应商中选择成绩良好的厂商,通知其报价,或以登报公告等方式公开征求供应商。供应商的选择是采购活动中重要的一环,它决定企业是否能够及时获得所需的产品或服务。不管价格如何便宜,如果供应商选择不当,日后就可能出现物料品质欠佳、交期不准等一系列问题,给企业造成生产拖延和利益的损失。因此,企业必须加强对供应商的管理,恰当选择合适的供应商。

4.确定价格和采购条件

确定可能的供应商后,还要确定采购价格、采购条件、供货条件等,以便与供应商进行有利的谈判。企业一般使用招标方法帮助确定价格等,不过没有什么固定的模式。许多采购活动不是通过招标进行的,那么可以通过查看供应商价格表或通过谈判确定采购价格和采购条件等。

5.发出订单

价格谈妥后,应办理订货签约手续。订货签约手续包括订单和合约两种方式。订单和合约均属于具有法律效力的书面文件,买卖双方的要求、权利及义务,必须在订单或合约中予以说明。绝对不允许(除非是金额微不足道的情况)没有书面订单就进行物料采购的情况发生。所有公司都有准备好的采购订单。不过,通常情况下到底选用哪一方准备的文书取决于双方相对实力的强弱、采购物品的特点、交易的复杂程度,以及在确定或发出订单方面所制定的战略。

6.跟踪订单与催货

订单签约之后,为求供应商按期、按质、按量交货,采购方应依据合约规定,督促厂商按规定交运,并予以严格检验后入库。采购订单发给供应商之后,企业应对订单进行跟踪和催货。一般来讲,订单发出的同时会确定相应的跟踪催货日期。一些企业甚至设有全职的跟踪和催货人员。

跟踪是对订单所做的例行追踪,以便确保供应商能够履行其货物发运的承诺。如果产生了问题(如在质量或发运方面的问题),企业就要尽早了解详情,以便采取相应的行动。跟踪通常需要经常询问供应商的进度,有时甚至要到供应商那里走访一下。不过,这一措施一般仅用于关键的、大额的或提前期较长的采购事项。通常,为了及时获得信息并知道结果,跟踪可以通过电话、计算机进行。

催货是对供应商施加压力,以使其履行最初所做出的发运承诺、提前发运货物,或是加快已经延误的订单所涉及的货物发运。如果供应商不能履行合约,企业应以取消订单或以后不再交易施压。催货应该仅适用于采购订单的一小部分,因为如果企业对供应商能力已经做过全面分析,那么被选中的供应商就应该是能遵守采购合约的可靠的供应商。而且,如果企业对其物料需求已经做了充分的计划工作,如果不是情况特殊,它就不必要求供应商提前货物的发运日期。当然,在物资匮乏的时候,催货确实有着重要的意义。

7.验收货物

货物的正确接收具有重要意义,大部分有经验的企业采用将所有货物的接收集中于一个部门的方法。货物验收的基本目的是,确保以前发出的订单所采购的货物已经实际到达,并检查是否完好无损,是否符合数量、规格等要求。这样才能将货物送往应该到达的下一个目的地,以便进行储存、检验或使用。

8.核对发票

交货验收合格后,企业应随即开具发票并支付货款。但在付款时,对于发票的内容是否正确,则必须经过核对和审批,这样财务部门才能办理付款。实际工作中,对于发票的核对和批准到底是供应部门的职责还是会计部门的职责,目前仍存在争议,各企业的做法也有所不同。

9.不符与退货处理

凡所交货品与合约规定不符而验收不合格者,应依据合约规定退货,并立即办理重购,予以结案。

10.结案

验收合格付款或验收不合格退货,均须办理结案手续,清查各项书面资料有无缺失、绩效好坏等,报高级管理层或权责部门核阅批示。

11.记录与档案维护

凡经结案批示后的采购案件,均应列入档案登记编号分类,予以保管,以备日后选择供应商时参阅或事后发生问题时查考。档案应具有一定的保管期限(一般为 7 年)。要保存的记录有以下几种:

①采购订单目录。该目录中所有的订单都应该编号并说明结案与否。

②采购订单卷宗。所有的采购订单副本都应按顺序编号后保存在采购订单卷宗里面。

③商品文件。商品文件里要记录所有的主要商品或主要项目的采购情况(日期、供应商、数量、价格和采购订单编号)。

④供应商历史文件。该文件中应该列出与巨额采购有关的主要供应商的所有采购事项。

⑤劳务合约。劳务合约应指明所有的主要供应商与工会所签合约的情况。

⑥投标历史文件。该文件应指明主要物资采购项目所邀请的投标商、投标额、不投标的次数、成功的中标者等信息。这一信息可以清楚地反映供应商的投标习惯和供应商可能存在的私下串通现象。

⑦工具和寿命记录。该记录中应指明采购的工具名称、使用寿命、使用历史、价格、所有权和存放位置。

(二)采购流程的注意事项

设计采购流程的时候,应该注意以下几点:

①采购结构应与采购数量、种类、区域相匹配。过多的流程环节会增加组织流程运作的作业成本,降低工作效率。另外,流程过于简单、监控点设置不够多等,将导致采购过程的操作失去控制,产生物资质量、供应、价格等问题。

②先后顺序及时效控制必须合理。设计采购流程应注意其流畅性与一致性,并考虑作业流程所需的时限。例如,避免同一主管对同一采购文件做数次签核;避免同一采购文件在不同的部门有不同的作业方式;避免一个采购文件会签部门太多,影响作业时效。

③设置关键点的管理要领或办理时限。为便于控制,使各项处理中的采购作业在各阶段均能跟踪管理,应设置关键点的管理要领或者办理时限。例如,国际采购中询价、报价、申请输入许可证、出具信用证、装船、报关、提货等均应有管理要领或办理时限。

④权利、责任或者任务的划分要明确。各项作业手续及查核责任,应有明确权责规定及查核办法(比如,请购、采购、验收、付款等权责应予区分),并确定主管单位。

⑤避免作业流程中发生摩擦、重复与混乱。注意变化性或弹性范围,以及偶然事件的规则,如"紧急采购"及"外部授权"。

⑥采购流程应反映集体决策的思想。设计采购流程应由计划、设计、工艺、认证、订单、质量等人员一起决定供应商的选择,处理程序应合时宜。同时,应注意采购程序的及时改进早期设计的处理程序或流程,经过若干时日后,应加以检查,不断改进与完善,以适应组织的变更或作业上的实际需要。

⑦配合作业方式要适当改善。例如,手工的作业方式改变为计算机管理系统辅助作业后,其流程与表格就应做相当程度的调整或重新设计。

二、采购订单

（一）采购订单

采购订单伴随着订单和物料的流动贯穿了整个采购过程。订单的目的是实施订单计划,从采购环境中购买物料项目,为生产过程输送合格的原材料和配件,同时对供应商群体的绩效表现进行评价和反馈。

1. 采购订单的定义

采购订单有时也被称为采购合同,一般在选择供应商后订立采购订单。采购部门拟定采购合同时必须特别注意用词,因为它是具有法律效力的文件,几乎所有的采购订单都包括与违约相关的标准法律条款。采购订单描述了采购所需的重要细节信息:数量、物料规格、质量要求、价格、交货日期、交货方式、送达地址。这些信息位于订单的正面。采购订单样本如表4-3所示。

表 4-3　采购订单

公司管理形式			
账户代码号/费用核定订单	订货方	订货编号	卖方编号
采购订单			
			编号
			（采购订单编号必须显示在所有的文件、确认通知、运输单据、装货单、包装单、发票和来往信函上）
			一式三份发票 注意:应付账款
签订日期　要求发货的日期　离岸价格		部门或位置	条款
至 　　此订单以背面条款为准		发货指示 □付税　　　□免税	
项目编号	数量	货品	价格
重要说明: 　　若不能在规定日期前运送物料或提供服务,请立即通知我们 注意:此合同涉及的所有设备物料及服务必须服从国家政府关于选址及雇用的有关法规,包括职业安全及卫生条例	公司名称 采购代理　　　中介方　　　买方		

2. 采购订单的格式

（1）采购订单的必备要素

采购订单就其样式和在公司的传递路线而言各不相同。不过,任何实用的采购订单所必备的要素均包括头部、正文和尾部。

①订单头部。订单头部包括订单名称、订单编号、采供双方的企业名称、签订地点、签订时间等内容。

②订单正文。订单正文包括物料名称与规格、物料的数量条款、物料的质量条款、物料的包装条款、价格条款、运输方式、支付条款、交料地点、检验条款、保险条款、违约责任条款、仲裁条款、不可抗力条款等内容。

③订单尾部。订单尾部包括订单份数及生效日期、签订人的签名、采供双方公司的公章等内容。

（2）采购订单的主要条款

我们经常会提到要注意采购订单的主要条款的签订。这里的采购订单的主要条款其实就是采购订单正文的内容。下面详细探讨订单正文的内容。

①质量条款。质量是指物料所具有的内在质量与外观形态的综合，包括各种性能指标和外观造型。质量条款的主要内容有技术规范、质量标准、规格、品牌名。在采购作业中，须以最明确的方式界定物料可接受的质量标准。一般有三种方式可以界定物料的质量：第一种是用图纸或技术文件界定物料的质量标准。第二种是用国际标准、国家标准或行业标准界定物料的质量标准。第三种是用样品界定物料的质量标准。当文字或图示难以表达质量标准时，常用样品表示；同时，样品可作为物料的辅助性规格，与图纸或技术文件结合使用。

②价格条款。价格是指交易物料每一计量单位的货币数值。价格条款的主要内容包括价格术语的选用、结算币种、单价、总价等，具体为计量单位的价格金额、货币类型、交料地点、国际贸易术语、物料定价方式等。

③数量条款。数量是指采用一定的度量制度对物料进行量化，以表示出物料的重量积、个数、长度、面积、容积等。数量条款的主要内容包括交料数量、单位、计量方式，必要时还应清楚说明误差范围。

④包装条款。包装是为了有效地保护物料在运输存放过程中的质量和数量要求，并利于分拣和环保，把物料装入适当容器的操作。包装条款的主要内容包括包装材料、包装方式、包装费用和运输标志等，具体为标识、包装方式、材料要求、环保要求、规格、成本、分拣运输标志等。

⑤装运条款。装运是指把物料装上运载工具并运送到交料地点。装运条款的主要内容包括运输方式、装运时间、装运地与目的地、装运方式（分批、转运）、装运通知等。在 FOB、CIF 和 CFR 合同中，供应商只要按合同规定把物料装上船或其他运载工具，并取得提单，就算履行了合同中的交货义务。提单签发的时间和地点即交货时间和地点。

⑥检验条款。在一般的买卖交易过程中，物品的检验是指按照合同条件对交货进行检查并验收。检验条款涉及质量、数量、包装等，主要包括检验时间、检验机构、检验工具、检验标准及方法等内容。

⑦支付条款。支付是指采用一定的手段，在指定的时间和地点，使用确定的方式支付货款。支付手段，可以是货币或汇票两种方式，一般用汇票方式。付款方式，可以是银行提供信用方式（如信用证），也可以是银行不提供信用但可作为代理（如直接付款和托收）方式。支付时间，包括预付款、即期付款和延期付款时间。支付地点，一般是付款人或指定银行所在地。

⑧保险条款。保险是企业向保险公司投保，并缴纳保险费的过程。物料在运输过程受到

损失时,保险公司会依据投保单向企业提供经济上的补偿。保险条款的主要内容包括:确定保险类别及其保险金额,以及指明投保人并支付保险费。依据国际惯例,凡是按 CIF 和 CIP 条件成交的出口货物,一般由供应商投保;按 FOB 和 CPT 条件成交的进口物料,一般由采购方办理保险。

⑨不可抗力条款。不可抗力是指在合同执行过程中发生的不能预见的、人力难以控制的意外事故(如战争、洪水、台风、地震等),致使合同执行过程被迫中断。遭遇不可抗力的一方可因此免除合同责任。不可抗力条款的主要内容包括不可抗力的含义、适用范围、法律后果、双方的权利义务等。

⑩仲裁条款。仲裁条款通过仲裁协议得以具体体现。仲裁条款是指买卖双方自愿将其争议事项提交第三方仲裁机构进行裁决。仲裁协议的主要内容包括仲裁机构、适用的仲裁程序、运用地点、裁决效力等。

3. 采购订单的使用

对于尚未使用计算机系统的公司,一份订单通常有 7~9 份副本。而在计算机化的条件下,只要将一份采购订单的副本发送到每个部门的电子邮箱就可以了。供应商在原件上签字后将其送回买方,这表明供应商已收到订单并同意订单的内容。用法律术语讲,发送订单的采购部门构成合同提供者,而确认订单的供应商构成合同接受者。提供和接受是具有法律约束力的合同的两个重要组成部分。

采购部门将一份订单副本送达会计部门(如应支付于账款)后,由提出需求的部门接收并进行交易(电子或人工)。采购部门通常保留几份订单的副本及相关收据,其他部门应使采购订单和收款收据具有很高的透明度,这样做的好处是多方面的:

①会计部门能够得知未来的支付条件,同时持有一份订单副本,以便在物料到达时对付款收据进行核对。

②采购订单标有订单编号,以便相关部门备案。

③接收部门持有与物料收据相匹配的订单副本,还可以用特殊的采购订单帮助预测进货的作业量。

④提出需求者在需要查询一份订单状况时可参考采购订单的数字。

⑤运输部门可以明了交货要求,可以针对每一次交货安排承运人或使用公司内部运输系统。

⑥采购部门可以使用订单副本进行后续调查和监控开放式订单。

⑦订单将在所有的部门长期有效,直到买方公司确认货物已收且符合数量及质量要求为止。

在人工采购系统下的书面传输和文件处理成本高,而且只能给企业带来最小的(如果有的话)附加值。所以,目前越来越多的企业正在使用计算机数据库进行操作,正在朝"无纸化"办公的方向发展。

4. 综合采购订单

如果要重复地从一个供应商那里订购一种或一组商品,采购部门就可以发出综合采购订单。这是一种开放式订单,有效期为一年,包括重复采购的一种或一组商品。综合订单为客户提供了方便,使其不必一有需求就发出采购订单。买方同供应商订立了综合订单之后,采购一种商品只需发送常规订单就可以了。因为买卖双方已经议定采购合同的条件,综合订单使物料发送成为买卖双方之间的常规事件。

几乎所有的公司都同供应商有综合订单业务。事实上,签订综合订单一直是一种采购过程更有效率和与客户保持友好关系的好办法。买方通常在初次采购或一次性采购时使用采购订单,采购专业人员称之为"一次性购买"。综合采购订单在定期采购产品或面对常规供应商时被广泛使用,如一个维修用品分销商的综合订单可能包括数百种商品。买卖双方也会约定新的价格或数量折扣,或者增减产品项目,这就需要对综合订单做出修改。

综合订单与采购订单在主要内容上相似,它的副本也会被送到与接收采购订单副本相同的部门。它们之间的不同主要在于交货日期和收货部门不一样。综合订单的信息一直处于开放性状态,不同的综合订单所含的信息通常也不同。

议定综合采购订单的时候,买卖双方会对一件或一组待购产品项目的长期需求预测做出评估。双方可能就合同条款达成一致,包括数量折扣、质量水平、交货前置期及其他重要条件或情况。综合采购订单在合同规定的日期内生效。合同的有效期是不固定的,但通常是 6 个月到 1 年,而长达几年的长期合同在先进企业中已越来越普遍了。大多数买主选择保留随时取消综合订单的权利,尤其是在供应商绩效很差的情况下还要求合同中包括"逃逸条款",允许买方在供应商供货质量、交货等方面连续欠佳的情况下中止合同。

(二)采购订单操作规范

在认证环节为企业准备好了采购的环境之后,订单人员便可进行批量物料的采购。订单操作一般包括以下几个过程。

1.订单准备

订单合同是采购方与供应商之间达成的成文性协议,具有法律效力。订单人员接到采购计划部门的订单计划之后,不能立即向供应商下达订单,而先要进行订单准备工作。订单准备过程如图 4-3 所示。

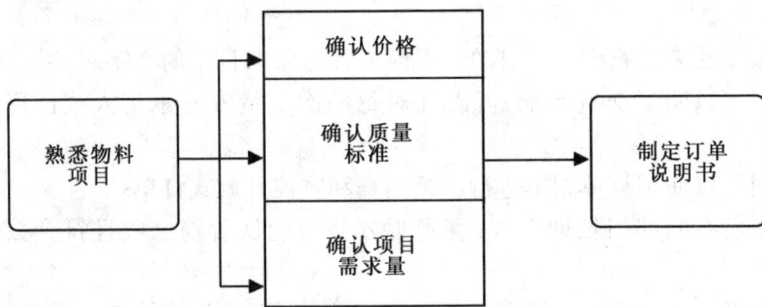

图 4-3　订单准备过程

(1)熟悉物料项目

为了估价,订单人员应发出估价单(如表 4-4 所示)。

表4-4 估价单

_____公司	估价单号码 第___号	___年___月___日

采购的物品希望符合下列条件,请回送估价单。

　　1.估价单提出日期　　月　　日。

　　2.接受地点　　　　　　　公司。

　　3.订购后　　日交货。

　　4.品质构造:

　　5.估价有效期限:

　　　　　　　　　　　　　　　　　　　　　　　　采购部　印

订单人员首先应熟悉订单计划。订单的种类很多,有时可能是从来没有采购过的物料项目,采购人员对其采购环境不一定熟知,这就需要采购人员花时间去了解物料项目的技术资料等。订单的难易程度也有差异,有时可能要到国外去采购。值得注意的是,直接从国外采购可能获得较好的品质和较低的价格,但却会因手续复杂、交货期长、监控操作困难而大大增加订单环节的操作难度。

（2）确认价格

采购环境处于不断变化之中,订单人员应对采购的最终价格负责。订单人员有权向采购环节(供应商群体)中价格最低的供应商下达订单合同,以维护采购的最大利益。

（3）确认质量标准

由于供应商实力的变化,前一订单的质量标准是否需要调整,订单应随时掌握。

（4）确认项目需求量

订单计划的需求量应小于或等于采购环境订单容量(经验丰富的订单人员不查询系统也能知道),如果大于采购环境订单容量,则应提醒认证人员扩展采购环境容量。另外对计划人员的错误操作,订单人员应及时指出以保证订单计划的需求量与采购环境订单容量相匹配。

（5）制定订单说明书

订单说明书的主要内容就是说明书(项目名称、确认的价格、确认的质量标准、确认的需求量、是否需要扩展采购环境容量等方面),另附必要的图纸、技术规范、检验标准等。

2.选择供应商

订单准备工作完毕后,订单人员的下一步工作就是最终确定某次采购活动的供应商。确定某次具体采购活动的供应商,其过程如图4-4所示。

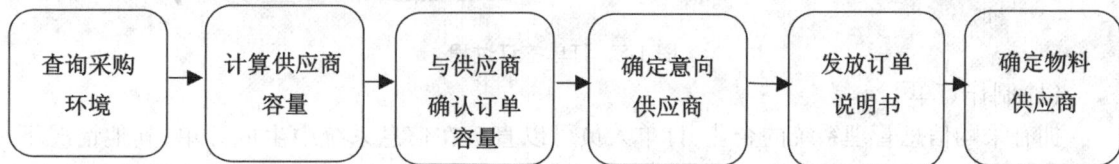

查询采购环境 → 计算供应商容量 → 与供应商确认订单容量 → 确定意向供应商 → 发放订单说明书 → 确定物料供应商

图4-4 选择供应商的过程

（1）查询采购环境

完成订单的准备工作后,订单人员要查询采购环境信息系统,以寻找适应本次物料供应的供应商群体。认证环节结束后会形成公司物料项目的采购环境,用于订单操作。对于小规模的采购,采购环境可能记录在认证报告文档上;对于大规模的采购,采购环境则要使用信息系统进行管理。一般来说,一项物料应有 3 家以上的供应商,特殊情况下也会出现 1 家供应商,即独家供应商。

(2)计算供应商容量

如果向一个容量已经饱和的供应商下单,那么订单很难被正常执行,最终将导致订单操作失败。经验丰富的订单人员首先会计算一下采购环境中供应商的容量,即哪些是饱和的、哪些有空余容量。如果全部饱和,则应立即通知相关认证人员,并进行紧急处理。

(3)与供应商确认订单容量

主观上对供应商的了解需要得到供应商的确认;供应商组织结构的调整、设备的变化、厂房的扩建等都会影响供应商的订单容量;有时需要对供应商进行实地考察,尤其要注意谎报订单容量的供应商。

(4)确定意向供应商

订单人员在权衡利弊(既要考虑原定的订单分配比例,又要考虑现实容量情况)后可以初步确定意向供应商,以便确定本次订单由哪一家供应商供应。这是订单操作具有实质性进展的一步。

(5)发放订单说明书

既然是意向,就应该向供应商发放相关技术资料。一般来说,采购环境中的供应商应拥有已通过认证的物料生产工艺文件。如果是这样,订单说明书则无须包括额外的技术资料。供应商接到技术资料并予以分析后,即向订单人员做出"接单"还是"不接单"的答复。

(6)确定物料供应商

通过以上程序,订单人员就可以确定本次订单计划所投向的供应商,必要时可上报主管审批。最终确定的供应商可以是 1 家,也可以是若干家。

3.签订订单

选定供应商之后,接下来要做的工作就是同供应商签订正式的采购订单。采购订单因采购物料的要求、供应的情况、企业本身的管理要求和采购方针的不同而不同。签订采购订单一般需要经过以下过程。这个过程如图 4-5 所示。

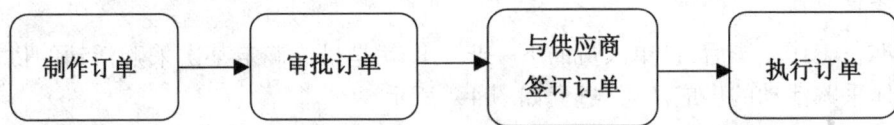

制作订单 → 审批订单 → 与供应商签订订单 → 执行订单

图 4-5 订单签订过程

(1)制作订单

拥有采购信息管理系统的企业,订单人员可以直接在信息系统中生成订单;其他情况下,订单制作者需要自选编排打印。企业通常都有固定标准的订单格式,而且这种格式是供应商认可的,订单人员只需在标准合同中填写相关参数(物料名称代码、单位、数量、单价、总价、交货期等)及一些特殊说明书即可完成制作合同操作。需要说明的是,价格及质量标准是认证人员在认证活动中的输出结果,已经存放在采购环境中,订单人员的操作对象是物料的下单数量及交货日期,以及特殊情况下向认证人员建议修改价格和质量标准。

国外采购的双方沟通不易,订购单成为确认交易必需的工具。采购单位决定采购对象后,通常会寄发订购单给供应商,作为双方将来交货、验货、付款的依据。国内采购可依具体情况决定是否给予供应商订购单。采购部门签发订购单后,有时并未要求供应商签署并寄回,以致形成买方对卖方的单向承诺,实为不利。但是,订购单能使卖方安心交货,甚至可获得融资的便利。

订购单的内容应特别侧重交易条件、交货日期、运输方式、单价、付款方式等方面。根据用途不同,订购单可分为5联:厂商联(第一联),作为厂商交货时的凭证;回执联(第二联),由厂商签认后寄回;物料联(第三联),作为控制存量及验收的参考;请款联(第四联),可取代验收单;承办联(第五联),制作订购单的单位自存。

(2)审批订单

审批订单是订单操作的重要环节,一般由专职人员负责。其主要审查内容为:

①合同与采购环境的物料描述是否相符。

②合同与订单计划是否相符。

③确保订单人员依照订单计划在采购环境中操作。

④所选供应商均为采购环境之内的合格供应者。

⑤价格在允许价格之内、到货期符合订单计划的到货要求等。

(3)与供应商签订订单

经过审批的订单,即可传至供应商确认并盖章签字。签订订单的方式有4种:

①与供应商面对面签订订单,即买卖双方现场盖章签字。

②订单人员使用传真将打印好的订单传至供应商,并且供应商以同样的方式传回。

③使用 E-mail 进行合同的签订。买方向供应商发订单 E-mail,则表示接受订单并完成签字。

④建立专用的订单信息管理系统,完成订单信息在买卖双方之间的传递。

(4)执行订单

订单签订完成之后,即转入订单的执行时期。这一时期,加工型供应商要进行备料、加工、组装、调试等过程;存货型供应商只需从库房调集相关产品并进行适当处理,即可送往买家。

4. 订单跟踪

(1)跟踪供应商工艺文件的准备

工艺文件是进行加工生产的第一步。对任何外协件(需要供应商加工的物料)的采购,订单人员都应对供应商的工艺文件进行跟踪,如果发现供应商没有相关工艺文件,或者工艺文件有质量、货期问题,则应及时提醒供应商修改,并提醒供应商若不能保质、保量、准时交货,则要按照合同条款进行赔偿。

(2)确认原材料的准备

备齐原材料是供应商执行工艺流程的第一步。有经验的订单人员经常会发现供应商在说谎,所以可能情况下必须进行实地考察。

(3)跟踪加工过程的进展状态

不同物料的加工过程不同,为了保证货期和质量,订单人员需要对加工进行监控。有些物料采购,其加工过程的监工小组要有订单人员参加,典型的例子是一次性、大开支的项目采购、设备采购和建筑采购。

（4）跟踪组装调试检测过程的进展状态

组装调试检测是产品生产的重要环节。这一环节的完成表明订单人员对货期有一个结论性答案。订单人员需要有较好的专业背景和行业工作经验，否则即使跟踪也难达到效果。

（5）确认包装入库

确认包装入库是整个跟踪环节的结束点。订单人员可以向供应商了解物料最终完成的包装入库信息。如果有可能，最好去供应商处进行现场考察，以确认包装入库信息。

三、进货管理与管理评价

进货是将采购订货成交的物资由供应商仓库运输转移到采购者仓库中的过程。进货过程关系采购成果价值的最终实现，关系企业的经营成本和采购物资的质量好坏，因此进货管理是采购管理中非常重要的一环。

对供应商进行评价和管理也是采购管理中的一个关键环节。只有连续评价和管理供应商的绩效，才能确定改进机会或发现供应商绩效不佳的方面。

（一）进货方式及其管理

进货有 3 种方式：自提进货；供应商送货；委托外包进货。3 种进货方式不一样，管理环节也不一样。

1. 自提进货

自提进货，就是在供应商的仓库里交货，交货以后的进货过程全部由采购者负责管理。其工作步骤如下。

（1）货物清点环节的管理

在自提进货工作中，首先是货物清点，即对货物的品种、规格、数量和质量进行检验。检验的工作量很大，一旦因疏忽而没有当面查清，事后供应商可以不负任何责任，由此造成的损失由采购者承担。所以，进行此项工作时一定要谨慎、认真。

（2）包装、装卸、搬运上车的管理

货物清点完毕后，接下来的工作就是包装、装卸、搬运上车。这个环节质量的好坏，不仅直接影响货品安全和货品损坏的程度，还直接影响下一个运输环节的安全和运输质量。包装材料和包装方式的选择要综合考虑以下几个方面的因素：

①货品的物理、化学性质。这包括货品的物理状态、重量、体积大小、硬度、挥发性、防震性、防雨、防潮性等。

②装卸搬运方式的要求。包装材料、包装方式的选择要适合装卸搬运形式。如果是人工搬运，则应该采用小包装，单件重量不应超过人所能够传运的重量；如果用叉车搬运，则包装单元应该留有插槽孔；如果是吊车搬运，则包装箱除用结实材料之外，还应有起吊环或缆索固定装置等。

③运输方式的要求。包装箱的尺寸要合乎车厢的尺寸；包装箱的强度、防震性都要适合装运的车辆。

④储存保管方式的要求。货物运达目的地后需要入库储存堆码，堆码时包装箱的强度、尺寸都要符合堆码的要求。

装卸搬运要选用合适的装卸搬运方式,提高搬运活性指数、减轻搬运劳动强度,还要注意装卸搬运安全,保证货品不受损坏。包装、装卸、搬运工作通常选择外包给第三方,这时要注意选择外包的对象。选择外包通常要选择专业性强、有实力、有技术的公司,这样才可以保证外包的质量、降低成本。

（3）运输环节的管理

运输环节的管理要做好以下几个方面的工作：

①运输方式的选择。运输方式按交通工具设施分为公路、铁路、水路、航空、管道联运等方式。运输方式的选择要注意满足运输时间和运输安全的要求。

②中转方式的选择。自提最好选择门到门的直达运输,避免中转。

③运输路径的选择。注意选择最短路径,节省运费、节约时间。

④运输时间控制。运输方式的选择要满足运输时间的要求,运输途中要注意时间控制。

⑤确保运输安全。安全是运输环节选择要考虑的首要问题,并始终贯穿整个运输过程。

（4）中转环节的管理

中转环节包括不同运输方式之间的转接和不同运输路段的转接。中转环节要注意的问题很多,如货物清点、装卸搬运方式选择、装卸搬运安全等。中转环节增加了很多物流工作量、时间和费用,容易造成货物安全风险,所以应尽量不中转或少中转。

（5）验收入库环节的管理

验收入库是进货环节的结束和保管环节的开始,存在采购工作和仓库保管环节之间的交接和责任划分问题,所以要认真搞好验收入库环节。验收入库是对货品进行更严格的数量清点和质量检验,因此双方应当很好地配合,实行一条龙作业,将装卸、搬运、计量、检验、入库、堆码顺序联合处理,一次落地到位,这样可以大大减少物流工作量、减少货物损坏、节省时间、提高效率。

①物料检验过程。供应商准备好所供应的物料后,采购者就要对物料进行检验。物料检验主要有以下4个步骤:确定检验日期与地点、通知检验人员、检验物料、处理检验问题。物料检验过程如图4-6所示。

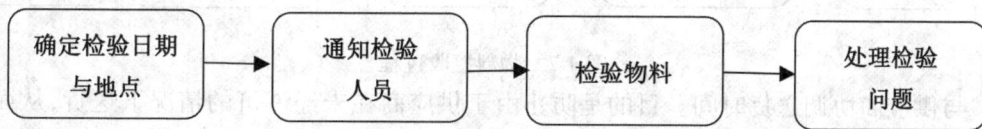

图4-6　物料检验过程

a. 确定检验日期与地点。物料检验日期及地点一般按惯例进行,必要时由订单人员与供应商经临时沟通后确定。对于大型物料（如机械、设备等）,采购者往往需要到供应商处现场检验;对于小型轻便的物料（如电子元器件等）,一般由供应商送到采购部进行检验。

b. 通知检验人员。检验信息传送到检验部门之后,由部门主管统一安排。安排要注意物料的轻重缓急,对紧急物料要优先检验。

c. 检验物料。对于一般物料,走正常检验程序即可;对于重要物料或供应商在此物料供应上质量稳定性持续表现较佳的,则可放宽检验。

d. 物料检验的结果分为两种情况:合格物料和不合格物料。检验的结果以数据表现出来,如 DPPM（百万分之不良数值）或相关记录描述等。

e. 处理检验问题。对于有致命及严重缺陷的物料,应要求供应商换货;对于有轻微缺陷的物料,应与认证人员、质量管理人员、设计工艺人员协商,同时考虑生产的缓急情况,确定是否可以代用;对于偶然性的质量检验问题,可由检验部门或订单部门通知供应商予以处理;对于多次存在的质量检验问题,由认证人员正式向供应商发出质量改正通知书,让供应商限期改正重大的质量问题;对于 DPPM 数据经常满足不了标准的物料,或出现重大质量问题的物料,则由认证部门组织设计人员、工艺人员、质量管理人员及订单人员开展专题会议,讨论质量问题的对策,确定是设计方案的问题还是供应商的问题,并妥善处理问题(前者要修改设计方案;后者要对供应商进行处理,包括罚款、质量整改、降级使用、取消供应商资格等)。

②物料检验标准及检验方式检验标准。每一种物料都有一个检验标准。检验人员根据相关资料(样品、图纸,技术规范等)制定物料的检验标准。其主要内容包括:适应范围(所面对的物料);所引用的文件及标准(标准的来源);检验条件及设备(温度、湿度、压力等条件及所采用的设备);检验物料项目类别(一种物料所需检验的要素参数有若干个,这是本标准所针对的要素参数)。

③检验方式。检验方式主要有全检、抽检、免检三种。全检是指对重要或风险大的物料进行逐件检验;抽检是指从提交质量检验的一批物料中随机抽取部分物料,依照检验标准进行检验;免检是指对性能优良、质量长期稳定、无使用风险的物料免去检验。

④物料接收。经过物料检验之后,就要对合格物料进行接收。物料接收过程如图 4-7 所示。

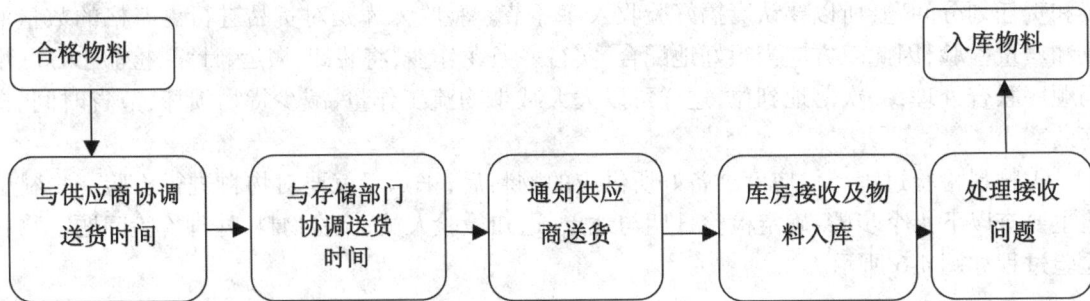

图 4-7　物料接收过程

a. 与供应商协调送货时间。目的是防止由于供应商在未经许可的情况下送货,从而造成接货过程的混乱;或者由于订单人员在没有和供应商协商的情况下通知供应商立即送货,导致物料不能按计划接收。

b. 与存储部门协调送货时间。可以防止由于存储部门业务繁忙而使送货人员及车辆等待较长的时间,或者由于没有库房而使货物面临拒收、被迫拉回情况。

c. 通知供应商送货。与供应商及存储部门沟通好后,就可以通知供应商进行送货。

d. 库房接收及物料入库。安排物料入库时,首先要检验到货清单是否完整、包装与外观是否完好;然后清点物料、接收物料、搬运入库并填写物料入库单据。至此,库房接货过程完毕。

e. 处理接收问题。对于货物接收过程中发生的货物数量、交货日期与要求不符、包装质量不合格等问题,订单人员应与存储人员一同进行协调处理。

f. 经过物料的检验和接收工作,符合项目要求的物料得以顺利入库,保证了企业生产的正常运行。验收入库结束,本次进货过程也就结束了。

2. 供应商送货

对采购商来说,供应商送货是一种最简单轻松的采购进货管理方式。它基本上省去了进货管理环节,把整个进货管理的任务及进货途中的风险都转移给了供应商,采购商只要做好入库验收环节的工作即可。而入库验收也主要是供应商和保管员之间的交接,进货员最多只是提供一个简单的协助而已。

3. 委托外包进货

委托外包进货,就是把进货管理的任务和进货途中的风险都转移给第三方物流公司的进货管理方式。它有利于发挥第三方物流公司的自主处理、联合处理和系统化处理能力,提高物流运作效率,降低物流运作成本。

这种进货方式的管理主要要抓好"两次三方"的交接管理工作和合同签订管理控制工作。第一次交接是供应商和第三方物流公司的交接。第二次交接是第三方物流公司与采购保管员之间的交接。交接工作主要是货物的清点检验,保证货物数量、质量无误。合同签订主要包括三方相互之间签订的合同。合同要分清权利、义务和责任,合同条款要详细、清楚,以此规范、控制各方的行为。

交接过程中,要检查各方履行合同的程度,根据合同处理相关的事情或纠纷。

(二)进货管理的基本原则

进货管理是一项环节多、涉及面宽、环境复杂、进货途中风险大的工作,但是进货管理又是一项非常重要的工作,所以既要管好又要减小风险。这就需要采购人员认真研究进货管理的方法和途径。这些方法和途径可以从以下几个原则上进行考虑。

1. 进货方式选择原则

采购人员要根据进货难度和风险大小的具体情况,选择合适的进货方式。

①对于进货难度和风险大的进货任务,首先选择委托第三方物流公司的进货方式,其次选择供应商送货方式,最好不选择用户自提进货方式。委托第三方物流公司进货,既可以充分利用第三方物流公司的专业化优势、资源优势和技术优势,提高进货效率和进货质量,降低进货成本,又可以减轻供应商在进货上的工作量和进货风险,这对各方都有利。

②对于进货难度小和风险小的进货任务,首先选择供应商送货方式。例如,同城进货、短距离进货均可以使用这种方式。供应商送货具有环节最少、效率最高、最能减少采购商工作量、可以最大限度地降低采购商进货风险的优势,是一种最好的进货方式。当然也可以选择采购商自提进货方式,这种方式效率高、费用低,但是进货途中的风险就落到了采购商自己的身上。

2. 安全第一原则

进货管理中,要把安全第一原则贯穿始终。货物安全、运输安全、人身安全是进货管理首先应该考虑的因素,而且要将其落实到包装、装卸、运输、储存等各个具体环节中,制定措施、严格监督,保证整个进货过程不出现安全事故。

3. 成本效益统一原则

进货管理也要追求成本和效益统一的原则。这个效益包括运输的经济效益,也包括社会效益,还包括运输安全。其中,社会效益就是要维护社会生态平衡、减少污染、减少社会交通紧张的压力等,不能片面地追求成本低而盲目超载,更不能为了追求路程短而违反交通规则。

4.总成本最低原则

进货管理客观上存在多个环节和多个利益主体,因此各个环节都会发生相应的成本费用。进货方案的变动可能会导致某个环节费用的节省,也可能导致另一个环节费用的增加,因此考虑成本时不能孤立地考虑某一个环节或某一个利益主体,而是要综合考虑各个环节、各个利益主体的成本之和,即总成本。所以,进货方案的好坏、进货管理效果的好坏也应当用总成本最小作为评价的标准。

(三)进货管理评价

进货过程中,采购商主要关心的是供应商能否按照合同要求及时送来合格的物料。通常情况下,供应商会严格按照认证合同进行日常的供应操作,但是采购商不能保证所有物料的供应商都处于正常状态,对于一些不稳定的供应商应严加监督。物料的采购可以从质量、成本、供应和服务4个方面进行评价,以此对供应商的行为进行约束。

1.质量指标

对订单进行跟踪时,订单人员可能会发现供应商在质量控制上存在的问题,如生产过程没有按照认证合同规定的质量条款进行。若对这种情况不加过问,物料很有可能因为质量问题不能通过检验环节,从而耽误交货期,最终导致订单操作被迫停止。采购人员可以通过以下指标对质量进行控制:

来料合格批次率 =(合格来料批次 ÷ 来料总批次)×100%(最常用)

来料抽检缺陷率 =(抽检缺陷总数 ÷ 抽检样品总数)×100%

来料在线报废率 =[来料总报废数(含在线生产时发现的)÷ 来料总数]×100%

来料免检率 =(来料免检的种类数 ÷ 该供应商供应的产品总种类数)×100%

此外,有些公司将供应商体系、供应商质量信息、供应商是否使用及如何运用 SPC 也纳入了质量考核。比如,供应商通过了 ISO 9000 认证或对供应商的质量体系审核达到一定水平则得分,否则不得分。有些公司则要求供应商在提供产品的同时提供相应的质量文件(如过程质量检验报告、出货质量检验报告、产品成分性能测试报告等),并按供应商提供的信息是否完整及时给予打分考评。

2.成本指标

采购环境中可能会出现"同一种物料对应不同供应商的价格不同"的情况。这种情况在采购中是常见的,因为质量标准不同、制作方法不同等都会影响价格数值,关键是这种"不同"的真实程度需要在长期订单操作过程中进行验证。某种情况下,订单人员可能发现"它的真实度"值得怀疑,或者随着市场的变化而需要调整价格时,订单人员应勇敢地站出来维护公司的最大采购利益。采购人员可以通过以下指标对成本进行控制:

①价格水平。价格水平往往需要同本公司掌握的市场行情比较,或者根据供应商的实际成本结构及利润率进行判断。

②报价是否及时,报价单是否客观、具体、透明(分解成原材料费用、加工费用、包装费用、运输费用、税金、利润等,以及相对应的交货与付款条件)。

③降低成本的态度及行动。这主要是考察供应商是否能够真诚地配合本公司或主动地开展降低成本活动,制订改进计划,实施改进行动。

④分享降价成果的态度。这主要是考察供应商是否将降低成本的好处让给了顾客(本公司)。

⑤付款是否合乎要求。这主要是考察供应商是否能够积极响应本公司提出的付款条件,开具的付款发票是否准确、及时、符合有关财税要求。

有些公司还将供应商的财务管理水平与手段、财务状况及对整体成本的认识纳入成本考核。

3.供应指标

物料供应的及时性是订单人员最关心的一个绩效指标。即使在动荡的采购环境或变化的采购计划状况下,一个好的供应商也会尽量保证及时供货。

①准时交货率。准时交货率＝(按时按量交货的实际批次÷订单确认的交货总批次)×100%。

②交货周期。交货周期是自订单开出之日到收货之时的时间长度,常以"天"为单位。

③订单变化接受率。这是衡量供应商对订单变化灵活性反应的一个指标,指供应商在双方确认的交货周期中可接受的订单增加或减少的比率。

订单变化接受率＝(订单增加或减少的交货数量÷订单原定的交货数量)×100%

需要注意的是,供应商能够接受的订单增加接受率与订单减少接受率往往不同,前者取决于供应商生产能力的弹性、生产计划安排、反应快慢及库存大小与状态(原材料、半成品或成品),后者则主要取决于供应商的反应快慢、库存(包括原材料与在制品)大小及因减单可能带来损失的承受力。

有些公司还将必须保持的供应商供应的原材料或零部件的最低库存量、供应商的企划体系水平、供应商所采用的企划系统(MRP、MRPII 或 ERP)、供应商是否应同本公司共同实施"即时供应"(JIT 供应)等也纳入供应考核。

4.服务指标

订单人员常常需要亲自协调物料的采购过程,以下提供一些服务指标供订单人员参考:

①反应表现。这包括对订单、交货、质量投诉的反应是否及时、迅速,答复是否完整,对退货、挑选等问题的处理是否及时。

②沟通手段。这包括是否有合适的人员与本公司沟通,以及沟通手段是否符合本公司的要求。

③合作态度。这包括是否将本公司看成重要客户、供应商高层领导或关键人物,是否重视本公司的要求、供应商内部的沟通协作(如市场、生产、计划、工程、质量等部门),是否能够理解并满足本公司的要求。

④共同改进的做法。这包括是否能够积极参与或主动提出与本公司相关的质量、供应、成本等改进项目或活动,或推行新的管理做法,是否能够积极组织参与本公司召开的供应商改进会议、配合本公司开展的质量体系审核等。

⑤售后服务。这包括是否能够主动征询本公司的意见、主动访问本公司、主动解决或预防问题。

⑥是否参与开发。这包括是否能够参与及如何参与本公司的产品或业务开发过程。

⑦其他支持。这包括是否能够积极接纳本公司提出的有关参观、访问事宜,是否能够积极提供本公司要求的新产品报价与送样,是否能够妥善保存与本公司相关的文件,是否能够保证不与影响到本公司切身利益的相关公司或单位进行合作。

四、采购流程优化

大多数公司都在订货管理上浪费了太多的时间和资源,尤其是在附加值低的商品上,有些采购部门用80%的时间来管理占采购总额20%的货物,A. D. Little 公司就是如此。一项关于维修库存(MRO)的调查表明,该公司平均要为50美元的 MRO 项目花去150美元的交易费用。另一个例子是美国的一家政府机构,它在1年的时间里进行的交易量为110万美元,而每笔交易的成本估计为300万美元。当企业要为商品花费大于其本身价值的处理时间时,它如何能通过采购流程创造价值呢?

(一)影响采购流程的因素

1. 供应商和品牌规格

除了一些居于汽车、计算机、消费电子工业前沿的公司,多数买方在规格定制阶段很少参与其中。规格产品通常由买方单方面决定,这就意味着它们是依据特定的供应商而被确定的。使用特定的品牌或者供应商的规格会严重限制买方的行动自由度,供应商则在多数情况下对买方的产品选择十分清楚,这可能导致供应商不能满足公司的生产量和物流需要的状况。

2. 选择供应商

选择供应商是采购流程中最重要的决策之一,特别是当交付的货物要求多年的维修和服务的时候。核实供应商信用的失败而导致的破产,以及没有能力满足质量要求和不愿意满足保证义务的形式而出现的令人不愉快的意外。显然,为了达成合同,供应商做出了它所不能满足的交货时间的承诺。

3. 签订合同

如果交货期间或者交货之后出现问题,合同中难懂的条文就会起反作用。我们可以发现,原本应该由供应商处理的事情有时则不得不由采购者单独完成。对于问题处理的误解,可以通过签订标准合同的方式加以避免。避免问题总要比处理问题好得多,而合同的修改最好留给采购者完成。

4. 重视价格

特别是在购买固定设备的时候,购买决策需要在总成本不仅仅在价格的基础上做出。很多设备制造商都采用了这样一种销售策略,即为他们的设备定一个相当低的价格。然而,他们的保证和服务合同要求客户从原始设备制造商那里获得所有的备件和维护服务。如果客户不这样做,供应商将不保证设备的正常运作。这类销售策略的例子很多,如复印机制造商、计算机主机制造商、掘土设备和卡车制造商、系统集成供应商都在致力于这种实践。为了使固定设备采购能够有效进行,买方需要将其决策置于总成本的模型之上,在设备的初始采购费用和设备的终生费用之间做出平衡。

5.订货程序管理

订货也能引起大问题,有时没有关于购置或采购授权的明确程序,这会造成组织中的每个人都能随意订货的局面,结果导致交货和应付发票的检查出现大量的额外工作。

(二)采购流程优化的方法

一个企业总是处在不断变化之中的,产品的升级换代、规模的扩大与缩小、销售区域的变化等都会对采购流程产生直接或间接的影响,采购管理部门应根据情况变化对企业采购流程做出相应调整。在流程运作过程中,企业还要根据流程输出绩效指标的情况,对流程进行整合。任何流程,若其绩效指标不是处于行业较高水平,则说明流程存在问题,即流程过于臃肿或过于简单。要解决这个问题,可通过对流程进行层层反查来捕捉问题点。

采购流程优化的方法有许多种,其中一些方法是被多数企业所认同的。表4-5中所列方法是企业为改进采购流程而使用的方法,且是未来几年中将重点使用的方法。

表4-5　企业未来将重点改进采购流程的方法

方法	特征	适用范围
从使用者至采购部门的在线通知系统	加快信息传输速度,方便使用者	低价值的采购
向客户发放采购卡	为采购双方提供方便	低价值的采购
低值采购员工自助系统	为员工提供方便、节省采购部门成本	低价值的采购
基于互联网的电子采购商务	方便、简洁,但同时会产生订货的安全及控制问题	采购周期长或合作时间较长的采购
综合采购订单合同	使采购过程更为简洁、迅速	采购周期长或合作时间较长的采购
长期采购合同	采购期限较长,采购较为稳定	采购周期长或合作时间较长的采购、低价值的采购
采购流程的重新设计	可以节约成本,涉及范围较广	采购机构臃肿、需要重新设计的采购
电子数据交换	支持企业间常用的商业单证和信息的电子交换	数据交换系统良好的采购
允许客户向供应商直接订货	方便客户	客户满意度要求较高的采购,客户联系供应商较为方便的采购
面对供应商的使用者在线订货系统	方便客户	有较好的在线订货系统的采购

1.从使用者到采购部门的在线通知系统

在线通知系统是指通过高效和迅速的信息传递节约时间的一种内部系统。客户在需要通过采购部门满足物料和服务需求的时候就使用这些系统。如果客户不需要采购部门的介入,则应转向其他廉价系统。

先进企业的情况更可能是这样:当低价值的采购需求要通过采购部门来满足时,客户就会通过内部的电子系统发送采购请求。在低价值项目采购方面进展缓慢的通常是那些通过邮件或电话接收采购要求的公司。当采购活动需要通过采购部门时,客户应该通过高效的采购通知单传递采购要求。当前的一个近期目标是开发一种新的系统或流程,以使客户直接从供应商那里获取低价值的商品而不需要采购部门参与。

2.向客户发放采购卡

采购卡是大多数企业都认可的一种改进采购流程的工具或系统,是一种面向内部客户的信用卡。当客户要采购低价值项目时,只要联系供应商并使用采购卡即可。采购卡对于未定供应商或未被采购系统所囊括的采购项目非常有用。客户做出采购决策(来自部门预算)后,可完全跨过采购部门而进行采购。面向采购卡的商品项目的价值相对而言比较低,若要通过采购部门进行大范围的供应商的搜索,成本很可能会超过商品本身的价值。

20世纪90年代,迪士尼公司取得了极大发展,并意识到有必要将采购流程流水线化。由于迅速扩大使公司的采购能力难以满足客户需求,公司经理层决定把采购重点从进行采购交易转到供应商的管理方面。为实现这一转变,公司决定推行采购卡——一个强调提升整个公司绩效优化的项目。迪士尼公司便通过税收信息和内部审核选择可以列在卡片上的供应商,而且他们必须满足迪士尼公司的报告和税收信息需求。选定供应商后,采购部门进行了具体的分析以确定早期的大额客户和具体的供应商,并且直接与供应商联络以取得他们的支持。如今,这一项目不仅节省了采购和会计部门的费用,还节省了处理小额订单的时间。现在,迪士尼公司70%的交易都是通过使用采购卡进行的。这一项目的成功使推广采购卡成为迪士尼公司最具优先权的事情。

研究表明,使用采购卡进行交易,能使每笔交易的平均成本从80美元降至30美元以下。用卡交易的好处包括更迅速地响应需求、减少交易成本及节省整个交易的时间。大多数企业中,采购部门负责采购卡的引进和管理工作。

3.低值采购员工自助服务系统

员工自助服务系统里除了自助请假、自助申请等外,开通低值采购模块也是十分必要的。在安德烈·斯蒂尔公司,价值低于2 000元人民币的物资采购都可由使用人员直接在员工自助系统里提出申请,由其部门经理在线确认后即可自助购买所需办公物品,待收到货物后填写发票信息,经财务部门报销即可。整个过程无须采购部门的参与,大大节约了采购部门的成本,而且缩短了采购周期,使员工能够更迅速、准确地购得所需物资。

4.基于互联网的电子采购商务

基于互联网的电子采购商务包括一系列广泛而多样的活动。未来几年里,买方对商业互联网的使用将会急剧增加。电子采购商务增长率最高的领域包括:

①向供应商传递采购订单。

②追踪订单状态。

③向供应商询盘。

④向供应商下订单。

⑤电子支付。

⑥电子数据交换。

一个在线订购系统中,买方与卖方通过调制解调器或其他网络工具建立直接的电子联系。在线订购系统的一个主要特征是,采购部门常常要开发与客户计算机系统具有链接的软件。一旦企业同供应商订立了综合或长期合同,在线订购就会成为常规的采购方式。资源获取流程的重要组成部分包括供应商的确认、评价及选择。在线订购系统使得采购部门或客户能直接进入供应商的订购系统。在线订购系统的优点包括：

①立刻可知延期交货项目。

②订单输入时间更短，从而缩短了订单周期的时间。

③可以减少误差。

④具有订单跟踪能力。

⑤可以轻松得到供应商发出的附装运说明的订单通知。

⑥可在一个在线订单中满足多个客户对不同产品的需求。

在线订货的最大障碍是，只有有限的供应商提供电子目录，以及电子订货的安全和控制问题。

供应商建立在线订购系统可以方便客户登录其订货系统，而该系统能在供应商与公司间建立紧密的联系。

如今，越来越多的买方将这种电子采购方法与其他低价值采购系统联合起来使用。例如，一家企业可允许其客户通过互联网确认供应源，然后通过采购卡订货。使用电子采购的好处是其搜索成本极低，而且如果客户越过采购部门直接订货，则能节省整个周期时间和订货成本。

5. 长期采购合同

长期采购合同年限通常为 1~5 年，并可在供应商绩效达到要求的情况下续约。这种合同不用每年更新，这样可以节省低价值项目和采购相联系的交易成本。而且，一旦采购部门和供应商达成协议，物料管理的责任就归于客户。比较理想的情况是，即使低价值的项目，物料管理也是通过电子而不是人工进行的。

从概念上看，用于常规项目采购的综合采购订单与长期采购合同很相似，但它们还是有所不同的。两者的相同之处在于，都是通过订立合同确定具体的采购项目或服务；都可以延期；都是法律文件；都是管理低价值项目采购的重要方法。但综合采购订单与长期采购合同相比更多地用于低价值项目的采购，长期合同比综合订单更加详细。

在开发管理低价值项目采购所需的特定系统和方法时，企业通常以长期合同为基础。例如，同分销商订立一个包括数百种甚至数千种商品的系统合同时，通常会通过一个长期合同强调常规或标准的采购订单没有说明的问题；这些问题包括售后服务水平、供应商的定点支持人员、过期存货收回条款、持续的成本缩减要求，以及取代书面作业的条形码技术及电子链接使用等。

6. 采购流程的重新设计

大多数公司都意识到采购流程的再设计通常能推进低价值采购系统的发展。它们的发展常常是再设计的成果。适当地进行再设计可加快周转次数、简化交易流程，从而节约交易成本。

采购流程由许多子流程组成，这意味着它可以通过流程图和再设计得到改进。低价值采购流程会影响成百上千的员工，这些员工遍及公司的各个部门、各个办公室、各个工厂及各个厂房设施；这一流程还会使会计部门、接收和处理部门、采购部门和供应商受到影响。任何对低价值商品有需求的员工都是低价值采购流程的一个部分。

7. 电子数据交换

电子数据交换(Electronic Data Interchange, EDI)系统包括一套信息交流标准,可支持企业间常用的商业单证和信息的电子交换。EDI通过简化信息交流过程使买卖双方的联系更有效率。买卖双方使用EDI时,它可以消除传统信息流中的一些环节,节省时间和成本。

20世纪90年代,通过EDI进行交易的企业数量不断增长,但这一时期实际的EDI交易量与预测的EDI交易量并不相符。例如,1993年采购专业人员预计60%的供应商、70%的采购总量和65%的采购交易都将通过EDI进行,而实际上1993年的上述比例分别为28%、38%和32%。造成这种情况的部分原因是自动传真技术的引进。对于许多企业而言,尤其是规模较小的企业,自动传真是一种与供应商传递信息的更迅捷和更廉价的方式。在买方获知采购需求后,自动传真系统会自动向供应商传递该需求。另外,互联网也可取代第三方EDI供应商进行电子信息传递。

8. 允许使用者向供应商直接订货

使用者向供应商直接订货也是一种优化采购流程的常用方法。许多种类的低价值系统都具有这一功能:采购卡技术允许客户与其供应商直接建立联系;在线订购系统也可以做到这一点;联邦快递的电话接听系统可使客户与供应商直接联系,这一系统也是该公司最方便的订货系统。

允许客户与供应商直接建立联系的方法是将交易责任从采购方转移至客户,即使没有确定供应商的商品,采购部门仍可以有限介入或者不介入,除非采购需求达到预先确定的金额。如果一项商品要被单独采购,采购部门就必须决定是否要将这种商品纳入综合订单。综合订单通常允许客户在有物料需求时直接与供应商取得联系。

●项目拓展

ABC 分析法在采购中的应用

一、ABC 分析法概述

ABC分析法又称帕累托分析法、ABC分类管理法、重点管理法等。它是根据事物在技术或经济方面的主要特征,进行分类、排队,分清重点和一般,以有区别地实施管理的一种分析方法。由于它把被分析的对象分成A、B、C三类,所以称为ABC分析法。

对于单一品种的采购,不存在重点选择的问题,因此不需要进行ABC分析。但是对于多品种采购,由于存在一个先采购什么后采购什么、重点保证采购什么的问题,所以就存在一个品种的重要程度和采购优先权的问题。为确定品种的重要程度,就要进行品种的ABC分析。

ABC分析法是由意大利经济学家帕累托(Vilpredo Pareto)在调查分析19世纪意大利米兰的社会财富问题时所发现的。他发现社会财富的80%被20%的人口所占有,人口的80%仅占有20%的财富,即所谓"关键的少数与次要的多数"理论。后来发现这个理论在其他事物中也存在,于是就把这个理论逐渐推广使用开来。

在采购方面,资金量占用的分布情况与帕累托分布非常相似,少数品种在总采购成本中占了很大的比重,而这些物资无疑应该是成本控制的重点。相反,占品种数很大比例的物资,在总采购成本中所占的比重并不大。

根据物料的ABC分类法则,可以把采购物资分为重点物资(A类)、生产辅助材料(B类)、非重点物资(C类),针对不同类物资采用不同的策略。例如,某钢铁企业在对库存中物资占用资金情况进行统计时发现,A类物资,如铁矿石、废钢、铁合金、煤炭、燃油等主要原材料,占用资金约80%,这部分物资是采购的重点,适宜采用准时化采购。对于辅助材料如轴承、化工产品等B类物资,由于其种类过多、消耗周期波动比较大,而且有物资可以相互替代使用,因此可采用定量采购的方法。对于C类物资,如办公用品、劳保用品等,由于其种类过多,而且消耗没有规律可循,因此可以整类物资定点采购。

在对物资按重要性分类以后,就可以有区别地进行管理了。对A类物资实行重点管理;对C类物资实行一般管理;对B类物资可以重点管理,也可以一般管理。

重点管理包括对其库存量严密监视,保证供应,避免缺货,一般采用定期订货法订货并且加强维护保管,保证产品质量。对这些物资的保管和管理要下大力气,不惜花费人力、物力和财力。由于这类物资品种比较少,因此即使人力、物力、财力有限,精心管理这些少数品种还是完全有可能的。而且由于这少数品种的效益占总效益的绝大部分,所以精心管理好它们,就保证了绝大部分效益,在效益上看也是合算的。

一般管理是指对品种库存数量实行一般监控,在数量上不要求那么严格:在订货上一般采取定量订货法联合订购,以节省费用;在保管上也是采取一般的保管措施。由于这类物资品种多、价格低;销量小,效益不那么高,所以采取一般管理,既是必要的,也是可能的。

确定物资重要性的主要依据是:

第一,对于企业生产的重要性。例如,是企业生产所需的主要物资,或者是关键物资。

第二,是企业需求量最大的物资。

第三,是贵重物资,虽然需求量不大,但是很贵重。

二、ABC分类步骤

1.收集数据

收集数据即按分析对象和分析内容,收集有关数据。例如,打算分析产品成本,则应收集产品成本因素、产品成本构成等方面的数据;打算分析某一系统工程的价值,则应收集系统中各局部功能、各局部成本等数据。

2.处理数据

处理数据即对收集来的数据资料进行整理,按要求计算和汇总。

3.编制ABC分析表

编制ABC分析表即按各库存品种占用资金的大小顺序排列,分别计算库存金额累计百分比和品种数累计百分比;根据已计算的年库存金额的累计百分比,按照ABC库存分类法基本原理,对库存进行分类。

4.根据ABC分析表确定分类

三、ABC分析法的应用

1.一个单位采购多个品种

这是一种最普遍的情况。一个单位一般都是要采购多个品种的,这时为了确定产品采购的优先顺序,就要进行产品的重要程度分析。如某商场经营十种商品,可以按其利润大小为分类依据,对它们进行ABC分类。由于各类存货的重要程度不同,一般可以采用下列控制方法:

①对A类存货的控制,要计算每个项目的经济订购批量和订货点,尽可能适当增加订购次数,以减少存货积压,也就是减少其昂贵的存储费用和大量的资金占用。同时,还可以为该

类存货分别设置永续盘存卡片,以加强日常控制。

②对 B 类存货的控制,也要事先为每个项目计算经济订购批量和订货点,同时也可以分项设置永续盘存卡片来反映库存动态,但要求不必像 A 类存货那样严格,只要定期进行概括性的检查就可以了,以节省存储和管理成本。

③对 C 类存货的控制,由于它们为数众多,而且单价又很低,存货成本也较低,可以适当增加每次订货数量,减少全年的订货次数。对这类物资日常的控制方法,一般可以采用一些较为简化的方法进行管理。常用的是"双箱法"。所谓"双箱法",就将某项库存物资分装两个货箱,第一箱的库存量是达到订货点的耗用量,当第一箱用完时,就意味着必须马上提出订货申请,以补充生产中已经领用和即将领用的部分。

生产企业中有一些情况不能简单地采用上述方法,例如配套产品。企业为了生产某种品,需要成套的零部件,少了某一个零部件,就不能生产出一个产品。在这种情况下,一般要成套采购。在品种上不能够分类,但可以在采购数量上进行比例控制,并且持续进行库存数量跟踪监控,多次轮番采购、轮番供应,切实保障成套供应。

有些情况下,企业生产某个产品所需的各个零部件并不是同等重要的,即有所谓关键零部件和一般普通通用零部件的区别。哪些是关键零部件,哪些是普通通用零部件,只有生产过程中的人员最清楚。关键零部件,一般或是产品的主体部分;或是用量大;或是核心功能和重要功能;或是价值高;或是精度高;或是稀缺品;或是代用品少;或是获取不容易等。普通通用零部件,一般或是用量少;或是代用品多;或是不稀缺;或是不重要;或是获取很容易等。如果要想确定多个产品的相对重要性,也有多种分析方法,可以采用定量分析法,也可以采用定性分析法。在定性分析法中,常用的是评分法。评分法的原理就是请一些专家,针对所有需采购的物资品种关于某个或某些指标的相对重要性进行评分,然后将评分结果进行统计分析而得出各个品种的相对重要性。

2. 多个单位采购同一种产品

多个单位采购同一种产品,一般是一次订货,然后一次进货。如果使用持续时间长,也可以多次进货。在不能一次采购齐的情况下,一般是采用多次轮番采购、轮番供应的方式,依次保障各个单位的供应。这时每个单位的供应优先顺序一般是根据各个单位需求时间的先后次序确定,先需要的先供应、后需要的后供应。

3. 多个单位采购多个品种

这是一般情况。它是以上两种情况的综合运用,既要用到 ABC 分析法确定各个品种的采购优先程度,又要根据需求单位的情况,确定各个单位之间的供应先后顺序。合理采用适时轮番采购、依次轮番采购等办法进行多单位多品种的采购供应工作。

●项目小结

供应市场分析是指企业针对所采购的物品或服务,系统地进行供应商、供应价格、供应量、供应风险等与供应市场相关的情报数据的调集、收集、整理、归纳,从中分析出所有相关要素以获取采购决策所需依据的过程。通过对供应市场的分析,企业可以得到所需要的采购数据资料,从而为采购决策的定量化、科学化提供基础。

采购需求分析是制订采购计划的基础和前提。采购需求分析的方法有很多,主要有需求预测法、经济订货批量法、物料需求计划、物资消耗定额等。其中,经济订货批量法可以有效帮助采购管理人员进行决策。

采购流程优化的方法有许多种,主要有从使用者到采购部门的在线通知系统、向客户发放采购卡、低值采购员工自助系统、基于互联网的电子采购商务、长期采购合同、采购流程的重新设计、电子数据交换、允许使用者向供应商直接订货。

● 项目测试与训练

一、讨论分析题(要求 3 ~ 5 题)

1. 期货交易和现货交易有哪些不同?

2. 采购流程优化的方法有哪些?

3. 如何确定采购批量?

4. ABC 分析法则如何区分物流的重要性?

二、技能训练(至少 1 题)

1. 某商品年需求量为 225 件,单价 3 000 元,年储存费率为单价的 10%,每次订购费用为 150 元,求该商品的经济订货批量和最佳订货次数。

2. 实训题

(1)训练目的:

采购流程环节繁多,学生们需要认识采购流程的优异性对整个采购部门的重要性,对采购流程的各环节有深刻的认识,并熟悉各环节的内容及特点。实训目的具体如下:

①了解采购流程的各个环节。

②能够以小组为单位建立采购流程。

③能够对采购流程进行优化。

(2)训练要求与操作准备:

在教师的指导下,学生 5 人左右为一个小组,查找建立采购流程所需要的资料,建立一个模拟的采购流程,并将模拟采购流程在各小组中互换以进行优化。

(3)训练资料与设备:

采购流程样式繁多,并且不同的商品所需要的采购环节也会有所差别,所以在建立采购流程时,各小组首先要对所采购商品的特点进行分析,并得出相应的总结报告。然后针对各采购物品的特点建立适当的采购流程,使各环节能够良好地衔接在一起,并根据对采购流程的分析,研究采购流程的优化方案。具体要求如下:

①进入企业收集需要的相关资料、信息。

②根据采购流程建立的理论,建立有效率的采购流程。

③将所建立的采购流程与企业中实际存在的采购流程进行对比,分析两者的差别。

④根据本书的采购流程优化方案,对各采购流程进行必要的优化,或者各小组可以不参照书本制定自己的优化方案。

⑤记录在采购流程建立及优化过程中得到的体会及感想。

课后习题

(一)单选题

1. 企业针对所采购的物品或服务,系统地进行供应商、供应价格、供应量、供应风险等与供应市场相关的情报数据的调集、收集、整理、归纳,从中分析出所有相关要素以获取采购决策所需依据的过程叫(　　)。

A. 供应市场分析　　　　　　　　　B. 采购市场分析

C. 市场调查分析　　　　　　　　　D. 市场预测

2. 根据一定的目的,选择恰当的标志,将任何一个商品集合总体逐次进行划分的过程叫(　　)。

A. 商品集合　　　　　　　　　　　B. 商品分类

C. 商品分配　　　　　　　　　　　D. 商品销售

3. 在市场中,只有一个卖者,其产品具有特殊性,能完全控制产品价格,其他卖者几乎不可能进入市场,这种市场属于(　　)。

A. 单一市场　　　　　　　　　　　B. 买方市场

C. 完全垄断市场　　　　　　　　　D. 卖方市场

4. 包括原料、辅助材料、半成品、零部件、成品、投资品或固定设备,以及维护运营用品(MRO 物品)等的采购属于(　　)。

A. 无形市场采购　　　　　　　　　B. 市场采购

C. 购买商品　　　　　　　　　　　D. 有形商品采购

5. 由 10 ~ 20 位专家背靠背地独立对某一对象进行预测的方法是(　　)。

A. 经验估计法　　　　　　　　　　B. 部门主管集体讨论法

C. 德尔菲法　　　　　　　　　　　D. 客户意见推测法

(二)多选题

1. 供应市场分析都有以下几个主要步骤:(　　)。

A. 设计供应市场调研方案　　　　　B. 收集相关资料并进行分析

C. 对供应市场进行调研　　　　　　D. 撰写供应市场分析报告及评估

E. 确定供应市场分析的目标企业

2. 划分市场结构,主要依据有以下几条:(　　)。

A. 行业内的生产者数目或企业数目　B. 产品的差别程度

C. 商品需求量　　　　　　　　　　D. 市场的垄断情况

E. 进入障碍的大小

3. 在采购规格说明中要明确以下几个方面:(　　)。

A. 请购部门所要购买的商品是什么

B. 采购需求如何传达给供应商

C. 采购订单的主要内容

D. 验收、测试和质量检查的具体标准

4. 影响采购价格的因素有:(　　)。

A. 供应商成本　　　　　　　　　　B. 采购商品的供需关系

C. 商品的规格与品质　　　　　　　D. 采购数量

E. 交货条件

5. 进货管理的基本原则:(　　)。

A. 进货方式选择原则　　　　　　　B. 安全第一原则

C. 总成本最低原则　　　　　　　　D. 简洁快捷原则

E. 成本效益统一原则

●答案

（一）单选题

1. A　　2. B　　3. C　　4. D　　5. C

（二）多选题

1. ABCDE　　2. ABE　　3. ABCD　　4. ABCDE　　5. ABCE

项目五　采购计划及预算编制

●学习目标

通过编制采购计划和采购预算,使学生了解企业制订采购计划、订单计划及预算编制的方法与步骤,培养学生制订计划和预算的能力;树立科学的采购意识,培养预测问题和解决问题的能力。

知识目标

1. 掌握采购计划编制程序。

2. 熟练掌握采购概率预算、弹性预算、零基预算、滚动预算。

3. 掌握采购预算编制的步骤、遵循原则及注意事项。

技能目标

1. 能够利用所学采购计划编制方法进行企业采购计划编制。

2. 能够根据企业采购实际需要编制采购预算。

3. 能够利用概率预算、弹性预算、零基预算、滚动预算基本原理进行采购预算。

●引导案例及分析

从采购预测到采购计划:太古饮料

著名的饮料企业——太古饮料在预测和计划体系上实施了严格的管理。对销售预测计划、生产计划、产品往各 DC 仓库的调拨计划、采购计划都制定了严格流程;清楚地规定了各项沟通的细节；明确各个相关人员的主要责任及相关业务指标；改善跨部门的沟通、合作，从而改善各项计划的精准度，减少因计划问题导致的断货、产品或原材料过期等现象，最终提高企业利润。

太古公司的采购运作在实际管理中，建立了严密的预测体系，从周一到周五，对每天如何预测、采用什么方式、系统如何操作等都进行了严格的规定。企业开发了强大的预测系统，将采集来的基础资料进行初步分析，然后进行人工修订。另外，公司还对促销产品有独立的预测体系。企业在实际运作中涉及大量的包装变更，以及促销期间的特殊包装制作问题，在包装变更及特殊包装生产时，容易产生由于计划不当而导致的所需包装无法及时供应，或特殊包装在要求时段截止后仍大量积压，所以独立预测是有必要的。根据此预测体系，采购和生产部门会制订符合预测的采购和生产计划。一旦确定了计划，一般是无法更改的。

思考题

思考太古的采购预测对其采购计划有何影响？

案例分析

快速消费品行业市场变化非常快，竞争异常激烈，特别是食品企业，还存在货物保质期短的问题。如果没有其良好的预测体系，企业整个采购和生产会很被动，企业也将为此付出巨大的额外成本，给激烈的竞争带来成本和时间等多方面的压力。

任务一
采购计划编制 ◆ ‖

任务导读

读者通过对这部分学习，能够了解编制采购计划的目的和内容，掌握具体计划编制流程。同时，要能够收集采购计划编制的基础资料，结合企业采购实际，进行采购需求分析，制订合理的采购计划。

一、采购计划编制认知

（一）采购计划的概念

采购计划是指企业管理人员在了解市场供求情况，认识企业生产经营活动的过程和掌握物料消耗规律的基础上对计划期内的物料采购管理活动所做的预见性的安排和部署。它包括两部分内容：一是采购计划的制订；二是采购定单的制定。这两部分内容需要综合平衡，以保证企业物料的正常供应，并降低库存和成本，加速资金周转。

(二)编制采购计划的目的

制订采购计划是企业整个采购工作的第一步。一般而言,制造业的经营活动开始于原材料与零部件的采购,然后经过加工制造或组合装配成产成品,再通过市场销售获得利润。因此,通过何种渠道、在什么时间购入多少原材料和零部件是采购工作的重点。采购计划就是为了维持企业正常的生产经营活动,对在某一特定期间内应在何时购入何种数量的物资的一种预先安排。采购计划应达到以下目的。

(1)预计物料的需用时间与数量,防止供应中断,影响企业正常产销活动。

(2)避免物料储存过多、积压资金以及占用存储的空间。

(3)配合企业生产计划与资金调度。

(4)使采购部门事先有所准备,选择有利时机购入物料。

(5)确定物料耗用标准,以便管理物料的采购数量及成本。

(三)采购计划的分类

按照不同的分类标准,采购计划可划分为以下不同类型。

(1)按计划期长短划分,可将采购计划分为年度物料采购计划、季度物料采购计划、月度物料采购计划等。

(2)按物料的使用方向划分,可分为生产用物料采购计划、维修用物料采购计划、基本建设用物料采购计划、技术改造措施用物料采购计划、科研用物料采购计划、其他管理用物料采购计划。

(3)按自然属性划分,可分为金属物料采购计划、机电产品物料采购计划、非金属物料采购计划等。

(4)按采购层次划分,可分为战略采购计划、业务采购计划和部门采购计划。

二、编制采购计划的资料准备

1. 销售计划

销售计划是指规定企业在计划期内(年度)销售产品的品种、质量、数量和交货期,以及销售收入、销售利润等。它是以企业和客户签订的供货合同和对市场需求的预测为主要依据编制的,采购计划要为销售计划的实现提供物料供应保证。因此,制订采购计划要以销售计划作为主要依据。

2. 生产计划

生产计划是规定企业在计划期内(年度)所生产的产品品种、质量、数量和生产进度以及生产能力的利用程度。它是以销售计划为主要依据,加上企业管理人员的定量分析和主观判断来编制的。生产计划是确定企业在计划期内生产产品的实际数量及其具体的分布情况。生产计划决定采购计划,采购计划又对生产计划的实现起到物料供应保证作用。生产计划的公式为:预计生产量 = 预计销售量 + 预计期末存货量 − 预计期初存货量。示例如表5-1所示。

表 5-1 某企业 2016 年度生产计划表

项目	第一季度	第二季度	第三季度	第四季度	合计
预计销售量/台	400	450	500	450	1 800
加:预计期末存量/台	45	50	45	50	190
预计需要量合计/台	445	500	545	500	1 990
减:期初存量/台	40	45	50	45	180
预计生产量/台	405	455	495	455	1 810

3. 物料需求清单

生产计划只列出产品的数量,无法直接指导某一产品需要使用哪些物资以及数量的多少,因此必须借助物料需求清单。物料需求清单由研发部或产品设计部制成,根据此清单精确计算出制造某产品的物料需求数量,物流需求清单所列的耗用量与实际用量相互比较作为用料管制的依据。

4. 设备维修计划和技术改造计划

设备维修计划是规定企业在计划期内(年度)需要进行修理的设备的数量、修理的时间和进度等。技术改造计划是规定企业在计划期内(年度)需要进行的各项技改项目的进度、预期的经济效果,以及实现技改项目所需要的人力、物资、费用和负责执行的单位。这两个计划提出的物料需求品种、规格、数量和需要时间,是编制物料采购计划的依据,采购计划要为这两个计划的实现提供物料保证。

5. 存量管制卡

如果企业产成品有存货,则生产数量不一定等于销售数量。同理,若物料有库存数量,则物料采购数量也不一定等于根据用料清单所计算出的物料需求量。因此,必须建立企业物料存量管制卡,以表明某一物料企业当前的库存状况,再根据物料需求数量和采购物料所需的作业时间和安全库存量,计算出正确的采购数量,然后开具请购单,进行相应的采购活动。存量管制卡示例如表 5-2 所示。

表 5-2 存量管制卡

品名			料号		订货点			安全存量			
规格			存放	库号: 单位:	一次请购量			采购时间			
日期	凭证号码	摘要	入库		出库		结存数量	订购量	订购单号	订购日	请求交货日	实际交货日	交货量	注
			收到	欠收	发出	欠发								

三、企业采购计划的编制程序

企业采购计划的编制程序主要内容包括两个方面,即编制采购认证计划和采购订单计划。

(一)编制采购认证计划

采购认证是指企业采购人员对采购环境进行考察并建立采购环境的过程。编制采购认证计划的主要环节有:准备认证计划、评估认证需求、计算认证容量、制订认证计划。

1. 准备认证计划

准备认证计划是编制采购计划的第一步,也是非常重要的一步。其主要内容有以下五个方面。

(1)熟悉认证的物料项目

采购人员在拟订采购计划,与供应商接触之前,要熟悉认证的物料项目,包括该物料项目涉及的专业知识范围、丰富的经验需求以及目前市场供应情况。认证项目所涉及的专业知识范围非常广泛,包括机械、电子、工业用品、软件、设备等方面。采购人员在搞清采购项目属于哪个专业范围后,应尽快熟悉该领域相关专业知识。同时,了解物料的市场供应状况也很重要,有些物料在国内或者就近就可以找到货源,而有些物料则需要进行国际采购。

(2)接收采购批量需求

要想制订出相对准确的认证计划,首先要熟悉开发批量需求。目前,需求通常有两种情形:一种是在目前采购环境中可以找到的货源供应;另一种是新货源,这种新货源是采购环境无法提供的,需要寻找新的供应商。

(3)接收余量需求

随着企业规模扩大,市场需求也会随之增加,采购环境容量不足以支持企业的物流需求;或者是因为采购外部环境有了下降的趋势,从而导致物料的采购环境容量逐渐缩小,无法满足采购的需求。这两种情况都会产生余量需求,也就产生了对采购环境进行扩容的要求。采购环境容量的信息通常是由认证人员和订单人员提供的。

(4)准备认证环境资料

通常来讲,采购环境的内容包括认证环境和订单环境两部分。有些供应商的认证容量比较大,但是其订单容量比较小;有些供应商情况恰恰相反,其认证容量比较小,但是订单容量比较大。认证容量和订单容量是两个完全不同的概念,企业对认证环境进行分析的时候必须分清这两个概念。

(5)制定认证计划说明书

制定认证计划说明书的主要内容包括:认证计划说明书(物料名称、需求量、认证周期等),同时附有开发需求计划、余额需求计划、认证环境资料等。

2. 评估认证需求

评估认证需求是采购计划的第二个步骤,主要包括分析物料开发批量需求、分析余量需求、确定认证需求。

（1）分析物料开发批量需求

采购人员进行物料开发批量需求分析时，不仅需要分析物料数量需求，还应掌握物料技术特征等信息。开发批量需求的类别多样，按需求环节可以分为研发物料开发认证需求和生产批量物料认证需求；根据采购环境的不同可以分为环境内物料需求和环境外物料需求；按供应情况可分为可直接供应物料和需要制订物料；按国界可分为国内供应物料和国外供应物料。对于如此复杂情况，计划人员应对开发物料的需求做出详细分析，必要时可与开发人员、认证人员一起研究物料的技术特征。

（2）分析余量需求

分析余量需求时首先要对余量需求进行分类，余量需求的产生来源有两种：一种是市场销售需求扩大，另一种是采购环境订单容量萎缩。这两种情况都会导致当前采购环境的订单容量难以满足用户需求，因此需要增加采购环境容量。对于因市场需求原因造成的余量需求，可以通过市场及生产需求计划，得到各种物料的需求量；对于因供应商萎缩造成的余量需求，可以通过分析现实采购环境的总体订单容量和原订单容量之间的差别得出。这两种情况的余量相加，即可得到总的需求容量。

（3）确定认证需求

认证需求是指通过认证手段，获得具有一定订单容量的采购环境。认证需求可以根据开发批量需求的分析结果来确定。

3. 计算认证容量

采购计划的第三个步骤是计算认证容量，主要包括分析项目认证资料、计算总体认证容量、计算供应商承接认证容量、确定剩余认证容量。

（1）分析项目认证资料

分析项目认证资料是采购计划人员的重要工作内容，不同的认证项目其认证过程及周期是千差万别的。作为采购主体的企业，需要认证的物料项目可能是上千种物料中的几种，熟练分析几种物料的认证资料是相对容易的，但是对于规模相对较大的企业，需要分析上千种，甚至上万种物料的难度则要大得多。因此，对于企业制订物料采购计划的采购人员来说，需要尽可能地熟悉相关物料采购项目的认证资料。

（2）计算总体认证容量

企业在认证供应商时，要求供应商提供一定的资源用于支持认证操作，也有一些供应商只做认证项目。在供应商认证合同中，应说明认证容量与订单容量的比例，防止供应商只做批量订单，不愿意做单件认证。计算采购环境的总体认证容量的方法是把采购环境中所有供应商的认证容量叠加，但有些供应商的认证容量需要乘以适当的系数。

（3）计算供应商承接认证容量

供应商的承接认证容量等于当前供应商正在履行认证的合同量。供应商认证容量的计算是一个相当复杂的过程，各种物料项目的认证周期是不一样的，一般是要求计算某一时间段的承接认证量。最恰当、最及时的处理方法是借助电子信息系统，模拟显示供应商已承接的认证量，以便制定认证计划决策时使用。

（4）确定剩余认证余量

剩余认证余量是指某一物料所有供应商群体的剩余认证容量总和，可以用以下公式简单计算：

剩余物料认证容量＝物料供应商群体总体认证容量－承接认证量

这种计算过程可以被电子化,但一般的物料需求计划系统并不支持这种算法,可以单独创建系统。认证容量是一个近似值,仅作参考,认证计划人员对此不可以过高估计,但它可以指导认证过程的操作。

4.制订认证计划

制订认证计划的主要内容为:对比需求与容量、综合平衡、确定余量认证计划、制订认证计划。

(1)对比需求与容量

认证需求与供应商对应的认证容量之间,一般会存在差异,如果认证需求量小于认证容量,则没有必要进行综合平衡,可直接按照认证需求制订认证计划;如果认证需求量大大超出供应商容量,就要进行认证综合平衡,对于剩余认证需求,需要制订采购环境之外的认证计划。

(2)综合平衡

企业采购部门应从全局出发,综合考虑生产、认证容量、物料生命周期等要素,判断认证需求的可行性,通过调节认证计划来尽可能地满足认证需求,并计算认证容量不能满足的剩余认证需求,这部分剩余认证需求需要到企业采购环境之外的社会供应群体之中寻找。

(3)确定余量认证计划

确定余量认证计划是指对于采购环境不能满足的剩余认证需求,应提交采购认证人员分析并提出对策,与之一起确认采购环境之外的供应商认证计划。采购环境之外的社会供应群体如果没有与企业签订合同,那么制订认证计划时要特别小心,并由具有丰富经验的认证计划人员和认证人员联合实施操作。

(4)制订认证计划

只有制订好认证计划,才能根据该认证计划做好订单计划。下面给出确定认证物料数量及开始认证时间的方法。公式如下:

认证物料数量＝开发样件需求数量＋检测测试需求数量＋样品数量＋机动数量

开始认证时间＝要求认证结束时间－认证周期－缓冲时间

(二)编制采购订单计划

采购订单计划编制大致分为以下四个步骤:准备采购订单计划、评估采购订单需求、计算采购订单容量、制订订单计划。

1.准备采购订单计划

这部分主要包括了解市场需求、了解生产需求、准备订单环境资料、制订订单计划说明书。

(1)了解市场需求

市场需求是启动生产供应程序的基础,要想制订相对准确的订单计划,首先必须掌握市场需求或者市场销售计划。对市场需求的进一步分解,便能够得到生产需求计划。企业的年度销售计划一般在上一年度的年末制订,并报送各个相关部门,同时下发到销售部门、计划部门、采购部门,以便指导全年的企业运作。根据年度计划,再进一步制订出季度、月度的市场销售计划。

（2）了解生产需求

企业的生产需求对于采购来说也可称之为生产物料需求。生产物料需求的时间是根据生产计划确定的，通常生产物料需求计划是订单计划的主要来源。企业采购计划人员要深入生产实际，学习掌握生产计划与工艺常识，以利于理解生产物料需求，确定企业生产需求。在物料需求计划系统中，物料需求计划是主生产计划的细化，它主要来源于生产计划、独立需求的预测、物资清单文件、库存文件。

（3）准备订单环境资料

订单环境是在订单物料的认证完毕之后形成的，订单环境资料主要包括：订单物料的供应商信息、订单比例信息、最小包装信息、订单周期。订单环境资料一般使用信息系统管理，订单人员根据生产需求的物料项目，从信息系统中查询、了解该物料的采购参数。

（4）制定订单计划说明书

制定采购订单计划说明书的主要内容包括：订单计划说明书，包含物料名称、需求数量、到货时间等；附件，如市场需求计划、生产需求计划、订单环境背景资料等。

2. 评估采购订单需求

评估订单需求是编制采购计划中非常重要的一个环节。只有准确地评估订单需求，才能为计算订单容量提供依据，以便制订出更好的订单计划。主要包括以下三个方面内容：

（1）分析市场需求

物料采购订单计划不仅仅来源于生产计划，它还应该考虑企业的生产需求。企业生产需求的规模大小直接决定了物料采购订单的需求大小，若超出了企业生产需求，采购物料就会造成不必要的库存积压。同时，物料采购订单计划还应兼顾企业的市场战略以及潜在市场需求，以及需要分析企业接受订单计划的可信度等。因此，必须仔细分析市场签订合同的数量、还未签订合同的数量等一系列数据，同时研究其变化趋势，全面考虑采购计划的规范性和严谨性，再参照相关历史采购数据，找出问题所在。只有这样，才能对市场需求有一个全面的了解，才能制订出一个满足企业远期发展与近期实际需求相结合的订单计划。

（2）分析生产需求

分析企业的生产需求，首先需要研究市场需求的产生过程，其次要分析生产需求量和采购时间。如，企业根据生产计划对零部件清单进行检查。每周都有不同的毛需求量和入库量，于是就产生了不同的生产需求，企业要对不同时期产生的生产需求进行分析。

（3）确定订单需求

通过对市场需求、客户订单和生产需求的分析结果，就可以确定订单需求。通常来说，订单需求的内容是指通过订单操作手段，在未来指定时间内，将特定数量的合格物料采购入库。

3. 计算采购订单容量

只有准确计算容量，才能对比需求和容量，经过综合平衡，最后制订出正确的订单计划。计算订单容量主要有以下四方面内容：

（1）分析采购项目供应资料

对于采购工作来讲，所要采购物料的供应商信息是至关重要的信息资料。如果没有供应商供应物料，那么无论是生产需求还是紧急的市场需求，都无从谈起。从一个简单的例子来看，某企业想制造无甲醛环保板材，其中无醛胶水是该项目的关键性材料，通过考察发现，该种材料被少数几家供应商垄断,在这种情况下,企业的计划人员应充分利用这些信息,以便在下达订单计划时做到有的放矢。

(2)计算总体订单容量

总体订单容量是多方面内容的组合,其中主要的两个方面是:可供给的物料数量与可供给物料的交货时间,如表 5-3 所示。

表 5-3　供应商总体订单容量统计表

日　期	供应商	可供给物料数量		
		型号(A)	型号(B)	型号(C)
月　日	A			
月　日	B			
月　日	C			
	合计			

(3)计算承接订单容量

承接订单是指某供应商在指定时间内已经签下的订单。例如,某供应商在 12 月 31 日前可以供给 10 万只螺丝(其中 A 型 6 万只、B 型 4 万只),若已经承接 A 型螺丝 3 万只,B 型螺丝 2 万只,那么对 A 型与 B 型物料的已承接订单就非常清楚了(A 型 3 万 + B 型 2 万 = 5 万只)。

(4)确定剩余订单容量

剩余订单容量是指某物料所有供应商群体的剩余订单容量总和。其公式为:

物料剩余订单容量 = 物料供应商群体总体订单容量 – 已承接订单量

4. 制订订单计划

制订订单计划是企业编制采购计划的最后一个环节,也是最为重要的环节。主要包括以下几个方面的内容:

(1)对比采购需求与供应容量

对比采购需求与供应容量是制订订单计划的首要环节,只有比较出需求与容量的关系才能科学地制订订单计划。如果经过对比发现需求小于容量,即无论需求多少,容量都能满足需求,则企业要根据物料需求来制订订单计划;如果供应商的容量小于企业的物料需求,即供小于求,那么企业则要根据容量制订合理的物料需求计划。这样就产生了剩余物料需求,并且需要对剩余物料需求重新制订计划。

(2)综合平衡

综合平衡是指综合考虑市场、生产、订单容量等要素,分析物料订单需求的可行性,必要时应及时调整订单计划,计算容量不能满足的剩余订单需求。

(3)确定余量认证计划

在对比物料需求与供应容量时,如果供小于求,则产生剩余需求。那么,对于剩余需求,要提交给认证计划制订者处理,并确定能否按照物料需求规定的时间及数量交货,为了保证物料的及时供应,可以简化认证程序,并由具有丰富经验的认证计划人员进行操作。

(4)制订订单计划

制订订单计划是采购计划的最后一个环节,订单计划做好之后就可以按照计划进行企业

采购工作了。一份订单包含的内容有下单数量和下单时间两个方面,其公式为:

下单数量 = 生产需求量 - 计划入库量 - 现有库存量 + 安全库存量

下单时间 = 要求到货时间 - 认证周期 - 订单周期 - 缓冲时间

任务二
采购预算编制 ◆ ||

任务导读

通过这部分内容的学习,应了解采购中主要涉及的预算内容,编制预算时应注意的问题,熟悉预算编制流程;并能根据企业采购产品的特点,合理运用不同的预算编制方法。

一、采购预算认知

(一)采购预算的含义

采购预算就是一种用数量来表示的计划,是将企业未来一定时期内经营决策的目标通过有关数据系统地反映出来,是经营决策数量化的表现。它实现了采购计划的具体化,为采购资金的控制提供了明确的标准,有利于采购资金控制活动的开展。一般来说,企业制定采购预算主要是为了促进企业采购计划工作的开展与完善、降低企业的采购风险、合理安排有限资源、保证资源配置的高效性及进行成本控制等。

采购预算是指导和控制采购过程的"生命线",是开启采购管理的钥匙。采购预算与采购计划密不可分,采购预算是在采购计划的基础上制定的,预算的时间范围与采购计划期应保持一致。

(二)采购预算的作用

一般来说,企业采购预算主要具有以下作用。

1. 保障企业战略计划和作业计划的执行,确保企业组织目标一致

通过编制采购预算,企业采购部门和其他职能部门在计划期间的工作被分别制定出了目标,也明确了部门和个人的责、权、利,使个人的利益与企业的经济效益挂钩,促使企业采购部门的员工努力去完成采购目标,从而保证企业战略计划和作业计划的实施。

2. 协调企业各部门之间的合作经营

采购预算使各部门工作有机地结合在一起,各部门通过执行预算,明确各自所处的地位和作用,协调各自的工作步伐,从全局出发,统筹兼顾、全面安排,争取全局计划的最优化。

3. 在企业各部门之间合理安排有限的资源,保证资源分配的效率性

企业所用的资源是有限的,通过编制采购预算和其他作业计划期内日常发生的各项经营

活动的预算,能够充分了解各部门的资源需求,合理安排,保证资源能够充分利用。

4.对企业物流成本进行控制、监督

预算是分析、控制各项经济活动的尺度,各部门通过认真地编制切实可行的预算,并用其控制各项经济活动,就可以避免不必要的开支,降低物流成本,保证预定目标的顺利完成。

(三)采购预算的编制原则

在编制采购预算时,必须体现出科学性、严肃性、可行性,克服随意性,绝不可以"拍脑袋"来做预算。目前,有些企业采购预算项目做得不够细致,随意性强,导致采购部门无法全面、准确、及时地掌握采购商品信息,更无法按步骤实施采购。为此,采购人员必须高度重视采购预算决策活动,了解本年度预算的实施情况,了解市场,从实际出发,制定出符合企业发展的规划,保证预算的合理性与科学性。

1.实事求是地编制采购预算

编制采购预算应本着实事求是的原则,一般以企业所确定的经营目标为前提,不盲目哄抬目标值,先确定销售预算,再确定生产计划,最后确定采购计划。不要贪图低价盲目扩大采购量,以避免库存积压。

2.积极稳妥、留有余地编制采购预算

积极稳妥是指不盲目抬高预算指标,也不消极压低指标。既要保证采购预算指标的先进性,又要保证采购预算指标的可操作性,充分发挥采购预算指标的指导和控制作用。另外,为了适应市场的千变万化,采购预算应留有余地,具有一定的发展空间,以免发生意外时处于被动,影响企业的生产经营。

3.比质、比价编制采购预算

企业在编制采购预算时,应广泛收集采购物料的质量、价格等市场信息,掌握主要采购物料信息的变化,根据市场信息比质、比价确定采购物料。除仅有唯一供货单位或企业生产经营有特殊要求外,企业主要物资的采购应选择两家以上供货商,从质量、价格、信誉等方面择优采购。企业主要物料采购及有特殊要求的物料采购,应当审查供应商资格;对已确定的供应商,应当及时掌握其质量、价格、信誉的变化情况。企业大宗原材料、燃料的采购,基建或技改项目主要物料以及其他金额较大物资的采购等,具备招标采购条件的,应尽量安排招标采购。

二、采购预算的编制方法和流程

编制预算的方法有很多,下面主要介绍四种方法。

1.概率预算

概率预算是指对在预算期内不确定的各预算构成变量,根据客观条件,做出近似的估计:估计它们可能变动的范围及出现在各个变动范围的概率,再通过加权平均计算有关变量在预期内的期望值的一种预算编制方法。

概率预算必须根据不同的情况来编制,大致可分为以下两种情况:

(1)销售量的变动与成本的变动没有直接联系。只要利用各自的概率分别计算销售收入、变动成本、固定成本的期望值,即可计算利润的期望值。

(2)销售量的变动与成本的变动有直接联系。需要用计算联合概率的方法来计算利润的期望值。

2.零基预算

零基预算是指在编制成本费用预算时,不考虑以往所发生的费用项目或费用数额,而是以所有的预算支出为零作为出发点,一切从实际需要与可能出发,逐项审议预算期内各项费用的内容及其开支标准是否合理,在综合平衡的基础上编制费用预算的一种方法。

零基预算的编制方法大致分为三个步骤:

(1)组织员工拟定预算目标。在编制零基预算时,要动员全体员工投入到拟定预算的工作中,要求所有员工根据本企业的目标和本部门的具体任务,对可能发生的费用项目逐一考证其支出的必要性和需要额,汇总各项费用项目编写方案。

(2)对每一项目费用进行成本—效益分析。企业应组成由企业主要负责人、总会计师等人员参加的预算委员会,负责对各部门提出的费用项目进行成本—效益分析。这里所说的成本—效益分析,主要是指对提出的每一个预算项目所需要的经费和所能获得的收益进行计算、对比,以计算、对比的结果来衡量和评价各预算项目的经济效益,然后权衡轻重缓急,分层次排出先后顺序。

(3)分配资金、实施预算。将预算期可运用的资金在各费用项目之间进行分配。分配资金时应首先满足那些必须支出的费用项目,然后将剩余资金在可以增减费用额的费用项目之间按成本效益率进行分配,实施预算方案。

零基预算不受现行预算框架的限制,以零为基础观察和分析一切费用与开支项目,确定预算金额,能充分调动企业各级管理人员的积极性和创造性,促使各级管理人员精打细算、量力而行,做到资源优化配置,以保证企业整体经济效益的提升。但是,该预算编制方法的一切支出均以零为起点进行分析研究,因此工作量大。而且,一个企业把诸多不同性质的业务按照其重要性排出次序绝非易事,其中不可避免会受到人主观因素影响。因此,实际预算工作中,可以隔若干年进行一次零基预算,以后几年内略做调整,这样既简化预算编制的工作量,又能适当控制相关费用的发生。目前,我国大多数企业的费用开支浪费很大,因此做预算时可以考虑使用零基预算。

3.弹性预算

弹性预算是指以预算期间可能发生的多种业务量为基础,分别确定与之相应的费用数额而编制的、能适应多种业务量水平的费用预算。从而形成适用于不同生产经营活动水平的一种费用预算。正是由于这种预算可以随着业务量的变化而反映各该业务量水平下的支出控制数,具有一定的伸缩性,因而称为"弹性预算"。

弹性预算是以多种业务量水平为基础而编制的一种预算,因此,它比之以一种业务量水平为基础编制的预算具有更大的适应性和实用性。即使其也在计划期内的实际业务量发生了一定的波动,也能找出与实际业务量相适应的预算数,使预算数与实际工作业绩可以进行比较,从而有利于对有关费用的支出进行有效控制。

编制弹性预算,首先要确定在计划期内业务量的可能变化范围。在具体编制工作中,就一般企业而言,其变化范围可以确定为企业正常生产能力的 70% ~ 110% ,其间隔取为 5% 或

10%;企业也可以取计划期内预计的最低业务量和最高业务量为其下限和上限。

其次,要根据成本性态,将计划期内的费用划分为变动费用和固定费用两部分。编制弹性预算时,变动费用部分要按不同的业务量水平分别进行计算;而固定费用部分在相关范围内不随业务量的变动而变动,因此不需要按业务量的变化进行调整。

弹性预算一般用于编制弹性成本预算和弹性利润预算。弹性利润预算是对计划期内各种可能的销售收入所能实现的利润所做的预算,它以弹性成本预算为基础。

4.滚动预算

滚动预算又称连续预算,主要特点是预算期随着时间的推移而自行延伸,始终保持一定的期限(通常为一年)。当年度预算中某一季度或月份预算执行完毕后,就根据新的情况进行调整和修改后几个季度或月度的预算,如此往复,不断滚动,使年度预算一直含有四个季度或12个月份的预算。

滚动预算的理论依据是企业延续不断的生产经营活动史,因此,预算也应该全面地反映这一延续不断的过程。此外,现代企业的生产经营活动是复杂的,随着时间的推移,它将产生各种难以预料的结果。

滚动预算的优点:(1)能保持预算的完整性和连续性,可从动态预算中把握企业的未来。(2)预算在执行过程中可以结合客观情况,对预算不断进行调整与修订,使预算与实际情况能更好地结合,有利于充分发挥预算的指导与控制作用。(3)预算期始终保持四个季度或12个月,使得企业经营管理人员能经常保持一种整体的、全盘的经营思想,保证企业各项工作有条不紊地顺利进行。

三、采购预算编制步骤及注意事项

(一)采购预算编制步骤

采购预算是采购部门为配合企业的年度销售预测,对需求商品的数量等按成本进行的估计。采购预算如果单独编制,不但缺乏实际的应用价值,而且失去了与其他部门的配合,所以采购预算的编制必须以企业整体预算制度为依据,要涉及企业的各个方面。对整个公司而言,预算管理的最高组织协调者可以是公司的预算管理委员会或总经理;预算协调员可以是公司的部门经理或公司经理;预算编制人员可以是一个部门、一个子公司,也可以是一个业务员。

预算过程应从采购目标的审查开始,接下来是预测满足这些目标所需用的资源,最后是制订计划或预算。采购预算的编制流程一般包括以下几个步骤。

1.审查企业及部门战略目标

采购预算的最终目的是保证企业目标的实现,企业在编制部门预算前首先要审查本部门和企业的目标,以确保它们之间的相互协调。

2.制订明确的工作计划

采购管理者必须了解本部门的业务活动,明确其特性和范围,制订出详细的工作计划表,从而确定部门实施这些活动所需要的资源。

3.确定所需资源

有了详细的工作计划表,企业采购管理者可以对相应支出进行切合实际的估计,从而确定为实现目标所需要的人力、物力和财力资源。

4.确定准确预算数据

企业采购主管应最大限度地提出准确的预测数字。目前,企业普遍做法是将目标与历史数据相结合来确定预算数据,即对过去的历史数据和未来目标逐项分析,使收入和成本费用等各项预算切实、合理、可行。对过去的历史数据可采用比例趋势、线性规划、回归分析等方法进行分析,找出适用于本企业的数学模型来预测未来。有经验的预算人员也可通过自己的过往经验做出准确判断。

5.汇总

最初的预算来自每个分部门、分单元,经过层层提交、汇总,最后形成总预算。

6.修改预算

由于预算总是或多或少地与实际有所差异,因此必须根据实际情况选定一个偏差范围。偏差范围可以根据行业平均水平,也可以根据企业的经验数据。设定了偏差范围后,采购主管应比较实际支出和预算的差距,以便控制业务的进展。如果实际支出与估计值的差异达到或超过了容许范围,就有必要对具体的预算做出建议或进行必要的修订。

7.提交预算

采购预算通常是由企业采购部门会同其他部门共同编制的,采购预算编制后要提交给企业财务部门及相关管理部门,为企业的资金筹集和管理决策提供支持。

(二)采购预算编制的注意事项

1.市场调研

编制采购预算前,要进行广泛的市场调研,如市场供求情况、产品售价、消耗定额等,并对这些信息资料进行加工整理,然后用于编制预算。如果忽视了对资源市场的调研与预测,可能会使预算指标缺乏弹性,缺少对市场的应变能力,致使采购预算不能发挥其控制作用。

2.分析执行情况

编制预算时,为最大限度地实现企业目标,应制定切实可行的标志程序、修改预算的办法,分析预算执行情况。

3.确定合理假定

确定合理的假定可以使预算指标建立在一些未知而又合理的假定因素的基础上,便于预算的编制和采购管理工作的开展。预算编制中最令人头疼的问题是,预算编制人员不得不面对一些不确定因素。如在确定采购预算的现金支出时,必须先预定各种商品价格的未来趋势。因此,在编制预算时,要根据历史数据和对未来的预测,确定合理的假定,确保采购预算的合理性、可行性。

4.准确判断数量与价格

在编制采购预算时,每项预算应尽量做到具体化、数量化,因此,每一项支出都必须要写出具体的数量和价格,因为只有越具体,才可以越准确地判断预算做得对与不对,才能促使部门在采购时精打细算、节约开支。在编制采购预算过程中,应在采购预算表下附注预算期现金支出的计算表,以便于编制现金结算。

5. 注重预算的广泛参与性

应强调预算的广泛参与性,让尽可能多的员工参与到预算的制定中来。这样既可以提高员工的积极性,也可以促进信息在更大范围内得到分享,使预算编制过程中的沟通更为细致,增加预算的科学性和可操作性。当然,在强调预算的广泛参与的同时,也要注意预算制定的效益,要区分各级员工参与程度,不能统一处理。

除以上五点外,企业还应注意改变绩效评估方式、采取合理的预算形式、避免预算过繁过细、避免预算目标与企业整体目标不协调等。

● 项目拓展

企业采购预算与采购计划一样,不能一成不变。在预算执行过程中,要对预算进行定期检查,如果企业面临的采购环境或企业自身已经发生重大变化,就应当及时修改或调整预算,以达到预期目标。可见,缺乏企业战略指导编制预算,无视市场环境的约束编制预算,基于过去或凭空地编制预算,都将使采购预算的效果大打折扣。

● 项目小结

在物品供给日益丰富、技术日益进步和采购方式多样化的条件下,企业采购物料具有了更多的选择性,做出科学的采购决策可以帮助企业创造更多的利润,为提高企业的竞争力提供更有利的条件。在采购决策的基础上,为保证采购目标的实现,企业必须对整个采购过程进行周密的计划,并编制详细的预算方案。

项目测试与训练:

一、讨论分析题

(1)认证计划和订单计划在采购计划中的作用有什么不同?

(2)试分析几种预算编制方法的特点。

(3)采购计划与采购预算有什么不同?

二、技能训练

(1)训练目的:熟知采购计划与采购预算的编制过程、了解采购计划和预算的编制对于企业整个采购流程的重要意义。

(2)训练要求:以企业实地调查为主,同时自行查找相关资料,分析采购计划与采购预算编制的过程。学生以小组为单位进入采购部门,获取一些采购计划与预算编制的实例。教师组织学生对各个实例进行具体分析。

(3)训练资料:由于采购计划及预算的编制所涉及的数据繁多,并且对数据的准确性要求较高,所以各小组在收集所需要数据时要保证数据的准确性和完整性。学生针对所收集的采购计划与预算编制资料发现是否存在问题,并提出具体的解决措施。

课后习题

（一）单选题

1. 某供应商在 12 月 31 日之前可供应 1 万只零件（其 M 型 4 000 只、N 型 6 000 只），若已经承接 M 型零件 3 000 只，N 型 5 000 只，那么对 M 型和 N 型已承接的订单容量为（　　）只。
   A. 4 000　　　　　　　　　　B. 50 000
   C. 6 000　　　　　　　　　　D. 8 000

2. （　　）不受现行预算框架的限制，以零为基础来观察和分析一切费用和开支项目，确定预算金额。
   A. 弹性预算　　　　　　　　　B. 概率预算
   C. 零基预算　　　　　　　　　D. 滚动预算

3. 完整的采购计划包括订单计划与（　　）两部分。
   A. 认证计划　　　　　　　　　B. 生产计划
   C. 销售计划　　　　　　　　　D. 售后计划

4. 在编制预算时，考虑到计划期间的各种可能变动因素的影响，编制出一套能适应多种业务量的预算方法是（　　）。
   A. 概率预算　　　　　　　　　B. 零基预算
   C. 弹性预算　　　　　　　　　D. 滚动预算

5. （　　）是预算期随着时间的推移而自行延伸，始终保持一定的期限。
   A. 概率预算　　　　　　　　　B. 零基预算
   C. 弹性预算　　　　　　　　　D. 滚动预算

（二）多选题

1. 采购预算的编制应遵循（　　）原则。
   A. 实事求是　　　　　　　　　B. 积极稳妥
   C. 留有余地　　　　　　　　　D. 比质比价

2. 一般来说，企业采购预算主要作用有（　　）。
   A. 保障企业战略计划和作业计划的执行，确保企业组织目标一致
   B. 协调企业各部门之间的合作经营
   C. 在企业各部门之间合理安排有限的资源，保证资源分配的效率性
   D. 对企业物流成本进行控制、监督

3. 企业采购预算的方法主要有（　　）。
   A. 概率预算　　　　　　　　　B. 零基预算
   C. 弹性预算　　　　　　　　　D. 滚动预算

4. 采购计划应达到（　　）的目的。
   A. 预计物料的需用时间与数量，防止供应中断，影响企业正常产销活动
   B. 避免物料储存过多、积压资金以及占用存储的空间
   C. 配合企业生产计划与资金调度

　　D. 使采购部门事先有所准备,选择有利时机购入物料

　　E. 确定物料耗用标准,以便管理物料的采购数量及成本

5. 按计划期长短分,可将采购计划分为(　　　)。

　　A. 年度物料采购计划　　　　　　　　B. 季度物料采购计划

　　C. 月度物料采购计划　　　　　　　　D. 生产用物料采购计划

●答案

(一)单选题

1. D　　2. C　　3. A　　4. C　　5. D

(二)多选题

1. ABCD　　2. ABCD　　3. ABCD　　4. ABCDE　　5. ABC

项目六
供应商的开发、选择与管理

● 学习目标

知识目标

1. 了解供应商评价的主要内容。

2. 掌握供应商的评价方法。

3. 掌握供应商的合作伙伴关系。

技能目标

1. 能够熟练掌握供应商的评价原则与标准。

2. 能够利用供应商评价对供应商做出衡量选择。

3. 能够运用对供应商的分类进行供应商管理。

● 引导案例及分析

戴尔公司的供应商管理策略

戴尔公司独特的商业运行模式刚推行时令人称奇,其直线订购模式背后的包括采购、生产、配送等环节在内的系列快速反应,源自其出色的供应商管理。

与传统的供应链相比,戴尔公司的供应链没有分销商、批发商和零售商,取而代之的是售后服务代理商和物流配送服务商。零配件供应商、戴尔公司、售后服务代理商和物流配送服务商四者形成了一个虚拟的企业,他们通过电子数据交换等方式紧密连接、密切配合,达到了资源的更优化配置,同时也降低了成本,为顾客提供了优质的产品和服务。戴尔与顾客的关系不仅仅是商品提供者和商品购买者的关系,而是通过电话、网上商店、网上自助服务等现代手段形成的更加紧密的关系。通过以上策略,戴尔公司成功地实现了与供应商、代理商、服务商、顾客的虚拟整合,形成了一条快速、高效的供应链。

思考题

1. 试分析戴尔公司的零配件供应商管理策略。
2. 根据戴尔公司的运营模式分析戴尔公司服务供应商管理策略。

案例分析

戴尔公司有个组织严密的零配件供应商网络,95%的物料来自这个供应网络,其中75%来自30家大的供应商,另外25%来自规模略小的20家供应商。戴尔公司通过以下策略对零配件供应商实行了有效管理。

严格遴选,控制风险。戴尔公司对供应商选择的标准是供应商要在成本、科技含量、运送、服务、持续供应能力和全球营运的支援度等六个方面具有综合的优势,仅达到部分指标是不够的,戴尔公司要求供应商必须支持公司所追求的所有重要目标。为此,戴尔公司定下了量化的评估方式——供应商记分卡。记分卡上明确规定了每100万件产品中瑕疵品的比例,产品在市场上的表现,在戴尔公司生产线上的运送表现,戴尔公司与供应商合作的容易度等。根据对供应商考核的结果,戴尔公司分阶段地逐步扩大采购其产品的规模,即使用"安全量产投放"的办法以降低新入选供应商企业供应水平不稳定的风险。考核的对象不仅包括产品,而且涵盖了产品生产的过程,也就是说,要求供应商具有符合标准的质量控制体系。

戴尔公司几乎每天都要与这50家供应商分别交流最少一次。在生产运营方面,如果生产线上某部件由于需求量突然增大导致原料不足,公司人员就会立刻联系供应商,确认对方是否可以增加下次发货的数量。如果问题涉及硬盘之类的通用部件,主管人员就会立即与各供应商协商。如果穷尽了可供选择的所有供应渠道后仍然没有收获,主管人员就会与公司内部的销售和营销人员磋商,通过他们的"直线订购渠道"与顾客联系,争取把顾客对于某些短缺部件的需求转向那些备货充足的部件,通过"需求调整"最大限度地消除供需之间不一致的现象。

戴尔公司周围没有自己的仓库,但是却有供应商的仓库,货到了生产线上才进行产权交易,之前的库存都是供应商的,这样就把库存的压力转移给了供应商。同时,戴尔公司有办法实现与供应商之间长期互利的战略合作关系。这些都依靠基于产品生命周期的VMI模式。VMI是一种企业与供应商之间的合作性策略,以双方都能获得最低成本为目的,在一个共同的协议下,由供应商管理企业的库存,并通过对该协议经常性地监督和修正使存货管理得到持续改进。戴尔公司将产品生命周期与供应商管理库存有机结合起来,实现了与零配件供应商的双赢战略合作关系。

任务一
供应商的开发与选择 ◆▶ ||

任务导读

随着地球资源的约束、供应商的一体化、经济全球化、知识技术转化为产品过程的时间变短、消费者的个性化需求、外包战略、虚拟生产，导致企业外购比越来越大，英国贝利咨询机构统计，企业外购比例从 1940 年的 40% 提升到 2017 的 60%，供应商的成本已成为公司利润目标实现的关键。

"商业中获益于独立性的最大的潜在机会，就在于其生产企业与其供应商之间。这是所剩的赢取竞争优势最大的未开发领域——没有什么领域像该领域一样如此地被人忽视"。如何在市场中开发适合自己的供应商？合作过程中如何控制供应商 T、C、Q？如何建立合适的供应商关系？如何击破供应商联盟？如何与强势供应商博弈？本任务给出具体分析。

一、供应商调查

供应商调查是供应商管理的首要工作，就是要了解供应商、了解资源市场。要了解供应商的情况，就要进行供应商调查。供应商调查是指对供应商基本情况进行调查。对初次接触、未经考核评价的供应商应进行供应商调查。

供应商调查的阶段：供应商调查在不同的阶段有不同的要求，可以分成三种：第一种是资源市场分析，第二种是供应商初步调查，第三种是供应商深入调查。

1. 资源市场分析

(1)资源市场调查的内容

①资源市场的规模、容量、性质。例如资源市场究竟有多大范围，有多少资源，有多少需求量，是卖方市场还是买方市场，是完全竞争市场还是垄断市场。

②资源市场的环境如何。例如市场的管理制度、法制建设，市场的规范化程度，市场的经济环境、政治环境等外部条件如何，市场的发展前景如何。

③资源市场中各个供应商的情况如何，把众多的供应商的调查资料进行分析，就可以得出资源市场自身的基本情况，例如资源市场的生产能力、技术水平、管理水平、质量水平、价格水平、需求情况及竞争性质等。

资源市场调查的目的，就是要进行资源市场分析。资源市场分析对于企业指定采购策略以及产品策略、生产策略都有很重要的指导意义。

(2)资源市场分析的内容

①要确定资源市场是紧缺型市场还是富余型市场？是垄断性市场还是竞争性市场？

②要确定资源市场是成长型市场还是没落型市场？如果是没落性市场，我们就要趁早准备替换产品。

③要确定资源市场总的水平,并根据整个市场水平来选择合适的供应商。

2. 供应商初步调查

供应商初步调查,是对供应商的基本情况的调查。主要是了解供应商的名称、地址、生产能力,能提供什么产品,能提供多少,价格如何,质量如何,市场份额有多大,运输进货条件如何。

(1)供应商初步调查的目的

供应商初步调查的目的是了解供应商的一般情况。而了解供应商的一般情况的原因:一是为选择最佳供应商做准备;二是了解、掌握整个资源市场的情况。因为许多供应商基本情况的汇总就是整个资源市场的基本情况。

(2)供应商初步调查的特点

供应商初步调查的特点,一是调查内容浅,只是了解一些简单的、基本的情况;二是调查面广,最好能够对资源市场中所有供应商都有所调查、有所了解,从而能够掌握资源市场的基本情况。

(3)供应商初步调查的方法

供应商初步调查的基本方法,一般可以采用访问调查法,通过访问有关人员而获得信息。例如,可以访问供应企业的市场部有关人员,或者访问有关用户、有关市场主管人员,或者其他的知情人士。

在初步供应商调查的基础上,要利用供应商初步调查的资料进行供应商分析。初步调查供应商分析的主要目的,是比较各个供应商的优势和劣势,选择适合于企业需要的供应商。

(4)供应商分析的主要内容

供应商分析的主要内容包括:产品的品种、规格和质量水平是否符合企业需要,价格水平如何。只有产品的品种、规格、质量水平都适合于企业,才算得上企业的可能供应商。对可能供应商有必要进行下面的分析。①企业的实力、规模;②产品的生产能力;③技术水平;④管理水平;⑤企业的信用度。其中,企业的信用度,是指企业对客户、对银行等的诚信程度;表现为供应商对自己的承诺和义务认真履行的程度,特别是像产品质量保证、按时交货、往来账目处理等方面能够以诚相待,一丝不苟地履行自己的责任和义务。

供应商对于本企业的地理交通需要进行运输方式分析、运输时间分析、运输费用分析,看运输成本是否合适。

3. 供应商深入调查

供应商深入调查,是指对经过初步调查后,准备发展为自己的供应商的企业进行的更加深入仔细的考察活动,这种考察,是深入到供应商企业的生产线、各个生产工艺、质量检验环节甚至管理部门,以及对现有的设备工艺、生产技术、管理技术等进行考察,看看所采购的产品能不能满足本企业所应具备的生产工艺条件、质量保证体系和管理规范要求。只有通过这样深入的供应商调查,才能发现可靠的供应商,建立起比较稳定的物资采购供需关系。

进行深入的供应商调查,并不是对所有的供应商都必须进行深入调查,只是在以下情况下才需要:

①准备发展成紧密关系的供应商。

②寻找关键零部件产品的供应商。

如果我们所采购的是一种关键零部件,特别是精密度高、加工难度大、质量要求高、在我们的产品中起核心功能作用的零部件产品,我们在选择供应商时,就需要特别小心,要进行反复深入的考察审核,只有经过深入调查证明它确实能够达到要求时,才确定发展它为我们的供应商。

二、供应商开发

供应商开发是指采购组织为帮助供应商提高运营绩效和供应能力以适应自身的采购需求而采取的一系列活动。供应商开发是有效降低所有权总成本的战略举措。

供应商开发是采购体系的核心,其表现也关系整个采购部门的业绩。一般来说,供应商开发首先要确认供应商是否建立一套稳定有效的质量保证体系,然后确认供应商是否具有生产所需的特定产品的设备和工艺能力。其次是成本与价格,要运用价值工程的方法对所涉及的产品进行成本分析,并通过双赢的价格谈判实现成本节约。在交付方面,要确定供应商是否拥有足够的生产能力,人力资源是否充足,有没有扩大产能的潜力。最后一点,也是非常重要的,就是供应商的售前、售后服务的记录。具体步骤如下:

1. 供应市场竞争分析

分析目前市场的发展趋势和各大供应商在市场中的定位是什么样的,从而对潜在供应商有一个大概的了解。再将所需产品按 ABC 分类法找出重点物资、普通物资和一般物资,根据物资重要程度决定供应商关系的紧密程度。

2. 寻找潜在供应商

经过对市场的仔细分析,可以通过前面提到的供应商信息来源来寻找供应商。在这些供应商中,去除明显不适合进一步合作的供应商后,就能得出一个供应商考察名录。

3. 对供应商的实地考察

邀请质量部门和工艺工程师一起参与供应商的实地考察,他们不仅会带来专业的知识与经验,共同审核的经历也会有助于公司内部的沟通和协调。

在实地考察中,应该使用统一的评分标准进行评估,并着重对其管理体系进行审核,重要的还有销售合同评审、供应商管理、培训管理、设备管理及计量管理等。考察中要及时与团队成员沟通,听取供应商的优点和不足之处,并听取供应商的解释。如果供应商有改进意向,可要求供应商提供改进措施报告,再做进一步评估。

4. 对供应商的询价与报价

对合格的供应商发出询价文件,一般包括图纸和规格、样品、数量、大致采购周期、要求交付日期等细节,并要求供应商在指定的日期内完成报价。在收到报价后,要对其条款仔细分析,对其中的疑问要彻底澄清,并做相应记录,包括传真、电子邮件等。根据报价中大量的信息进行分析,比较不同供应商的报价,选择报价合适的供应商。

5. 合同谈判

对报价合适的供应商进行价格、批量产品、交货期、快速的反应能力、供应商成本变动及责任赔偿等方面的谈判。每个供应商都是所在领域的专家,多听取供应商的建议往往会有意外的收获。曾有供应商主动推荐替代的原材料,如用韩国的钢材代替瑞士的钢材,其成本节约高达 50%,而且性能完全满足要求,这是单纯依靠谈判所无法达到的降价幅度。

6. 确定供应商

通过策略联盟,参与设计,供应商可以帮助我们降低成本。还有非常重要的一个方面是隐性成本。采购周期、库存、运输等都是看不见的成本,要把有条件的供应商纳入适时送货系统,尽量减少存货,降低公司的总成本。在完成成本分析及合同谈判后,可确定供应商。

三、供应商的选择

供应商的选择是指搜寻供应源,即对市场上供应商提供的产品进行选择。

供应商选择要本着全面、具体、客观的总原则,建立和使用一个全面的供应商综合评价指标体系,对供应商做出全面、具体、客观的评价。综合考虑供应商的业绩、设备管理、人力资源开发、质量控制、成本控制、技术开发、用户满意度、交货协议等可能影响供应链合作关系的方面。许多成功企业的实践经验表明,做到目标明确、深入细致的调查研究、全面了解每个候选供应商的情况,综合平衡、择优选用是选择供应商的基本要点。

1. 供应商选择的原则

(1)目标定位原则

目标定位原则要求供应商评审人员应当注重对供应商进行考察的广度和深度,应依据所采购商品的品质特征、采购数量和品质保证要求去选择供应商,使建立的采购渠道能够保证品质要求,减少采购风险,并有利于自己的产品打入目标市场,让客户对企业生产的产品充满信心。选择供应商的规模、层次和采购商要相当。而且采购时的购买数量不超过供应商产能的50%,反对全额供货的供应商,最好使同类物料的供应商数量达 2～3 家,并有主次供应商之分。

(2)优势互补原则

每个企业都有自己的优势和劣势,选择开发的供应商应当在经营方面和技术能力方面符合企业预期的要求水平,供应商在某些领域应具有比采购方更强的优势,在日后的配合中才能在一定程度上达到优势互补。尤其在建立关键、重要零部件的采购渠道时,需要对供应商的生产能力、技术水平、优势所在、长期供货能力等方面有一个清楚的把握。要清楚地知道之所以选择这家厂家作为供应商而不选择其他厂家,是因为它具有其他厂家所没有的某些优势。只有那些在经营理念和技术水平符合或达到规定要求的供应商才能成为企业生产经营和日后发展的忠实和稳定的合作伙伴。

(3)择优录用原则

在选择供应商时,通常先考虑报价、质量以及相应的交货条件,但是在相同的报价及相同的交货条件下,毫无疑问要选择那些形象好,可以给世界驰名企业供货的厂家作为供应商,信誉好的企业更有可能兑现许过的承诺。在此必须提醒的是,企业要综合考察、平衡利弊后择优录用。

（4）共同发展原则

当今市场竞争越来越激烈，如果供应商不全力配合企业的发展规划，企业在实际运作中必然会受到影响。若供应商能以荣辱与共的精神来支持企业的发展，把双方的利益捆绑在一起，这样就能对市场的风云变幻做出更快、更有效的反应，并能以更具竞争力的价位争夺更大的市场份额。因此，与重要供应商发展供应链战略合作关系也是值得考虑的一种方法。

2. 供应商选择的影响因素

供应链管理是一个开放系统，供应商隶属于该系统的一部分，因此，供应商的选择会受到各种政治、经济和其他外界因素的影响。供应商选择的影响因素主要包括：

（1）价格因素

价格因素主要是指供应商所供给的原材料、初级产品或消费品组成部分的价格，供应商的产品价格决定了消费品的价格和整条供应链的投入产出比，对生产商和销售商的利润率产生一定程度的影响。

（2）质量因素

质量因素主要是指供应商所供给的原材料、初级产品或消费品组成部分的质量，产品的质量是供应链生存之本，产品的使用价值是以产品质量为基础的。如果产品的质量低劣，该产品将会缺乏市场竞争力，并很快被市场淘汰。而供应商所供产品的质量是消费品质量的关键所在，因此，质量是一个重要因子。

（3）交货提前期因素

对于企业或供应链来说，市场是外在系统，它的变化或波动都会引起企业或供应链的变化或波动，市场的不稳定性会导致供应链各级库存的波动，由于交货提前量的存在，必然造成供应链各级库存变化的滞后性和库存的逐级放大效应。交货提前量越小，库存量的波动越小，企业对市场的反应速度越快，对市场反应的灵敏度越高。由此可见，交货提前量也是重要因子之一。

（4）交货准时性因素

交货准时性是指供应商按照订货方所的要求准时将指定产品送到指定地点。如果供应商的交货准时性较低，必定会影响生产商的生产计划和销售商的销售计划及时机。这样一来，就会引起物料的大量浪费和供应链的解体。因此，交货准时性也是较为重要的因子。

（5）品种柔性因素

在全球竞争加剧、产品需求日新月异的环境下，企业生产的产品必须多样化，以适应消费者的需求，达到占有市场和获取利润的目的。因此，多数企业采用了 JIT 生产方式。为了提高企业产品的市场竞争力，就必须发展柔性生产能力。而企业的柔性生产能力是以供应商的品种柔性为基础的。供应商的品种柔性决定了消费品的种类。

（6）设计能力因素

集成化供应链是供应链的未来发展方向。产品的更新是企业的市场动力。产品的研发和设计不仅仅是生产商分内之事，集成化供应链要求供应商也应承担部分的研发和设计工作。因此，供应商的设计能力属于供应商选择机制的考虑范畴。

（7）特殊工艺能力因素

每种产品都具有其独特性，没有独特性的产品的市场生存力较差。产品的独特性要求特殊的生产工艺。所以，供应商的特殊工艺能力也是供应商选择的影响因素之一。

（8）其他影响因素

其他因素如项目管理能力，供应商的地理位置，供应商的库存水平等。

3. 供应商选择的方法

选择合乎要求的供应商，需要采用一些科学和严格的方法。选择供应商，要根据具体的情况采用合适的方法。常用的方法主要有直观判断、考核选择、招标选择和协商选择。

（1）直观判断

直观判断法是根据征询和调查所得的资料，对供应商进行大体分析，是对比评价的一种方法，也是常用的一种方法，它的主观性较强。其最主要的依据是采购人员对供应商以往业绩、质量、价格、服务等的了解程度。而选择供应商的同时也注意到了以下几个问题。

①单一供应商与多家供应商。尽可能避免单源供应。

②国内与国外采购。选择国内供应商价格较低，由于地域位置近可以使用"零库存"策略；而从国外供应商手里可以采购到国内技术无法生产的物料，进而提升产品自身的技术含量。

③直接采购与间接采购。物料采购的难易、成本的差异（关注间接的隐性成本）。这种方法的质量取决于对供应商资料是否正确、齐全和决策者的分析判断能力与经验。虽然，它具有运作方式简单、快速、方便等优点，但是它缺乏科学性，受掌握信息详尽程度的限制，因此常用于选择企业非主要原材料的供应商。

（2）考核选择

考核选择，就是在对供应商充分调查了解的基础上，再经过认真考核、分析比较后选择供应商的方法。考核选择的方法包括以下内容。

①调查了解供应商。供应商调查可以分为初步调查和深入调查。每个阶段的调查对象都有一个供应商选择的问题，而且选择的目的和依据是不同的。

②考察供应商。初步确定的供应商还要进入试运行阶段进行考察。试运行阶段的考察更实际、更全面、更严格，因为这是直接面对实际的生产运作。在运作过程中，就要进行各个评价指标的考核评估，包括产品质量合格率、准时交货率、准时交货量率、交货差错率、交货破损率、价格水平、进货费用水平、信用度、配合度等。在单项考核评估的基础上，还要进行综合评估。综合评估就是把以上各个指标进行加权平均计算而得到的一个综合成绩。

③考核选择供应商。通过试运行阶段，得出各个供应商的综合评估成绩，基本上就可以最后确定哪些供应商可以入选，哪些供应商被淘汰，哪些应列入候补名单。候补名单中的成员可以根据情况处理，可以入选，也可以落选。现在企业在选择供应商时通常不会只选择一个供应商，而是选择2~3个绩效比较好的供应商作为自己的发展伙伴。这主要是因为企业担心在只有一个供应商的情况下，企业的采购活动会受制于人。但是在选择的2~3个供应商中也是有主次之分的。一般可以用AB角或ABC角理论来解释：A角作为主供应商，分配较大的供应量；B角（或再加上C角）作为副供应商，分配较小的供应量。综合成绩为优的供应商担任A角，候补供应商担任B角。在运行一段时间以后，如果A角的表现有所退步而B角的表现有所进步的话，则可以把B角提升为A角，而把原来的A角降为B角。这样无形中就造成了A角和B角之间的竞争，促使他们竞相改进产品和服务，使得采购企业获得更大的好处。

从以上分析可以看出，考核选择供应商是一个时间较长且深入细致的工作。这个工作需要采购管理部门负责牵头、全厂各个部门共同协调才能完成。当供应商选定之后，应当终止试运行期,签订正式的供应关系合同。进入正式运行期后,就开始了比较稳定正常的供需关系运作。

（3）招标选择

当采购物资数量大、供应市场竞争激烈时,可以采用招标方法来选择供应商。招标采购详见后面章节。

（4）协商选择

在潜在供应商较多、采购者难以抉择时,也可以采用协商选择方法,即由采购单位选出供应条件较为有利的几个供应商,同它们分别进行协商,再确定合适的供应商。和招标方法比较,协商选择方法因双方能充分协商,在商品质量、交货日期和售后服务等方面较有保证;但由于选择范围有限,不一定能得到最便宜、供应条件最有利的供应商。当采购时间紧迫、投标单位少、供应商竞争不激烈、订购物资规格和技术条件比较复杂时,协商选择方法比招标方法更为合适。

4.供应商选择的标准

一个好的供应商的标准,最根本的就是其产品好。而产品好,又表现在:一是产品质量好;二是产品价格合适;三是产品先进、技术含量高、发展前景好;四是产品货源稳定、供应有保障。这样的好产品,只有那些有实力的企业才能够生产出来。因此一个好的供应商需要具备以下一些条件。

（1）优秀的企业领导人

有了优秀的企业领导人,企业才能健康稳定地发展。

（2）高素质的管理人员

企业有了高素质、有能力的管理人员,企业的管理才有效率、充满活力。

（3）稳定的员工群体

企业员工的稳定性,能保证产品品质的稳定,流动性过大的员工群体,其产品品质会受到相当大的影响。

（4）良好的机器设备

良好的机器设备使其产品品质更能加以保证。

（5）良好的技术

企业不单要有素质高的管理人员和良好的管理制度,还应有经验丰富、有创新的技术人员,只有技术不断改善创新,才能使产品品质更加有保障,材料成本不断下降。

（6）良好的管理制度

激励机制的科学,管理渠道的畅通,以及各种管理制度的健全能充分发挥人的积极性,从而保证其供应商整体是优秀的,其产品品质是优质的,其服务是一流的。

（7）地理位置

供应商的地理位置对库存量有相当大的影响,如果物品单价较高,需求量又大,距离近的供应商有利于管理。采购方总是期望供应商离自己近一些,或至少要求供应商在当地持有库存,地理位置近送货时间就短,意味着紧急缺货时,可以快速送到。

（8）可靠性

可靠性是指供应商的信誉,在选择供应商时,应该选择一家有较高声誉的、经营稳定的,以及财务状况良好的供应商。同时,双方应该相互信任,讲究信誉并能把这种关系保持下去。

（9）售后服务

良好的售后服务是建立和维护供需双方的战略合作伙伴关系的关键,同时,也为供需双方就产品质量等其他方面的信息交流提供了条件。

（10）供货提前期

为了应付一些紧急缺货情况的发生,供应商的供货都应当有一个合理的提前期。

（11）交货准确率

供应商供应的商品的返退率要低,即交货的准确率要高。

（12）快速响应能力

随着信息技术在供应链管理中的应用,供应商对客户的需求信息的响应力比传统管理下的供应商的响应力要高许多倍,从而大大提高了供应商对客户需求变化的适应能力,所以供应商对客户信息的响应能力如何是评价供应商的一项重要因素。

四、供应商评价

（一）供应商评价的概念

供应商评价是指利用指标评价体系,对供应商供货质量服务水平、供货价格、准时性、信用度等进行评价,为供应商的选择奠定基础。

（二）供应商评价的内容

对供应商进行评价的基础是确定评价的内容、方法、地位和作用,基于供应商在企业供应链中的地位和作用,可以从以下几个方面对此问题加以考虑。

1. 供应商是否遵守公司制定的供应商行为准则

供应商行为准则是企业对供应商最基本的行为约束,也是双方保持合作关系的基本保障,这是进行供应商评价的首要内容。

2. 供应商是否具备基本的职业道德

这主要表现在以下几个方面:

①是否遵守企业指定的保密协议;

②是否通过不正当手段获得采购人员的信任;

③是否通过不正当手段邀请采购人员进行娱乐活动;

④是否串联其他相关企业哄抬物料价格;

⑤提供物料是否以次充好,能否达到合同约定的品质;

⑥是否让采购人员持有供应企业股份,以达到对其进行贿赂的目的。

3. 供应商是否具备良好的售后服务意识

采购物料在装配使用和运输过程中,可能因为质量问题或使用方式不当等原因而导致损坏。在发生这种情况时,供应商应及时修理,提供相关的售后服务支持,而不应借故拖延,或者让采购企业蒙受损失。

4.供应商是否具备良好的质量改进意识和开拓创新意识

随着市场竞争的加剧,企业的技术创新、产品创新层出不穷。尤其是在高新技术企业中,产品更新换代的速度已以日计。企业的创新意识离不开供应商的支持,以及原材料品质和技术的进步,有时供应商的创新甚至是推动企业创新的原动力之一,它为企业提供了更大的利润空间。

5.供应商是否具备良好的运作流程、规范的企业行为准则和现代化企业管理制度

管理混乱、行为规则不健全的供应商很难在激烈的竞争中生存和发展,因为这些问题的存在不利于和采购方建立长期稳定的合作关系。

6.供应商是否具有良好的沟通和协调能力

企业之间的合作要建立在双方良好的沟通和协调之上。在生产和管理中,企业可能因为多种原因需要得到供应商的配合和帮助,如计算机制造企业和汽车制造企业,因为其技术具有专业性,需要在专业人员的操作指导下进行组装生产。

7.供应商是否具有良好的企业风险意识和风险管理能力

有些物料未来的市场需求很难确定,可能有大量需求,也可能仅具有研发阶段的供应。具有良好风险管理能力的供应商有能力在不确定市场需求的市场环境中,以合适的价格提供企业所需要的物料和产品,保证企业生产活动的正常进行。

8.供应商是否具有在规定的交货期内提供符合采购企业要求物料的能力

在规定的交货期内提供符合采购企业要求物料的能力是企业评价供应商的最低标准。无论是具有长期合作关系的供应商还是短期的供货合同,这一点都是至关重要的。

(三)供应商评价的程序

对供应商进行评价的内容涉及许多方面,不同企业对此有各自的具体要求和期望。对于大型企业尤其是跨国集团来讲,供应商选择的成功与否关系企业整个系统的正常运作,因此他们对供应商进行评价时有更多、更严格的标准和更广泛的内容。而中小企业对供应商的要求则相对较为宽松。另外,就评价内容而言,有些方面可以量化,有些则只能从企业长期的运作中观察得到。许多企业根据自身规模和运作,以及实际情况形成了对供应商进行考评的指标体系。

1.分析市场竞争环境

要想建立基于信任、合作、开放性交流的供应链长期合作关系,必须首先分析市场竞争环境。目的在于找到针对哪些产品市场开发供应链合作关系才有效,企业必须知道现在的产品需求、产品的类型和特征,以此来确认客户的需求,确认是否有建立供应链合作关系的必要。同时,分析现有供应商的现状,总结企业存在的问题。

2.建立选择的目标

企业必须确定供应商评价程序如何实施,而且必须建立实质性的目标。供应商评价和选择不是一个简单的过程,其本身也是企业自身的一次业务流程重构过程。

3.建立供应商评价标准

供应商评价指标体系是企业对供应商进行综合评价的依据和标准,是反映企业本身和环

境所构成复杂系统的不同属性的指标,是按隶属关系、层次结构有序组成的集合。以下几个方面可能影响供应链合作关系:

①供应商的业绩。

②设备管理。

③人力资源开发。

④质量控制。

⑤成本控制。

⑥技术开发。

⑦客户满意度。

⑧交货协议。

4. 建立评价小组

企业必须建立一个专门的小组控制和实施供应商评价,这个小组的组员以来自采购、质量、生产、工程等与供应链合作关系密切的部门为主。组员必须有团队合作精神,具有一定的专业技能。评价小组必须同时得到制造商企业和供应商企业最高领导层的支持。

5. 供应商参与

企业决定实施供应商评价,评价小组必须与初步选定的供应商取得联系,来确认他们是否愿意与企业建立供应链合作关系,是否有获得更高业绩水平的愿望。所以,企业应尽可能早地让供应商参与到评价的设计过程中来。但由于企业的力量和资源有限,企业只能与少数的、关键的供应商保持紧密的合作,所以参与的供应商应是尽量少的。

6. 评价供应商

评价供应商的一个主要工作是调查、收集有关供应商生产运作等信息。在收集供应商信息的基础上,就可以利用一定的工具和技术方法进行供应商的评价了。

7. 选择供应商

根据供应商的评价结果,采用一定的技术方法来选择合适的供应商。如果选择成功,则开始与供应商实施采购合作关系,如果没有合适的供应商可选,则返回2.重新开始评价选择。

8. 实施供应链合作关系

在实施供应链合作关系的过程中,市场需求将不断变化。企业可以根据实际情况的需要及时修改供应商评价标准,或重新开始供应商评价选择。在重新选择供应商时,应给予原有供应商足够的时间适应变化。

(四)供应商评价的指标

供应商评价主要通过以下几个指标进行考核。

1. 产品质量

产品质量是最重要的因素,在开始运作的一段时间内,应主要加强对产品质量的检查。检查可分为两种:一种是全检,一种是抽检。全检工作量太大,一般采用抽检的方法。质量的好坏可以用质量合格率来表示。如果在一次交货中一共抽检了 n 件产品,其中有 m 件产品是合格的,则质量合格率为 p。其公式为

$$p = \frac{m}{n} \times 100\%$$

显然,质量合格率越高越好。在有些情况下,企业采取对不合格产品退货的措施,这时质量合格率也可以用退货率来表示。退货率,是指退货量占采购进货量的比率。如果采购进货 n 次(或件、个),其中退货 r 次(或件、个),则退货率可以用以下公式表示,即

$$退货率 = \frac{r}{n} \times 100\%$$

2. 交货期

交货期也是一个很重要的考核指标。考查交货期主要是考查供应商的准时交货率。准时交货率可以用准时交货的次数与总交货次数之比来求得。其公式为

$$交货准时率 = \frac{准时交货的次数}{总交货次数} \times 100\%$$

3. 交货量

考查交货量主要是考核按时交货量。按时交货量可以用按时交货量率来评价,按时交货率是指给定交货期内的实际交货量与期内应完成交货量的比率。其公式为

$$按时交货率 = \frac{期内实际完成交货量}{期内应完成交货量} \times 100\%$$

4. 工作质量

考核工作质量,可以用交货差错率和交货破损率来表示,其公式分别为

$$交货差错率 = \frac{期内交货差错量}{期内交货总量} \times 100\%$$

$$交货破损率 = \frac{期内交货破损量}{期内交货总量} \times 100\%$$

5. 价格

价格是指供货的价格水平。考核供应商的价格水平,可以将它与市场同档次产品的平均价和最低价进行比较。分别用市场平均价格比率和市场最低价格比率来表示。其公式为

$$平均价格比率 = \frac{供应商的供货价格 - 市场平均价}{市场平均价} \times 100\%$$

$$最低价格比率 = \frac{供应商的供货价格 - 市场最低价}{市场最低价} \times 100\%$$

6. 进货费用水平

供应商的进货费用水平可以用进货费用节约率来考核。其公式为

$$进货费用节约率 = \frac{本期进货费用 - 上期进货费用}{上期进货费用} \times 100\%$$

7. 信用度

信用度主要考核供应商履行自己的承诺,以诚待人,不故意拖账、欠账的程度。信用度公式为

$$信用度 = 1 - \frac{期内失信的次数}{期内交往总次数} \times 100\%$$

8.配合度

配合度主要考核供应商的协调精神。在和供应商相处的过程中,企业常常会因为环境或具体情况的变化,需要调整变更工作任务,这种变更可能导致供应商工作的变更,甚至导致供应商要做出一点牺牲。这一点可以考察供应商在这些方面配合的程度。另外如工作出现了困难,或者发生了问题,可能有时也需要供应商配合才能解决。这些都可以看出供应商的配合程度。考核供应商的配合度,主要靠人们的主观评分。主要找与供应商相处的员工,让他们根据这方面的体验为供应商评分。特别典型的,可能会有上报的情况。这时可以把上报或投诉的情况也作为评分依据之一。

(五)供应商评价的方法

供应商评价的方法有多种,主要包括线性权重方法、成本方法、数学规划方法等。

1.线性权重方法

线性权重方法(Linear Weighting Models)是一种广泛应用于解决单资源问题的方法。它的基本原理是给每个准则分配一个权重,权重越大表明其越重要。供应商的积分为该供应商各项准则的得分与其权重乘积之和,积分最高者为最佳供应商。例如,格理格利和蒂默曼用一种分类法(Categorical Method)来评价供应商,给供应商的每个准则简单地判断为"满意(+)""可以(O)""不满意(-)",然后计算供应商的总积分。这种方法人为判断因素过大且不同的准则权重相同,因在实际中很少发生而缺少实际的应用价值。卡斯林格提出了基于经验的方法,包括:因素分析法和加权因素分析法。

20世纪70年代初美国运筹学家萨提教授提出层次分析法(Analytic Hierarchy Process, AHP),它是一种定性与定量分析相结合的多目标决策分析方法。该方法简单、实用、有效,得到了广泛的运用。这种方法充分发挥了人的主观能动性,在不确定的环境下,依据人的经验、直觉和洞察力做出判断,把一些定性的因素以定量的形式表示出来。该方法可以考虑许多无法直接量化的因素,尤其是一些对未来合作发展有长远意义的因素。因而,AHP法被广泛应用于质量控制系统、优先级评价、企业发展规划的选择方面,它适用于长期合作伙伴的评价选择。还有斯奇纳(1980)提出利用只有投入指标的数据网络分析模型来解决供应商的选择问题。他将供应商输出指标转变为越小越好的表示方式,与生产过程中投入品的特点一致。

2.成本方法

成本方法(Total Cost Approaches)是用来解决单项目问题的一种常用方法,其基本思想是对能够满足要求的供应商,计算其采购成本包括销售价格、采购费用、运输费用等各项费用的总和,通过对不同供应商的采购成本的比较,选择成本较低的供应商。基于成本的供应商选择方法有很多种。蒂默曼提出用成本比率法计算与成本有关的质量、运输、服务等项目的总成本来进行供应商选择。这种方法的主旨是通过计算出每一个项目准则的成本占总成本的百分比来确定最终要选择的供应商。1996年,罗德菲和可尼斯提出了用作业成本法(Activity Based Costing,ABC)对供应商进行选择和评价。此后ABC法得到一定程度的应用。通过分析企业因采购活动而产生的直接和间接的成本来选择供应商。ABC法的本质就是以作业作为确定分配间接费用的基础,引导管理人员将注意力集中在成本发生的原因及成本动因上,而不仅仅是关注成本计算结果本身。通过对作业成本的计算和有效控制,可以较好地克服传统制造成本法中间接费用责任不清的缺点，并且使以往一些不可控的间接费用在 ABC 法系统中变为可控。所以，ABC 法不仅仅是一种成本计算方法，更是一种成本控制和企业管理手段。在其基础上进行的企业成本控制和管理，称为作业管理法（Activity-based Management，ABM）。

3. 数学规划方法

数学规划方法是解决单资源和多资源优化问题的一种非常重要的方法可分为单目标规划和多目标规划，两者又可分为线性和非线性两种。

（1）单目标规划

①线性规划模型。由于线性规划方法描述简单，又有成熟的软件来优化，因而在供应商选择问题的描述和方法中，应用较广。1974 年，卡贝拉首次将线性规划方法用于供应商选择问题，他以澳大利亚邮局的多项目采购为例，建立了混合整数规划模型，以采购成本为目标，考虑为需求和供应商能力问题及全额数量打折情况。随后，越来越多的人从事这方面的研究与应用。潘通过订单分解的策略来选择供应商以增加供应的稳定性，建立了以成本为目标的线性规划模型，将价格、质量、服务作为约束条件。特纳建立了英国煤炭采购计划的线性规划模型，以总成本为目标，以最大/最小订单数量、地理位置为约束条件，同时考虑数量打折情况。由于线性规划在规模较大时计算时间过长，采用了启发式算法求解。乔杜里研究了多资源网络问题，建立了混合整数规划模型，以采购总成本为目标，把质量和交货作为约束条件，讨论了全额和超额数量打折情况。本德等人在 IBM 建立了混合整数规划模型，并以采购、运输、库存成本为目标，以供应商能力和政策为约束条件，综合考虑了多项目、多时间段、多产品和数量打折情况，但没有给出算法。罗森塔尔等人研究了不同产品绑定销售打折情况，建立了以最小化采购成本为目标的混合整数规划模型，考虑了以价格、质量、交货和供应能力作为约束条件。

②非线性模型。相对于线性模型来讲，非线性模型较少。本顿在考虑了多项目、多供应商、多客户、资源有限和数量打折情况下建立了一个供应商选择非线性模型，目标是最小化总采购成本、库存成本和订单成本，把存储能力和资金作为约束条件，用拉格朗日松弛法求解。哥德斯皮尔和本瑞考虑了在供应能力有限情况下的多资源问题，提出了一个混合整数非线性规划模型来选择供应商和确定采购数量。纳史木汗和史德尼夫建立了非线性的混合整数规划模型，目标是最小化运输和惩罚费用，以需求和供应商供应能力作为约束条件，并得出总成本与采购数量和提前期成反比的结论，没有给出具体的算法。皮瑞克和阿沙斯建立了在资源约束情况下的多项目非线性模型，目标是总采购费用。库存搬运费用、订单费用总和最小，并考虑了全额数量打折情况，用拉格朗日松弛法求解。从以上可以看出：无论是线性还是非线性的单目标模型都以成本为目标，多数考虑的约束条件是价格、质量、交货、服务、供应能力和需求，本顿考虑将资金和存储能力作约束条件；只有卡贝拉、特纳、本德、本顿、皮瑞克和阿沙斯考虑了数量打折问题；求解算法集中在线性规划、分支定界、拉格朗日松弛法和启发式算法求解。由于单目标模型只追求成本最低，难以指导选择供应商多准则的要求，人们需要探索新的理论和方法来指导采购实践。

（2）多目标规划

用多目标规划模型可以协调解决供应商选择过程中相互冲突的目标问题，模型可分为线性和非线性两种。

①线性模型。韦伯和卡莱特用多目标线性规划模型进行供应商选择，将价格、质量、交货作为目标，供应商能力、需求、政策、资金、供应商数量作为约束条件，此模型被后来的研究者广

泛引用。由于多目标线性规划模型更贴近采购实际,因而得到了广泛应用。巴沙和杰森建立了多目标线性规划模型综合考虑质量、价格、服务和交货情况。哥德斯皮尔和本瑞用 AHP 与线性规划相结合的方法选择最好的供应商并优化订单数量,目标是使总采购价值最大化,将供应能力、质量作为约束条件;两人研究了在供应能力有限情况下的多资源问题,建立了以成本和质量为目标的多目标模型,但没有给出算法。

②非线性模型。这方面的研究较少,唯有夏尔马等人用价格、质量、交货和服务为目标建立了非线性混合整数多目标规划模型。由于对社会、生产和经济系统的复杂性和非确定性,缺少足够的理论支持和足够的历史数据等,导致许多问题无法抽象出清晰的数学模型和用精确的数学方法求解,同时,在问题较大且复杂的情况下很难得到精确的解析。库马尔(2004)利用模糊优化理论对供应商进行选择,从三个方面建立约束:最小净成本、最大满意度、最小延迟时间。2002 年,赤格对供应商选择方法进行了总结分析,主要包括:基于活动的成本分析法(ABC)、线性加权法(LW)、数学规划法(MP)以及统计方法(S)。在 2004 年,乔·朱利用买卖双方二阶段博弈模型,对 DEA 方法进行了简化,建立了一个效率区间,对供应商进行选择。

4. 其他方法

由于具体问题的复杂性,解析的方法难以解决许多优化决策问题。人们尝试采用各种非解析方法来解决供应商选择过程中存在的问题,智能方法是近年来逐渐发展起来的很有潜力解决供应商选择问题的一种方法。

在国外,库克等人提出用智能软件代理的方法选择供应商;并提出了利用案例分析系统(Case-Based Reasoning)来制定采购决策,通过积累的大量信息来提高系统的能力,从而选择出合理的供应商;阿尔地诺和加拉韦利提出了一个基于神经网络(NeuralNetworks)的决策支持系统;沃克等人开发了一个专家系统来选择供应商;城丸等人采用了模糊理论处理供应商选择中的模糊目标问题,并以日本发电厂煤炭采购为实例建立了模糊目标模型,用遗传算法求解模型。罗农等人研究了在提前期不确定的情况下的订单政策,他们采用了统计的方法进行供应商选择。韦伯和德赛提出数据网络分析法(Data Envelopment Analysis,DEA)来评价已经选择的供应商,它是在相对效率评价概念的基础上建立起来的一种系统分析方法,在进行供应商选择时,需要把确定的选择准则转化为输入变量和输出变量,然后建立数据网络分析模型,计算各候选供应商的相对效率从而选择合适的供应商。之后进一步研究了用 DEA 和数学规划相结合的方法来协调选择供应商。

国内在这个方面的研究成果主要有:林勇(1999)讨论集成化供应链管理模式下供应商综合评价指标及选择方法;蒋洪伟(2001)等人建立了供应商选择准则并对评价方法进行了研究;霍佳震(2001)分别从供应链整体、核心企业、供应商及分销商四个角度研究了它们的绩效及评价体系;王瑛等人(2002)从相对劣值隶属度出发,建立加权向量的概念,将备选方案与最不理想方案的几何偏差作为优选的依据,提出基于欧氏范数的供应商评价方法;马士华等人(2002)针对已有的评价方法中确定指标权重方法的某些不足,提出了一个灰色关联模型来解决评价指标权重的选择方法;王家顺、王田苗等人(2001)提出了一种基于模糊层次分析法的供应商选择。

表 6-1 所示为供应商评价标准及权重表。虽然组织采用的标准不同,对于选择标准所赋予的权重也不同,但是在给定组织内部,标准尽可能保持客观,这一点对任何组织都同等重要。图表中列出了一些供应商评价标准,按照四大权重类别进行分类,即竞争力展示、资格能力、解

决方案的适合性与竞争性,以及关系的适合性与动态性。

表 6-1 供应商评价标准及权重表

资格展示——20%(权重) 人员(招聘、培训、经验) 业务流程(标杆管理、认证、持续改进) 技术(投资水平、领先优势) 经验(功能、产业) 业已验证的表现及认证 创新纪录	解决方案的竞争力——40% 解决方案本身(是否符合需求、创新性) 服务提供(流程/工具/资源的质量、业绩、管理深度与能力) 风险与风险分担 财务建议(定价、数量考虑、结构、转换成本) 条款与条件(商业、变更、纠纷、判决) 人力资源需求(员工转型、就业机会)
供应商能力——10% 财务实力及稳定性 基础设施与资源(储备力量、劣势/故障点) 管理系统 完备的服务(类型与范围、升级能力、后备、冗余、安全、IP 保护等)	关系动态性——30% 文化 任务与策略 关系管理(灵活性、伙伴关系、信任、领导风范、治理及报告) 相对重要性(作为客户身份的规模) 成就(尤其是现有关系)

任务二
供应商管理 ◆‖

任务导读

经济全球化的迅速发展,导致货物之间的交换空前浩大,规模也随之增大,货物之间的传递交换也伴随而来,因此供应商的业务量也随之加大。那么如何能让供应商的行为变得合理化、简单化,经济利益最大化?本任务将给出分析。

一、供应商关系的发展

在大多数工业领域,物料的成本和费用约占了产品总成本的一半,有些甚至高达 70% 以上。在这种条件下,有效的供给是供应链研究的重要领域,为保持生产的连贯性与制造商需要和主要供应商在生产和规划上保持紧密协作,共同增强整体的竞争力。目前,产品的复杂度和精密度越来越高,为充分利用厂商的规模效应和学习效应,一种产品的零部件往往由多个厂家分别生产,最后由核心企业或装配企业组装获得成品。对制造商而言,和重要供应商结成伙伴关系是一种有效的协调方式,具有操作性强和易于实现等优点。表 6-2 所示为传统制造商 – 供应商关系。

表 6-2 传统制造商 – 供应商关系

	制造商	供应商
策略	减低供应商议价能力	减低制造商议价能力
	维持众多供应商	维持众多客户
	减低转换成本	转换成本(创造独特型)
	推动后台整合	推动前向整合
优势	在产业生命周期的任何阶段都可轻易地转换到最优效率与最具有技术优势的供应商	在任何买方的策略错误与竞争力消失时都可生存
关系特征	买方与卖方是竞争者	
	买卖双方之间是零和博弈	
	主要点在于利润的竞争	

近十几年来供应商关系已逐渐在转变,随着 JIT(即时生产)、TQM(全面质量管理)与 SCM(软件配置管理)等观念普及,制造商 – 供应商关系已逐渐由互相竞争的关系转变为互相合作的关系。

总的来看,其关系的发展历程可以分为以下四个阶段:

传统模式(Traditional Model):1970 年前,制造商 – 供应商关系为传统模式。在此时期,供应商与制造商之间的关系为敌对的状态。制造商设定供应商的特殊契约、持续地更换供应商以寻求价格的折扣、彼此间的信息交流很少、各自寻求在交易中的最大利益。在此时期,双方只针对价格争论,较少涉及质量、设计和运输能力。

压力模式(Stress Model):1970 年以后,由于全球市场的衰退及激烈竞争,供应商持续忍受了制造商不断降价的要求,双方的矛盾更为激烈。此时,质量控制的观念开始兴起,制造商开始对供应商的质量做评定,也逐渐开始将供应商包含到新产品的开发过程中来。这时制造商 – 供应商关系符合波特的五力分析模型,买卖双方都不断增强自身的议价能力。

溶解模式(Resolved Model):1980 年以后,由于价格已成为决定主要绩效的来源,质量和运输对绩效的重要性开始凸现。制造商开始认识到与供应商建立关系的重要性,很多公司开始采用 JIT 运送策略,且让供应商得到长期契约,双方开始交换信息。供应商在承受降低价格的压力之下,还需根据制造商的要求做出相应改变。

供应商伙伴关系与网络阶段(Supplier Partnerships and Networks):1990 年之后,西方制造商认识到日本企业与供应商建立良好关系是其主要竞争优势来源,JIT 被广泛采用,制造商也认识到对供应商的支持有助于零部件的质量保证与运送的可靠性。在网络组织关系的制造商 – 供应商关系中,交易双方可建立复杂的关系来管理供应链中的产品和服务。通过买卖双方的互动,打破了两个个体的边界并增加了彼此的竞争优势。这个时期强调的是伙伴及网络关系,强调彼此的互相帮助、信息的共享。

企业要提升自己的利润,就要努力与上下游的产商竞争以获取利润。在此种情况下,制造商 – 供应商的关系就倾向敌对状态,在实际中的做法包括:为了抑制供应商的议价能力(Bargain Power of Supplier)过于强大,制造商会从多个供应商处购买原材料来维持供应稳定;同时,努力提高原材料的可替代性,以降低原材料的转换成本避免单一供应商的议价能力过强;避免对供应商做出长期承诺,利用供应商间相互竞争来压低价格。另一方面,供应商会通过加强独特性或向前整合来增加议价能力。制造商和供应商之间是零和博弈,双方不能建立起长期信任的关系。

而在 JIT 管理方式下的制造商 – 供应商关系则不同。JIT 强调制造商要与少数供应商长期维持紧密的合作关系,鼓励交易双方互相依赖产生协同效应。在这种情形下,由于供应商只有少数的买方,使得供应商免于在市场上与其他供应商竞争。而对于制造商,可以得到纵向整合的利益的同时,也不用承担相等的投资与风险。供应商通过与制造商密切合作,共同提升在产业中的竞争位置,共同分享利润,创造长期绩效。表 6-3 所示为 JIT 观点下制造商 – 供应商关系。

表 6-3　JIT 观点下制造商 – 供应商关系

	制造商	供应商
策略	合作以产生综合效应	合作以产生综合效用
	将供应商纳入自身竞争策略中	共同合作以提升制造商的竞争优势
优势	共同合作产生综合效用	共同合作产生综合效应
	降低安全库存水平	降低存货水平
	再降低存货成本之下改进质量	产品及流程的技术支援
	较佳的规划与控制	较佳的规划与控制
	以较低风险获得纵向整合的效果	较稳定的订单需求
关系特征	买卖双方是合作伙伴	
	对双方而言是非零和博弈	
	主要点在于共同创造利润	

二、供应商分类

供应商分类是针对具体的采购项,供应商分类需注意:(1)摸清家底——有多大的采购额,有多少供应商,钱都花到哪里去了;(2)区别对待——不同类别供应商的管理方法各不相同,把管理资源投入到回报最高的地方;(3)合理化——供应商大多需要整合,较少需要新开发,确保新生意与最合适的供应商合作。

供应商的分类是基于采购类别的。比如对于钣金,供应商 A 可能是优选供应商,但对于机械加工件,他可能就是淘汰供应商。在供应商的类别上,不同采购项应该采用统一的分类方法,比如都分为一级、二级、三级、四级等,或者一线公司采购供应商、区域采购供应商、集团采购供应商等,这样有利于在内部沟通中有共同语言。

供应商分类在不同的行业、公司的分法可能不同,这不重要。重要的是分类标准要客观、统一、简单易懂,并且要取得跨职能的认可,比如设计、质量和采购。好的分类方法可以很清楚地告诉每个人公司对供应商的战略,以及在合作中要注意什么,更重要的是新生意给哪些供应商,就如下面基于绩效的供应商分类体系所表明的。

在基于绩效的供应商分类体系(如图 6-1 所示)中,供应商可分为战略供应商、优选供应商、资格未定供应商、消极淘汰、积极淘汰供应商。

(1)战略供应商指那些对公司有战略意义的供应商。例如对于技术复杂、生产周期长的产品,他们可能是唯一供应商,也可能被替代,但替换成本高、风险大。战略供应商对公司的生存和发展至关重要,就如唐僧团队里的孙悟空:孙悟空离了唐僧虽说没了追求,但浑浑噩噩的日子也能过,唐僧离了孙悟空则会成为妖怪的盘中餐。对这类供应商,企业应该着眼长远,培养与其的长期关系,意识到合则双赢,分则双输。

(2)优选供应商提供的产品或服务可在其他供应商处得到,但由于这些供应商的绩效好,公司愿意优先跟他们合作,这是其与战略供应商的根本区别。优选供应商的选择是基于供应商的总体绩效,例如价格、质量、交货、技术、服务、资产管理、流程管理和人员管理等。例如机械加工件,有很多供应商都能生产,但公司优先选择供应商A,把新生意交给他,就是基于A的总体表现。

(3)资格未定供应商一般是第一次提供产品或服务,公司对其表现还不够了解,于是给一定期限(例如一年)进行考察。考察完毕后,要么升级其为优选供应商,要么降为淘汰供应商。当然,对于优选或战略供应商,如果绩效在某段时间下降,也可调为资格未定供应商,在以后的合作中适当给他们机会提高,然后要么升级,要么降级。

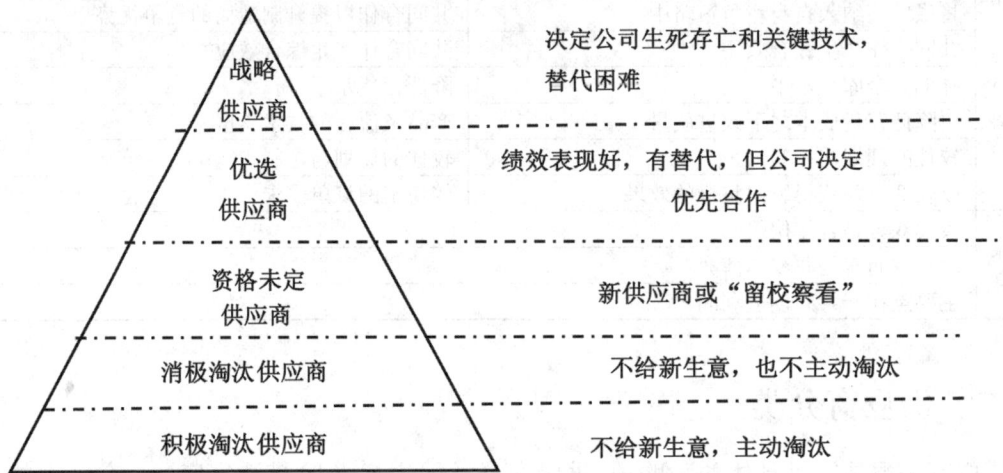

图6-1　基于绩效的供应商分类

(4)消极淘汰供应商不应该再得到新生意,但公司也不主动把现有生意移走。随着老产品下市,这样的供应商就自然而然淘汰出局,对这种供应商要理智对待。如果绩效还可以,也不要破坏平衡。因为从供应商角度来说,产品已在生产,额外的投入不多,继续合作并无坏处;而从采购方来说,重新选择供应商可能成本太高。这种情况下,双方都认识到维持现状最好。当然,有些情况下,产品有可能成为"鸡肋",供应商不怎么盈利(或不愿意继续供货),采购方也不愿重新选择新供应商。那么,供应商的力量就相对更大,对产品的重视度就会不足,绩效也就不够理想。这对采购方是个挑战。因此,维持相对良好的关系很重要。

(5)积极淘汰供应商不但得不到新生意,而且连现有生意都可能要移走。这是供应商管理中最极端的情况。对想要淘汰的供应商要防止"鱼死网破"的情况发生。因为一旦供应商知道自己现有的生意要被移走,就有可能采取极端措施。所以,在扣动"扳机"之前,一定要确保另一个供货渠道已经开通。

在选择供应商的同时,应把新生意先给战略或优选供应商,因为他们是公司的增长型伙伴,然后再考虑资格未定的供应商。绝不能把新生意给要淘汰的供应商。这些都应与公司各个部门沟通后制成书面政策。例如一个美国公司明文规定,如果要把新生意给消极淘汰的供应商,需要副总裁级别的人签字批准;要给资格未定的供应商新生意,需要总监级别的人签字批准。某个欧洲公司规定,只有最高级别的供应商审核师才有资格纳入新的供应商;而在中国的分公司,只有总经理和供应链总监才有最高级别的审核师资质,这意味着只有他们才能决定与资格未定的供应商合作。

这些大公司为什么要这么强调跟什么样的供应商做生意呢?因为对于采购方来说,公司最大的议价权,或者说对供应商的制约权是新生意。一流的公司在新生意上做文章,以选择为核心,通过新生意激励供应商为公司增加更大的价值。这些公司在选择供应商时非常谨慎,确保新生意授予的是最合适的供应商,避免供应商选择不当带来的诸多后续问题,比如质量、交期、服务,或者采购额太分散导致的议价权分散等。二流的公司在现有生意上做文章,从供应商A移到供应商B,以淘汰为主调,花费太多的精力,导致在新产品寻源上工作不到位,这注定使后续绩效问题忙不完。

那么,对于采购方来说,管理资源有限,究竟最终要用在哪类供应商身上?或者说,哪些供应商是管理的重点?

不是消极淘汰供应商,因为这些供应商是交给时间来处理的,维持现状即可,随着老产品的下市,这些供应商自然就淘汰了。也不是优选供应商,优选供应商就如沙和尚,干活卖力,靠得住,但不管你怎样培养、管理,他也成不了孙悟空。你要做的就是告诉他目标,定期跟进。更不能是积极淘汰供应商。积极淘汰不是一件事,而是两件:开发新的、淘汰旧的。积极淘汰供应商对企业来说,属于《孙子兵法》里的"其下攻城",投资回报率最低。而且一旦资源落入积极淘汰供应商中,企业就没有足够的资源来支持新产品开发,于是就陷入"吃二遍苦、受二茬罪"的恶性循环。

那答案就很清楚:战略供应商和资格未定供应商是我们的管理重点,因为这两种供应商代表更多的机会,投资回报也相对最高。

战略供应商要么拥有关键技术,要么拥有战略资源,要么规模很大,市场竞争有限,议价能力强,企业与其在合作上注定不会一帆风顺。而且这类供应商提供的产品往往技术难度高,质量问题多。很多公司对此类供应商要么听之任之,没有实质的管理;要么不加区别地、跟管理一般供应商一样来对待战略供应商。这都注定了采购方会"苦苦挣扎"。

以使新供应商刚进来时都属资格未定供应商,这就像招来的新员工,要多花时间培训、帮助他们,开个好头,以便企业早日走上正轨。由于暂时绩效问题,有些优选或战略供应商被降级为资格未定供应商,属于拉一把就上、推一把就下的时候。这些供应商熟悉公司的流程、系统、政策,对公司有很多价值,能挽救的话,往往比寻找新供应商要好,因为新供应商的磨合成本很高。资源花在资格未定供应商身上,投资回报率也很高。

区别对待也体现在新生意上。比如对于战略供应商,一个高科技公司有一条规定,叫"新产品开发优先拒绝权",即在新产品开发阶段,如果是战略供应商的主要业务范畴,一定要让战略供应商有机会参与,至于他们不愿参与,或者综合竞争力不强则是另一回事。一方面,这是约束公司内部人员,避免设计、采购人员擅自把战略供应商排除在外;另一方面,这也是以实质行动向供应商表明,公司在与其的合作中,保持公平、公开的原则。这产品开发阶段需要勇气、判断和决心:战略供应商的价格往往不是最低的。但也要避免在最低价的驱动下,盲目增加供应商,导致供应商数量失控。

在供应商分类上,一定要避免光有索取、没有给予的情况。因为不对称的关系合作时间也不会持久。比如有个公司评选年度优秀供应商,入选者下年的年度降本指标会明显高于平均,所以供应商们一旦被评为优秀,就有"大难临头"的感觉,年度供应商大会的颁奖仪式上,优秀供应商的代表们大都哭丧着脸。作为优秀供应商,年度降本等各项指标一定要高;但是,鞭打快牛也值得商榷,这会导致优秀供应商的保有率低。在这些公司,战略供应商、优选供应商等提法往往被滥用,成为采购方向供应商巧取豪夺的"遮羞布",这也不是供应商管理。

三、防止供应商控制

供应商控制是指企业对供应商原辅料以及配套的服务进行评估和接收的程序。

供应商是生产资料的制造或经营者。供应商所提供的器材直接影响产品的质量与成本,供应商的生产(经营)能力与管理水平将影响客户的生产与效益。为了保证产品的正常生产与维护企业的经济效益,在进行物资采购的全过程中公司应加强对供应商的管理与控制。供应商控制是保障企业生产与经济效益的重要环节,适用于大中型及所有严格管理的企业。

供应商控制的内容:企业的不断发展要求企业间要合作、联盟,但供应链各节点企业间或多或少仍存在利益上的矛盾。笔者主要从需求方角度出发提出如何控制和激励供应商。

(一)买方控制供应商的方法

1. 完全竞争控制

完全竞争控制是正常交易模型中的典范,它通过采购企业对其上游供应商的控制来引起供应商之间的竞争。这种竞争可以提高产品质量并且降低产品购买价格。这种控制方法类似于"招标",但在内容和形式上比招标更加灵活,仅适用于买方垄断市场。

2. 合约控制

合约控制是采购企业通过与供应商进行谈判、协商,根据双方的利益达成某种一致,并由双方签署框架协议。它的目的是使双方在今后的具体购销活动中能更好地履行各自的权利和义务,基于该合同产生的一切买卖行为都要以框架协议的规定为准。这种方式的特点是:供需双方的关系比完全控制密切,但又不像股权控制和管理输出控制那样紧密。现在,很多大型企业都通过合约控制方式来进行供应商的管理。

3. 股权控制

市场竞争的激烈使得采购企业与供应商建立一种比较亲密的伙伴关系,从而达到对供应商控制的目的。同时,供应商也希望能够与企业进行较长期的合作,实现稳定销售及发展。在这种情况下,双方就可以通过协商的方式互相购买对方的股份进行股权交换。在此过程中,双方需要在权利和义务上相互做出承诺和保证。此外,还要在信息、技术、数据和人员等方面进行交换,以实现对对方的监督和控制。这个过程看起来比较简单,但实际操作起来是相当繁琐的。因为合作的决策需要经过长时间的论证、分析才能确定;另外,合作对象也要经过深思熟虑和长期、细致的调查研究后才能确定。

4. 管理输出控制

管理输出控制往往与股权控制并存。股权合作的实质是合作的企业之间存在着相互融合、交换和帮助。近几年来,由于企业之间合作与并购的快速发展,参股现象日益增加,人们对企业合作有了新的认识,开始由企业产权控制走向企业管理控制,并慢慢演变为管理输出控制。管理输出控制是在股权控制或其他形式合作的企业之间,通过向对方企业输出管理人员,进行技术和管理支持,实现对对方企业状况的掌握、信息的了解,这实际上为企业之间的实质性合作提供了一个载体或媒介。管理输出控制使得合作企业双方的关系更加密切,降低了双方的交易成本,达到对采购物流进行控制的目的。

(二)防止供应商控制的方法

1. 全球采购

当企业得到许多商家的竞价时,如有 30 家供应商,企业只要 3 家报价,这就很有把握找到最佳供应商。全球采购往往可以打破供应商的垄断行为。

2. 再找一家供应商

独家供应有两种情况,一是供应商不止一家,但买方企业仅向其中一家采购;二是仅此一家,如独占性产品的供应商或独家代理商等。对于第一种情况,只要"化整为零",变成由多家供应,从而造成卖方企业间的竞争。西门子公司的一项重要采购政策就是:除非技术上不可能,每个产品会有两个或更多供应商供应,规避供应风险,保持供应商之间的良性竞争。

3. 增强相互依赖性

多给供应商一点业务,这样就提高了供应商对采购企业的依赖性。

4. 更好地掌握信息

更清楚地了解供应商对采购企业的依赖程度。有家公司所需的元件只有一家货源,但他发现自己在供应商仅有的三家客户中是采购量最大的一家,供应商离不开这家公司,结果在要求降价时供应商做出了相当大的让步。

5. 利用供应商的垄断形象

一些供应商为自己所处的地位惴惴不安。在受到指责利用垄断地位时,他们都会极力辩解,即使一点点不利宣传的暗示也会让他们坐卧不安。

6. 注意业务经营的总成本

供应商知道采购企业没有其他的供应源,可能会咬定价格不放,但采购企业可以说服供应商在其他非价格条件上做出让步。采购企业应注意交易中的每个环节并加以利用,总成本中的每个因素都可能使企业节约费用。如在送货上,洽谈合适的送货数量和次数,可以降低仓储和货运成本;在付款条件上,立即付款则会要求给予一定的折扣。

7. 一次性采购

如果采购企业预计所采购产品的价格可能要上涨时,一次性采购的做法方可实行。根据相关的支出和库存成本,权衡一下价格上涨的幅度,与营销部门紧密合作,获得准确的需求数量,进行一次性采购。

8. 协商长期合作

长期需要某种产品时,可以考虑订立长期合同。一定要保证持续供应和价格的控制,采取措施预先确定产品的最大需求量以及需求增加的时机。

9. 与其他采购公司联手

与其他具有同样产品需求的公司联合采购。垄断供应商被多家公司联合采购攻克的例子很多。只有那些产出不高、效率低下的独家供应商,才是采购方应该"痛下杀手"的对象。

为使供应商提供的商品能持续地满足采购方的要求,采购方应根据实际情况,采取以下有效的控制方法。

1. 制订联合质量计划

采购作业需要把供需双方的能力对等协调起来,协调的办法就是制订联合质量计划。联合质量计划一般要包括经济、技术、管理等三个方面内容。

2. 向供应商派常驻代表

为直接掌握供应商商品质量状况,可由采购方向供应商派出常驻代表,其主要职责是向供应商提出具体的商品质量要求,了解该供应商质量管理的有关情况,如质量管理机构的设置,质量体系文件的编制,质量体系的建立与实施,产品设计、生产、包装、检验等,特别是对出厂前的最终检验和监督试验,对供应商出具的质量证明材料要核实并确认,起到在供应商内进行质量把关的作用。对具有长期稳定的业务联系,建立固定的购销关系,采购批量大、技术性强、对质量要求严格的供应商,采购方还可派出质检组常驻供应商处,不但要对商品质量进行全程、全面的检查和监督,而且还要监督买卖合同的全面执行,保证及时生产、及时发货,满足采购方各方面的要求。同时质检组还可向供应商反映已购产品在使用过程中的问题和新的要求,促使供应商改进和提高产品质量,不断开发用户所需要的新产品。

3. 定期或不定期监督检查

采购方可根据实际情况派技术人员或专家对供应商进行定期或不定期的监督检查。通过监督检查,有利于全面把握供应商的综合质量能力,及时发现薄弱环节并要求其改善,从而从机制上保证了供货质量。

4. 定期排序

排序的主要目的是评估供应商的质量保证能力,以及为是否保留、更换供应商提供决策依据,排序的一般准则如下。

(1) 质量批合格率(一般要求不能低于95%)。

(2) 商品投放使用后的质量问题(一般要求总的工序合格率不低于85%)。

(3) 回复质量问题纠正报告的态度和速度(及时响应、令人信服的分析、有纠正预防措施)。

(4) 交货期履约情况(积极履行合约,并对延期交货做出合理说明)。

5. 帮助供应商导入新的体系和方法

为有效地控制采购商品的质量,采购方应对供应商导入自己多年总结出的先进质量管理手段和技术方法,主动地帮助指导供应商在短时间内提升质量管理水平和技术水平,增强质量保证能力。采购方对供应商给予的帮助是多方面的,主要目的不是扩大生产能力而是提高商品质量。可通过帮助供应商组织有关人员的技术培训,进行设备的技术改造,实现检验和试验的标准化、规范化,贯彻 ISO 9000 标准,争取通过质量体系认证等措施进行帮助。供应商考核主要是指在与供应商签订正式合同以后,采购合约正式运作期间对供应商进行的考核。

成本控制是连锁企业整个经营活动控制的一个重要组成部分。从广义上来说,成本控制是对连锁企业经营的各个环节所有成本的控制。在此,笔者介绍同采购相联系的、与供应商有关的一系列成本的控制,即狭义的成本控制范畴。

纵观全球的知名连锁企业,我们可以发现,真正具有很大规模,具有很好的稳定性和成长性的企业,往往是通过运用先进的管理方法来控制其成本,以实现更多的利润。世界第一大零售商沃尔玛(Walmart),就是因为在成本控制方面卓有成效,从而为其发展并跃居全球第一大连锁企业提供了条件。那么,对于供应商的控制究竟能给连锁企业在成本控制方面带来什么样的效果呢?

1. 实现价格控制

价格主要是由市场的供求关系决定的,此外,对供需双方的谈判也会起到不可忽视的作用。从当前的市场状况来看,商品的价格往往是购买商与供应商谈判的重点。对于供应商来说,商品价格的高低直接关系其销售额和利润多少。因此,虽然在一定的压力或诱惑下,供应商会在价格上(在其可以承受的程度内)做出一定的让步,但它的前提是保证供应商有利可图。从另一方面看,商品价格对于连锁企业来讲直接意味着它的成本,为了获得更高的利润,连锁企业将努力压低各方面的成本,因此,它应该通过某种控制供应商的方法来解决。

2. 保证商品质量

商品质量是连锁企业的生命。在当前日趋激烈的竞争中,尽管影响连锁企业成败的因素越来越多,质量仍然是企业决胜的关键。连锁企业之间的质量竞争是非常激烈的,它不仅表现在商品的销售上,质量本身及其管理的方式也直接影响连锁企业的商品竞争力。因此,连锁企业之间的质量竞争实际上是质量管理的竞争,国际国内的各行各业都把质量管理作为连锁企业管理的重要任务。

现在的连锁企业都非常重视商品质量的内部控制,在企业内部采用了各种质量管理方法,包括进行统计、建立质量管理体系等。但在进行这些工作时往往会耗费很多的成本。如果能够通过对连锁企业外部供应商的控制,进而加强对内部商品质量控制的话,那么连锁企业就可以从中获得更大的成本节省。

实际上,除了连锁企业内部对商品质量管理外,对供应商的控制可以直接影响连锁企业对其商品质量控制的成本。这是因为,如果我们能够积极有效地对上游供应商进行控制,供应商在做出一定让步的同时会积极地维护其与购买商之间的关系,这也就从供应商内部自然地加强了质量管理和控制,从而降低连锁企业在这方面的成本。此外,当连锁企业与供应商达成一定的共识后,连锁企业就可以更加主动地保障供应商所提供商品的特性和质量,并通过一些特定性的投资,以及在技术与管理上的帮助,来达到使供应商有效控制商品质量的目的。相应地,购买商本身的成本将会下降。

3. 实现物流成本的节省

连锁企业非常重视如何更快、更好地将商品推向市场。因为随着市场竞争的加剧,商品必须转化成利润才能使连锁企业得以生存和发展。为了赢得顾客、赢得市场,连锁企业管理进入了以消费者及消费者满意度为中心的管理。连锁企业的供应链管理也由"推式"管理,转变为以消费者需求为原动力的"拉式"管理。但物流还是一个薄弱的环节。那么,对供应商进行控制是否能起到降低物流成本作用呢? 答案是肯定的。

在连锁企业的经营过程中,无时无刻不存在着物的移动,连锁企业买进商品,供应商要将其商品通过各种方式运送到连锁企业的仓库。最后,送达顾客手中。当连锁企业可以有效地控制供应商的时候,对物流的管理和物流成本的控制就不仅是连锁企业的单方面行为,而是企业与供应商的双方面行为。为了降低成本,买卖双方可以通过协商来控制物流成本,建立起一套行之有效的物流体系。这样,下游连锁企业就可以及时地得到其需要的商品,在节省时间的同时,可以快速地对市场变化进行反应。相应地,上游供应商也可以在这一过程中节省物流成本,根据信息提高其供货效率,实现与其下游连锁企业的长期稳定合作。

4.有效地控制损失

损失控制是当今连锁企业的一项重要任务。在这里谈到的损失控制实际上是一种效果,是通过控制供应商而带来的在控制损失方面的效果。因此,损失控制的方法实际上就是供应商控制本身。

(1)契约损失控制

在很多时候,连锁企业会遇到这样的问题:由于供应商没有按照契约的内容履行其应承担的义务,而给自己带来了严重的经济损失。

供应商和连锁企业之间通常是通过签订合同,并各自履行其在合同中所载明的权利和义务来完成交易。那么,怎么才能控制由于契约风险导致的损失呢?通过对于供应商的控制来解决这一问题是有所帮助的。因为一旦连锁企业和供应商在某种条件下具有了交易关系,而且双方都愿意积极地维持这样的关系,那么对于下游连锁企业来讲,由契约风险造成的损失会小得多。因为在这种情况下,交易双方的权利和义务尽管可能因合同的终结而结束,但由于相互利益的制约,相互在资金、技术、管理及服务上的帮助是会持续下去的。对于供应商来讲,为了维持并不断推进双方的合作,将可能会在这方面给予相当的重视。如果通过某种方式对供应商进行适当的控制,就可以在不同程度上减少契约损失。

(2)市场风险控制

由于市场的进一步发展以及信息的不充分,市场需求也处在迅速的变化当中。很多连锁企业在市场销售方面下了很大的力气,包括宣传、促销等,想通过这些方式来达到占领市场的目的。但对于有些连锁企业而言,这样的做法却收效甚微。需求信息从供应链的末端不断地向上传导,然后由供应商做出一系列的反应,并进行生产和销售活动。这时,物流由供应链的初始环节——流向其末端——最终到达顾客手中。市场需求的变动将会直接影响信息的变动。由于信息技术的不断完善,市场变动可以在很短的时间内通过信息流传到连锁企业,而连锁企业需要做的是立刻根据市场信息做出反应。如果我们可以通过对供应商控制来降低物流时间及成本,那也就意味着连锁企业可以更快地做出行动并抢占市场。我们可以看到现在的很多大型连锁企业,在得到确实的市场信息之后,可以非常迅速地做出反应并调整其商品及营销策略,而这一切都是与供应商息息相关的。因此,对于连锁企业来讲,建立良好的供应商控制体系不仅可以降低成本,控制其上游供应商造成的风险,还可以间接地减少由于市场变动可能导致的损失。

● 项目拓展

(1)供应商合作伙伴关系

供应商合作伙伴关系是指企业与供应商之间达成的最高层次的合作关系,是在相互信任的基础上,供需双方为了实现共同的目标而采取的共担风险、共享利益的长期合作关系。

(2)供应商合作伙伴关系的意义

①可以缩短供应商的供应周期,提高供应的灵活性;

②可以降低企业的原材料、零部件的库存水平,降低管理费用,加快资金周转,提高原材料零部件的质量;

③可以加强与供应商的沟通,改善订单签订的过程,提高材料需求准确度;

④可以共享供应商的技术与革新成果,加快产品开发。

● 项目小结

本章主要介绍了供应商开发操作流程,供应商评价体系标准以及几种常见的供应商评价方法,最后介绍了供应关系的分类及关系合作建立。

● 项目测试与训练

1. 讨论分析题

(1)试分析供应商开发的过程。

(2)试分析供应商的评价的方法。

(3)如何做到防止供应商控制。

2. 技能训练

学会分析供应商开发、选择过程中所需要的方法以及技巧。

3. 计算题

某公司以单价10元每年购入8 000单位的某种物品,订货成本为30元/次,每单位储存成本为3元/年。若订货前置期为2周,则经济批量、年总成本、年订购次数和订货点各为多少(每年按50周计算)?

课后习题

(一)单选题

1. 采购价格是指企业进行采购作业时,通过某种方式与供应商之间确定的所需采购的( )价格。

 A. 物品和服务　　　　　　　　B. 原材料和服务

 C. 机械设备和原材料　　　　　D. 物品和技术

2. 当一个小公司的采购部门,无论是组织、职责或人员等,均没有重大变动的情况下,比较适合使用( )。

 A. 历史绩效评估　　　　　　　B. 预算标准

 C. 行业平均标准　　　　　　　D. 国际最先进标准

3. 在大型企业中,战略活动发生在四个层次,而绝大多数小企业不设分部或战略事业部,它们没有( )。

 A. 公司层次　　　　　　　　　B. 业务层次

 C. 职能部门层次　　　　　　　D. 经营运作层次

4. 如果企业所在的市场产品是标准化的,购买者对价格很敏感,那么企业为吸引更多的客户应采取的战略为(　　)。

A. 成本领先战略   B. 差异化战略

C. 集中化战略   D. 最优成本供应商战略

5. 下面情况下不适合采用竞争性报价确定采购价格的是(　　)。

A. 有足够多的合格供应商

B. 供应商清楚采购细节和要求,有能力准确估计生产所需成本

C. 买方要求供应商早期参与

D. 买方没有有限供应商

6. 采购流程一般有(　　)个步骤。

A. 五   B. 七

C. 八   D. 十

(二)多选题

1. 全球化采购可以实施的原因有(　　)。

A. 更低的价格   B. 更高的风险

C. 竞争的需要   D. 没有风险

E. 信息和运输技术的发展

2. 在大型企业中,战略的制定、实施和评价活动发生在(　　)层次。

A. 分部或战略事业部层次   B. 智能部门层次

C. 经营运作层次   D. 公司层次

E. 科室层次

3. 企业竞争战略一般可以分为(　　)几种。

A. 成本领先战略   B. 差异化战略

C. 集中化战略   D. 可持续发展战略

E. 最优供应商战略

4. 采购定价有(　　)方法。

A. 竞争性报价   B. 谈判

C. 询价   D. 招标

E. 第三方定价

5. 电子采购模式主要有(　　)。

A. B2C   B. B2B

C. 买方系统   D. 卖方系统

E. 第三方系统

● 答案

(一)单选题

1. A　　2. A　　3. C　　4. A　　5. C

(二)多选题

1. ACE　　2. ABCD　　3. ABC　　4. ABCD　　5. ABE

项目七　采购谈判与合同管理

●学习目标

　　通过本项目的学习,使学生掌握采购谈判与合同签订的基本知识,具备进行采购谈判和合同签订的能力,树立科学的采购意识,培养学生分析判断与决策等能力。

知识目标

1. 掌握采购谈判的主要内容、策略与技巧。
2. 掌握采购合同类型、结构及基本内容。
3. 掌握采购合同签订的注意事项。

技能目标

1. 能够为企业制定合理的采购谈判方案。
2. 能够灵活运用谈判技巧进行采购谈判。
3. 能够根据企业采购实际需要拟定采购合同。

●引导案例及分析

中法博弈

　　法国与中国某企业谈判出售某项设备,谈判在北京已进行了一周,但进展缓慢,于是法方代表通知中方代表其还有两天时间可谈,希望中方配合在次日拿出新的方案。次日上午中方拿出了新的方案,比原要求(法方降价20%)改善5%(要求法方降价15%)。而法方表示其已降价一次,计10%,还要再降5%,基本不可能。双方你来我往一番,建议休会下午三点继续谈判。下午复会后,法方先要中方报新的条件,中方将其定价基础和理由向法方做了解释,并给出具体数据来源,要求法方慎重考虑其要求。但法方仍认为中方要求太高。谈判到17:00,法方代表表示其产品具有市场领先性,其为表诚意也已给出最低价格,请中方考虑。最迟明天中午12:00前告诉法方是否接受。若不接受,法方代表团将乘15:30飞机回法国。中方谈判人员理清思路后,表示当前价格仍有困难,但有研究余地。当天谈判宣告结束。

中方研究法方价格后认为还可以再降3%~5%,但明天应该怎样谈判呢?中方谈判代表一方面与企业领导汇报、商量对策,另一方面派人调查明天下午15:30左右是否有飞往法国的航班,结果是第二天下午14:00—17:00之间并没有飞往法国的航班,中方谈判人员认为法方的最后还价是演戏,判定还是有可能降价。于是在次日10:00点给法方去了电话,表示:中方很赞同当前法方为双方未来可能的合作所做出的努力,但双方各自诉求仍有一定差异,需要进一步努力。作为响应,中方表示,可以接受从15%,降到14%,如果法方仍有异议,中方出于成本控制考虑,可能会考虑采用美国市场价格更为低廉的同类可替代产品。法方听到中方的价格变动方案后,并没有走,但还是表示中方要求有些高。

思考题

如何评价法方的谈判策略,其谈判效果如何?

案例分析

法方的谈判策略并不好,也没有达到预期效果。其提出若条件未达成一致,第二天下午将会飞回法国,但中方却很容易查到第二天该时间段并无相应航班。若为表示"最后通牒",可以把包合上,丢下一句"等贵方的回话",即结束谈判,效果反而会更好。当前法方的策略,反倒使得中方预测到其谈判底线,取得谈判先机。

任务一
采购谈判 ◆ ▮▮

任务导读

通过本部分内容的学习,使学生掌握采购谈判的相关基本知识,具备进行企业采购谈判的能力,并培养学生分析判断与决策等能力。

一、采购谈判认知

（一）采购谈判的含义

采购谈判是采购买卖双方为达成意见一致而进行沟通的过程,具体指企业为采购商品作为买方,与卖方厂商对购销业务有关事项,如商品的品种、规格、技术标准、质量保证、订购数量、包装要求、售后服务、价格、交货日期与地点、运输方式、付款条件等进行反复磋商,谋求达成协议,建立双方都满意的购销关系。

（二）采购谈判的目的

（1）希望获得供应商质量好、价格低的产品。

（2）希望所采购物资能够及时送达。

（3）希望获得供应商较好的服务。

（4）希望在发生物资差错、事故及损失时获得合适的赔偿。

（5）发生纠纷时能够得到妥善解决,不影响双方的关系。

（三）采购谈判的适用条件

采购谈判主要是用于以下几种情况:

（1）结构复杂、技术要求严格的机械设备采购,在设计制造、安装、实验、成本价格等方面都需要谈判进行详细的商讨与比较。

（2）多家供货厂商互相竞争时,通过采购谈判,使愿意成交的个别供货厂商在价格方面做出较大让步。

（3）采购的商品供货厂商不多,但企业可以自制或向国外采购,或可以其他替代商品,通过谈判,可帮助做出有力的选择。

（4）需用的商品经过公开招标,但开标结果在规格、价格、交货日期、付款条件等方面无一供货商能满足要求时,可通过谈判再做决策。

（5）需用的商品原采购合同期满,市场行情有变化并且采购金额较大,应通过谈判进行有利采购。

（四）采购谈判的特点

1. 合作与竞争并存

合作性表明双方的利益有共同的一面,竞争性表明双方利益有分歧的一面。谈判人员要尽可能加强双方的合作,减少双方的竞争。但是合作与竞争是可以相互转化的,如果合作的比例增大,竞争的比例将会随之减少,那么双方谈判成功的可能性也就更大;反之,如果竞争的一面通过洽谈没能够得到解决或减少,那么谈判就有可能失败。采购人员可以在事前将双方意见的共同点和分歧点分别列出,并按照其在谈判中的重要性分别给予不同的权重和分数,通过比较分数来预测谈判成功的概率,并决定如何消除彼此的分歧。

2. 坚持底线和适当让步并存

谈判双方在谈判中要明确并坚持自己最后退让的界限,即谈判的底线;但为了谈判能够进行下去,能够保持合作关系,谈判双方在坚持彼此基本原则的基础上可以向对方做出一定让步和妥协。

通常,谈判双方在弥合分歧方面彼此都会做出一些让步,但是让步不是无休止和任意的,而是有底线的。超过了底线要求的基本条件,让步就会给企业带来难以承受的损失,所以谈判双方对重大原则问题通常是不会轻易让步的,退让也是有一定限度的。

作为采购谈判,如果双方在所有的谈判条件上都坚持彼此的立场,不肯做出任何让步,那么谈判是难以成功的。因此,在采购谈判中,坚持底线和适当让步是并存的。作为谈判人员,要从谈判中分析双方底线的差距,并分析是否可以通过谈判调整双方的这种差距,使谈判成功。在底线方面的差距越大,谈判的任务越艰巨,因为底线的调整和改变是非常困难的。在底线方面的差距较大的情况下,谈判人员要有充分的心理准备,既要艰苦努力,采取种种手段来消除或缩小这种差距,又要做好谈判失败的应变措施。

3. 经济利益中心性

采购谈判是商务谈判的一种类型,在采购谈判中双方主要围绕各自的经济利益进行。作为供应商,希望以较高的价格出售商品而使己方取得较多利润;而作为采购方,则希望以较低的价格购买商品而使己方降低成本。因此,谈判的中心是各自的经济利益,而价格在谈判中作为调节和分配经济利益的主要杠杆就成为谈判的重点。

围绕经济利益谈判是所有商务谈判的共性,它不同于政治谈判、外交谈判等,在这些谈判中,需要考虑许多方面的问题,要在许多利益中进行平衡和做出选择,所以谈判更为艰难。当然,谈判中围绕经济利益并不意味着就不考虑其他利益,而是说相对于其他利益,经济利益是首要的,是起支配作用的。

(五)采购谈判的内容

采购谈判的中心内容是围绕采购对象展开的,进而延伸到敏感的价格问题及与采购对象相伴的有关条件,主要从以下几个方面展开。

1. 商品条件谈判

商品是企业采购过程的主角,因此,谈判的内容首先是商品的相关条件。主要包括商品的质量条件、数量条件及包装条件等。

(1)质量条件:采供双方只有明确了商品的质量条件,谈判双方才有谈判的基础,也就是说,谈判双方首先应当明确双方希望交易的是什么货物。在规定货物质量时,可用规格、等级、标准、产地、型号、商标、货物说明书和图样等方式来表达,也可以用一方向另一方提供货物实样的方式来表明对交易货物的品质要求。

(2)数量条件:货物的数量是采购合同必不可少的主要条件之一,也是交易双方交接货物的依据,必须根据供方和需方实际情况进行磋商确定。

(3)包装条件:包装可分为内包装和外包装两种。通常,内包装主要用于保护、陈列或说明商品,而外包装则用于仓储及运输过程中对商品的保护。采购人员在谈判包装的项目时,谈判的结果应能保证彼此双方都能获得最大的利益,否则不应草率订货。

2. 价格条件谈判

在国内货物采购中，谈判双方在货物的价格问题上主要就价格的高低进行磋商；而在国际采购中，货物的价格表示方式除了要明确货币种类、计价单位外，还应明确以何交易术语成交。

3. 货物的支付条件

付款条件主要涉及支付货币和支付方式的选择。在国际采购中，使用的支付方式主要有汇付、托收、信用证等。不同的支付方式，买卖双方可能面临的风险大小不同，在进行谈判时，应根据具体情况慎重选择。

4. 货物的交货条件

货物的交货条件指采供双方就货物的运输方式、交期和地点进行谈判磋商。同时，货物保险条件的确定也需要双方明确由谁进行投保，并确定投保的险种及金额等相关条款。

5. 售后服务保证

对于需要售后服务的商品，采购人员应在谈判过程中要求供应商明确售后服务的具体范畴与时间，标准化商品则应在其包装内提供具体售后服务电话、地址及相应单据。

6. 检验、违约责任、不可抗力与仲裁条件

谈判过程中明确货物检验、违约责任、不可抗力与仲裁条件有利于采供双方避免及解决争议，保证合同的顺利履行，维护双方的权利，也是国际采购谈判中必然要商议的交易条件。

二、采购谈判准备与分析

（一）组建谈判队伍

1. 谈判队伍的建立

高素质的采购谈判人员可以使谈判向着对自己更有利的方向进行，甚至可以使谈判过程转危为安。有的采购谈判规模较小，目标单一明确，仅需要1~2名谈判人员；有的采购谈判规模较大、情况复杂、目标多元化，从而需要有多个谈判人员组成谈判小组。采购谈判能否获得成功，取决于谈判人员能否审时度势，正确合理地运用谈判策略。采购谈判组的建立与人员的选择就是在对谈判对手情况以及谈判环境进行充分分析研究的基础上，根据谈判的内容、难易程度进行选择。

谈判队伍的组成规模要适当，其组建原则是保证谈判队伍的精干高效。成员除了一名具有实战经验的成员外，还需要法律、财务、技术、物流方面的专家。同时，还应根据谈判对手的情况来组建谈判队伍。

2. 谈判人员应具备的素质

（1）良好的职业道德

良好的职业道德是谈判人员必须具备的首要条件，也是谈判成功的必要条件。采购谈判人员是作为特点组织的代表出现在谈判桌上，代表组织个体的经济利益，而且在某种意义上还肩负着维护国家利益的义务与责任。因此，作为谈判人员必须遵纪守法、廉洁奉公，忠于国家、组织和职守，有强烈的事业心、进取心和责任心。

（2）健全的心理素质

谈判是各方之间精力和智力的较量,较量的环境在不断变化,对方的行为也在不断变化,要在较量中达到特定目标,谈判人员就必须具有健全的心理素质,主要表现为谈判者主体应具备坚韧顽强的意志力、高度的自制力和良好的协调能力等。

（3）合理的学识结构

采购谈判人员既要知识面广,又要在某些领域有较深的造诣。也就是说,不仅在横向方面要有广博的知识,而且在纵向方面也要有较深的专门学问。横向方面应掌握的知识包括:相关经济贸易的方针政策及法律、法规;产品在国际国内的生产状况和市场供求关系;价格水平及其变化趋势的信息;产品的技术要求和质量标准中有关国际贸易和国际管理知识;国外相关法律知识,包括贸易法、技术转让法、外汇管理法及税法等;各国各民族的风土人情和风俗习惯;可能涉及的各种业务知识、金融知识;市场营销知识等。纵向方面应掌握的知识包括:丰富的专业知识,即产品的生产过程、性能及技术特点;熟知某类商品的市场潜力或发展前景;丰富的谈判经验及处理突发事件的能力;掌握一门外语;懂得谈判的心理学和行为科学;了解对手性格特点等。

（4）谈判人员的能力素养

谈判者的能力是指谈判人员驾驭商务谈判这个复杂多变"竞技场"的能力,是谈判者在谈判桌上充分发挥作用所应具备的主观条件。主要包括认知能力、运筹与计划能力、语言表达能力、应变能力和交际能力等。

3. 谈判人员的配备

根据谈判对知识方面的要求,在一般的采购谈判中,谈判队伍配备的人员通常应包括:技术精湛的专业人员、业务熟练的人员、精通经济法的法律人员、谈判代表以及记录人员。如涉及国际采购则应包括业务熟练的翻译人员。

（二）收集与分析资料和信息

采购谈判前的准备阶段主要需进行以下几个方面的工作。

1. 收集信息

此处所指信息包括本次采购产品的市场供求情况、所涉及的该行业当前政策及价格体系等环境信息、采购企业内部需求信息、谈判对手如供应能力、技术水平及过往信誉度情况等。通过对以上信息的收集、整理、分析与研究,谈判人员就会有较充分的思想准备,明确谈判的主客观环境,寻找可行的途径,以达到谈判的目标。

2. 分析谈判双方的优劣势

谈判的优劣势包括公司在采购谈判中需要把握谈判的资本和不足,优劣势一般通过对比来体现,如采购量的大小、采购的连续性、供应商供货期的长短、所供货物差异性的大小以及公司的实力和供货商的实力等。

3. 了解对方需求

通过提前进行信息收集了解供应商在本次交易中的主要诉求,来分析对方的方案以及其在谈判中的地位,这将有助于预测其谈判策略。

4.确立谈判目标

谈判目标这里指要具体确定采购物品的数量、价格、质量、技术性能、服务、运输、售后服务等都要有明确的要求。

5.确定和整理谈判的重点问题

列出双方在各个问题上的相同和不同之处,每个争论点都要准备可靠的资料加以支持。

6.制定谈判策略

制定谈判策略就是制订谈判的整体计划,从而在宏观上把握谈判的整体进程。为了制定合理的谈判策略,要为谈判搜集具有重要影响的事实,在考虑双方利益共同点的基础上,事先草拟出一系列问题。制定谈判策略涉及要进行一系列的决策,这些决策包括:先谈什么问题,后谈什么问题? 在哪些方面愿意妥协,哪些方面立场坚定? 谈判团队由哪些人构成,如何分工? 谁代表公司发言,谁做记录? 应急方案是什么?

7.编制采购谈判文件

文件内容、结构可参考招标文件的内容和格式编制,也可以按谈判采购的程序,在招标文件内容、格式基础上进行简化处理,一般包括:谈判邀请函、采购清单及技术要求、报价要求、谈判须知,如时间地点程序、特殊条款、合同主要条款与格式等。

8.模拟谈判

通过模拟谈判可以发现谈判计划的不足之处以及薄弱环节,提高采购谈判人员的应变能力,减少失误,实现谈判目标。

三、采购谈判的策略及技巧

(一)开局阶段

开局阶段主要指谈判双方进入讨论具体、实质性的谈判内容之前,彼此见面,相互介绍、寒暄以及就谈判内容和谈判事项进行初步接触的过程。好的开端是谈判成功的一半,在采购谈判中,谈判开局是双方真正走到一起,进行直接接触与沟通,开局的成功与否对谈判能否顺利进行起到重大影响。这一阶段的目标就是为进入实质性谈判创造良好条件。为实现这一目标,开局阶段主要有四项任务:明确谈判的具体事项、创造良好的谈判气氛、开局摸底、修正谈判计划。可选用的策略具体有以下几种:

1.留有余地策略

要求谈判人员对所要陈述的内容留有余地,以备讨价还价之用。从表面来看,这种策略与开诚布公相抵触,但也并非绝对。两者目标是一致的,都是为了达成协议,只是实现目的的方法不同而已。不可忽视的是,留有余地策略应如何运用要视对手而定。

2.开局陈述策略

在任何商务谈判过程中,开局陈述都非常重要,它往往决定了谈判的整体基调。开局陈述主要是向对方叙说己方的观点和立场。它要求陈述的内容言简意赅、诚挚友好。因为诚挚陈述的开局一般会得到良好的反应,言简意赅的陈述容易让对方把握要领,尽快切入主题,避免在枝节问题上纠缠。在听清对方的基本观点后,另一方就可以谈已方的观点了。在发言中应保持其意图原貌,不受对方发言的影响。

3. 察言观色策略

谈判对手的性格、态度、风格及经验等情况,是借助他的言谈举止来体现的。可以通过对对方的表情、目光、手势等肢体语言的观察来判断谈判人员的态度和意向,进而确定其谈判策略。

(二)磋商阶段

所有双方要讨论的议题内容都在这一阶段进行横向铺开,以合作的方式反复磋商,逐步推进谈判内容。通过对所采购商品的质量、价格、交货方式、付款条件等各项议题的反复讨论,互做让步,寻找双方都有利的最佳方案。这一阶段,要注意双方共同寻找解决问题的最佳方法。当在某一具体问题上谈判陷入僵局时,应征求对方同意,暂时绕过难题,转换到另一个问题进行磋商,以便通过这一问题的解决打开前一问题谈判的僵局。此外,这一阶段要做好谈判记录,把双方已经同意解决的问题在适当时机归纳总结,请对方确认。

讨价还价是磋商阶段一项极其重要的内容。优秀的谈判者不仅要充分了解谈判的基本原则、方法,还要学会运用讨价还价的策略。首先,试探对方。要在谈判中把握主动权,就必须尽可能地了解对方,尽可能地掌握当已方采取某一步骤时对方的反应意图,试探对方便是了解对方的一种有效方法。一般而言,任何一种试探行为都会使对方有不同的反应,作为谈判的参与者,就得认真细致地把握这些反应与变化。其次,做到有取舍的让步。谈判本身就是一个理智的取舍过程,如果没有舍,就无所谓取。高明的谈判者,除了知道何时抓住利益外,还要知道何时该放弃。第三,目标分解。在讨价还价时,不应教条地将目标局限在某一点上。将目标分解,才会取得较好的谈判效果。第四,最后报价。采购谈判过程中经常会听到供应商说"这已经是我们的最低价"。如果已方相信,交易便达成了;如果不相信,就需要再进一步讨价还价,或者也可能直接取消交易。所以要使最后报价起到良好的效果,提出的时机与方式很重要。如果双方在剑拔弩张的氛围下提出最后报价,无异于最后通牒,不利于谈判的顺利进展。较好的方法是:当双方就价格未能达成一致意见时,如果报价一方看到对方有明显达成协议的倾向,这时提较为合适。在提出最后报价时,尽量让对方感到这是已方所能接受的最合适的价格。同时,报价的口气相对委婉、诚恳。这样双方都容易接受。最后报价可能与原报价有一定出入,以证明已方诚意,同时,应督促对方尽快和解以达成协议。

(三)交易达成阶段

随着磋商的不断深入,谈判双方在越来越多的事项上达成共识,彼此在立场与利益等方面的差异逐步缩小,交易条件的最终确立已经成为双方共同的要求,此时采购谈判将进入交易达成阶段。交易达成阶段要拟定经过磋商后所达成的协议初稿,经双方进一步修改认可,签订正式协议书,据以签订正式合同,整个谈判过程至此全部结束。

交易达成阶段可遵循以下原则:(1)力求尽快达成个协议。谈判成交阶段是谈判者最容易出问题的阶段。俗话说,夜长梦多,已商讨过的内容和条件如果不尽快以协议的形式取得双方共识,有可能会反复磋商。谈判的成果要靠严密的协议来确认和保证,协议是以法律形式对谈判成果的记录和确认。所以,在交易达成阶段的首要目的就是尽快将已取得的谈判成果达成协议,取得双方的确认,加强双方责任感。(2)尽量保证已取得的利益不丧失。经过长时间紧张的谈判,谈判者认为谈判已经大功告成,紧张的情绪松弛下来,此时精力已不充沛,注意力很容易分散,判断则容易出现差错和漏洞,给谈判留下隐患。谈判对手也有可能对自己在磋商阶段的让步反悔,所以在最后阶段,要尽量保证已取得的利益不丧失。(3)争取最后的利益收获。通常,双方将交易内容、条件大致确定,即将签约的时候,精明的谈判人员往往还要利用最后的机会,争取最后一点收获。在成交阶段取得最后利益的常规做法:在签约前,突然提出一个小小的请求,要求对方再做出一点让步。由于谈判已进展到签约阶段,谈判人员已付出很大的代价,也不愿为这一点点小利而前功尽弃或伤害双方合作情谊,因此,往往会很快答应请求,尽快签约。

(四)谈判后的管理

采购谈判结束后,不管是成功还是失败,作为采购方都应对谈判工作进行全面系统的梳理总结。谈判结束后的工作往往被人们忽视,实际上它对提高企业今后谈判工作效率是十分必要和有益的。谈判结束后的总结应具体包括以下内容:(1)采购方战略。包括谈判对手的选择、谈判目标的制定、谈判队伍组建、谈判成员工作能力与效率等。(2)谈判情况。如前期准备工作是否充分,制定的谈判策略以及实际进度、应用的技巧等是否有效等。(3)供应方情况。包括其谈判小组的整体工作效率,所采用的技巧策略等。

任务二
采购合同管理

任务导读

通过本部分内容的学习,学生能够熟悉企业采购合同订立前的一系列准备工作,了解采购合同签订程序,并在合同正式签订前,能够对采购合同进行审核。

一、采购合同认知

(一)采购合同的概念

在企业采购业务流程中,最重要的采购文件之一就是采购合同。采购方企业与供应商企业建立的商品买卖关系,一般要通过签订采购合同加以确认。采购合同是经济合同的一种,是供需双方为执行供销任务,明确双方权利和义务而签订的具有法律效力的书面协议。随着商品流通的发展,采购合同正成为维护商品流通秩序和促进商品市场发展完善的手段。

(二)采购合同的特征

(1)采购合同是转移标的物所有权或经营权的合同。采购合同的基本内容是出卖人向买受人转移合同标的物的所有权或经营权,买受人向出卖人支付相应货款,因此必然导致标的物所有权或经营权的转移。

(2)采购合同的主体广泛。从国家队流通市场的管理和采购的实践来看,除生产企业外,流通企业也是采购合同的重要主体,其他社会组织和具有法律资格的自然人也是采购合同的主体。

(3)采购合同与商品流通过程密切相关。流通是社会再生产的重要环节之一,对国民经济和社会发展有着重要影响,重要的工业品生产资料的采购关系始终是国家调控的重要方面。采购合同是采购关系的一种法律形式,它以采购这一客观经济关系作为设立的基础,直接反映采购的具体内容,与流通过程密切相关。

(三)采购合同的类型

采购合同有多种分类标准,一般可分为以下几类。

1. 按采购内容分类

按照采购内容分类,可分为货物采购合同、工程项目采购合同以及服务采购合同。

2. 按采购职能的范围和标的分类

按照采购职能的范围和标的分类,可分为商业采购合同、政府采购合同和制造业采购合同。

(1)商业采购是商业领域为转售而进行采购和储存货物,是以营利为目的,如批发商、零售商的进货采购等。

(2)政府采购是指国家各级政府为从事日常的政务活动或为了满足公共服务的目的,利用国家财政性资金和政府借款购买货物、工程和服务的行为。

(3)制造业采购是为了制造、加工货物或材料进行的采购。采购也是制造业中的重要环节,产成品的大部分成本来自所采购的原材料或零部件等。

3. 按合同支付方式分类

采购合同按合同支付方式,一般可分为固定价格合同、成本加酬金合同和固定工资合同等类型。

4. 按标的物的产业归属和交易内容分类

(1)工矿产品采购合同。工矿产品采购合同是指当事人就采购工业品及生活资料明确双方权利义务关系所签订的合同。

(2)农副产品采购合同。农副产品采购合同是指当事人就采购农副产品而明确双方权利义务关系所签订的合同。

(3)易货贸易合同。易货贸易合同是指当事人双方就以货换货,明确双方权利义务关系所签订的合同。

(4)补偿贸易合同。补偿贸易合同是指当事人用提供设备或技术的方式换取该设备或技术生产的产品,进行补偿所签订的,明确双方权利义务关系所签订的合同。

(5)特殊采购合同。主要指样品采购、试用采购、分期付款采购、拍卖和连续供货采购合同等。

二、采购合同的内容与格式

采购合同的内容因采购物资的规格和条件不同而有所变化。一般情况下,企业会采用固定格式的采购合同,在采购项目特殊而使用条件负责的情况下,则会另行订立合同条款。一份完整的采购合同通常由三部分构成:首部、正文和尾部。

(一)首部

合同的首部主要包括以下内容:

(1)合同名称,如生产用原材料采购合同、设备采购合同、知识产权协议、加工合同等。

(2)合同编号,企业每份合同都须有一个编号,如 2017 年第 1 号。

(3)签订日期。

(4)签订地点。

(5)买卖双方名称。买卖双方的名称必须是全称。

(6)合同序言。

(二)正文

合同正文是买卖双方谈判协定的主要内容,是采购合同的必备条款,也是采供双方履行合同的基本依据。合同的正文应主要包括以下方面:

1.商品名称

商品名称指所要采购商品的全球或全国通用名称,不能使用简化、口语化或地方方言名称。

2.品质规格

商品的品质是指商品的内在质量和外观形态的综合。内在质量指的是商品的化学成分、物理和机械性能,以及生物结构等。外观形态指商品造型、款式等。商品品质的优劣,直接影响商品的使用效能、销量以及价格,关系到买卖双方的利益。买卖双方在采购合同中应就品质条款做出明确规定。合同中的品质条款,也是采购方接货验收的依据。

商品规格是指一些足以反映商品品质的主要指标,如化学成分、含量、纯度、性能、容量、粗细等。它一般用来作为区别同品质商品的重要依据。

3.数量

数量指用一定度量制度来确定商品的重量、个数、长度、面积、容积等。该条款的主要内容有交货数量、单位、计量方式等。必要时还应清楚地说明误差范围以及交付数量超出或不足的处理方法。

4.价格

价格是指交易物资每一计量单位的货币数值。如一台电脑 4 000 元。该条款的主要内容包括:计量单位的价格金额、货币类型、国际贸易术语、物品的定价方式等。

5.包装

商品包装是指在流通过程中为了保护商品、方便运输、促进销售,按一定的技术方法而采用的容器、材料等辅助物的总体名称,也指为了上述目的而在采用容器材料和辅助物的过程中施加一定技术方法的操作活动。该条款主要内容有:包装标识、包装方法、包装材料要求、包装容量、包装质量要求、环保要求、规格、成本、分拣运输成本等。

6. 装运

装运是指将物资装上运输工具并运送到交货地点。该条款的主要内容有:运输工具、装运时间、装运目的地、装运方式和装运通知等。

7. 到货期限

到货期限是指从顾客下订单到收到产品的最晚时间。交货期限要严格按照合同规定履行,如期间遇到特殊情况,需事先告知对方,以不延误对方企业运营为标准。

8. 交货地点

交货地点是指货物指定送达的目的地。交货地点不一定总是以企业生产所在地为标准,有时为了节约运输费用,也可以选择交通便利的港口交货。同时,应明确商品的发送方式是送货、代运,还是自提。

9. 验收方法

商品到达后按照事先约定的检验办法对商品进行有效检验,对于不符合合同要求的产品要及时处理。

10. 支付条款

支付条款主要指支付手段、付款方式、支付时间、支付地点。

11. 保险

保险是企业向保险公司投保并缴纳保险费的行为,也指货物在运输过程中受到损失时,保险公司向企业提供的经济补偿。该条款的主要内容包括:确定保险类别及其保险金额,指明保险投保人并支付保险费。

12. 违约责任

违约责任是合同当事人不履行合同义务或履行合同义务不符合约定时,依法产生的法律责任。在签订合同时,应明确规定,当事人有以下三种情况时应付违约金或赔偿金。

(1)未按合同规定的商品数量、品种、规格供应商品。

(2)未按合同中所规定的商品质量标准交货。

(3)逾期发送商品。购买者逾期结算货款或提货、临时变更收货地点等,应付违约金或赔偿金。

13. 合同的变更与解除条件

合同应明确规定:在什么情况下可以变更或解除,什么情况下不可变更或解除合同,通过什么手续来变更或解除合同等情况。

14. 仲裁

当事人在合同中约定的仲裁条款或者在发生纠纷时达成的仲裁协议,是仲裁机构受理合同纠纷的法律依据。应包括仲裁机构、适应的仲裁程序、仲裁地点、解决效力等。

15. 不可抗力

不可抗力是指在合同执行过程中发生的不能预见的、人力难以控制的意外事故,如战争、洪水、台风、地震等,致使合同执行过程被迫中断。遭遇不可抗力的一方可以因此免除合同责任。不可抗力条款的主要内容包括:不可抗力的含义、适用范围、法律后果、双方的权利义务等。

(三)尾部

合同的尾部主要包含以下几个方面内容:
(1)合同的份数,一般采购合同至少有两份。
(2)使用的第一有效语言种类和效力。
(3)附件与合同的关系。
(4)合同的生效日期和终止日期。
(5)双方签、盖章。

三、采购合同的签订与管理

(一)采购合同的签订须遵守以下几点原则:

(1)采供双方须具备法人资格。这里所指法人,是指有一定的组织机构和独立支配财产,能够独立从事商品流通活动或其他经济活动,享有权利和承担义务,依照法定程序成立的企业。
(2)合同必须合法。也就是必须遵照国家的法律法规、方针政策签订合同,其内容和手续应符合相关合同管理的具体调理和实施细则的规定。
(3)签订合同应坚持平等互利且充分协商的准则。
(4)坚持等价有偿原则。
(5)当事人双方应以自己的名义签订经济合同。若需要委托别人代签,则需提供委托证明。

(二)采购合同签订的程序

签订采购合同是采购方与供应方双方当事人在平等自愿的基础上,就合同的主要条款经过协商取得一致意见,最终建立起物品采购合同关系的法律行为。我国《中华人民共和国合同法》规定:"当事人双方依法就合同的主要条款经过协商一致,合同就成立。"实践中,当事人相互协商签订合同的过程中,通常分为两个阶段,即提出订立合同的建议和接受订立合同的建议,民法学上称为"要约阶段"与"承诺阶段"。

1. 要约阶段

要约阶段是指当事人一方向他方提出订立经济合同的建议。提出建议的一方叫要约人。要约是订立采购合同的第一步。

2. 承诺阶段

承诺阶段是受要约人同意要约的意思表示。即买卖双方对合同的主要内容表示同意认可,经过双方签署书面契约,合同即可成立。合同法规定,承诺的内容应当与要约内容保持一致。所谓内容一致,具体表现在:承诺是无条件的同意,不得限制、扩张或变更要约内容,否则不构成承诺,而应视为对要约的拒绝并做出一项新要约。受要约人对要约内容做出实质性变更的,为新要约。有关对采购合同标的、数量、质量、价款或者报酬、履约期限、履约地点和方式、违约责任和解决争议方法等的变更,均是对要约内容的实质性变更。

3. 填写采购合同文本

4. 履行签约手续

5. 签证机关签证或公证机关公证

报请签证机关签证或者是相关的公证机关公证。某些经济合同,法律有明确的条款规定需要工商行政管理部门的签订或者是主管部门的批准;对于法律没有规定是否需要签证的合同,采购方可与供应商协商决定是否签证或公证。

(三)签订采购合同的注意事项

企业采购涉及范围广,因此在签订采购合同时对于各项条款必须做出全面慎重考虑,以避免日后不必要的纠纷。

1. 审查双方基本情况

在正式签订合同前,要审查对方的营业执照,了解其经营范围,以及对方的资金、信用、经营情况、其项目是否合法等。如果有担保人,也要调查担保人的真实身份,若出面签约的是某业务人员,要注意查看对方提交的法人开具的正式书面授权委托证明,以确保合同的合法性和有效性。在国际采购中,要注意将子公司与母公司分开,若与子公司谈判,不仅要看母公司的资信情况,更要调查子公司的资信情况,因为母公司对子公司不负连带责任。

2. 严格审核采购合同内容

(1)采购商品信息。要求名称、规格、数量、单价、总价、交货日期及地点必须与谈判双方要约相符。

(2)付款方式。要求明确买卖双方约定的付款方式,如一次性付款、分期付款等。

(3)延期罚款。在合同中是否约定供应商须配合企业生产进度,最迟在某月某日以前全部送达交验,除不可抗力原因之外;若逾期,供应商应每天赔偿采购方式多少违约金。

(4)验收与售后。合同中应明确规定供应商物料送交采购方企业后,须另立保修书,自验收日期的保修期限;在保修期间如有因劣质物料而致损坏,供应商应于多少日之内无偿修复,否则采购方企业另请第三方机构修理,所产生费用应由供应商承担。

(5)保证责任。合同中可约定供应商应找实力雄厚的企业担保供应商履行合同所订内容,保证期间包含物料运抵企业经验收至保修期满为止,保证人应负责赔偿企业因供应商违约所蒙受的损失。

3. 合同必须明确双方应承担的义务和违约的责任

采购合同双方应就违约事项约定解决方式及法律责任,以此来维护自己的合法权益。如,约定在违反合同事项时支付违约金。

●项目拓展

为了确保合同的真实性与合法性,采购合同一般应予以公证。所谓合同的公证就是国家公证机关即公证处代表国家行使公证职能,根据当事人的申请和法律的规定,依照法律程序证明采购合同真实性和合法性的活动。采购合同公证的意义在于通过公证对合同进行法律审查,明确哪些内容是合法的、哪些是不合法的,避免合同的违法,有利于防止经济犯罪,维护合同当事人的合法权益。通过合同的公证,可以使合同规范化,对一些不明确或不具体的条款予以修改、完善,预防纠纷和减少诉讼。

●项目小结

通过项目七的学习,学生应了解企业采购谈判的相关认知,为企业采购谈判做准备与信息分析,从而能够根据企业采购谈判的特点和内容,运用采购谈判的策略与技巧进行采购谈判。此外,学生还应掌握谈判后的合同签订与管理相关知识,确保双方明确各自的权力与义务。

●项目测试与训练

1.讨论分析题

(1)采购谈判过程中,谈判人员应注意的策略与技巧有哪些?

(2)采购谈判开始前,谈判人员应做哪几方面的准备工作?

(3)优秀的谈判人员应具备哪些素质?

(4)企业在签订采购合同过程中需遵循哪些原则?

2.技能训练

(1)训练目的:模拟企业日常采购谈判,帮助学生提高知识应用能力。

(2)训练要求:模拟谈判。

某高校拟为实训室采购200台电脑。

将学生分成若干谈判小组,每组(4~5人),分别代表采购方高校和电脑供应商。各自完成谈判队伍的分工组建,并写出一份采购谈判方案。谈判策划书应包括:谈判内容、谈判目标、谈判策略、谈判时间等。

选取采供小组进行谈判,其他小组依次进行。谈判过程中,其他小组记录并对谈判情况进行总结,提出改进建议。各小组根据修改意见,提交采购谈判方案的修改。

课后习题

(一)单选题

1.采购谈判的特点包括(　　)。

　A.合作与竞争并存

　B.坚持底线和适当让步并存

　C.经济利益中心性

　D.合作与竞争并存、坚持底线和适当让步并存、经济利益中心性

2.商品名称是指(　　)。

　A.所要采购商品的全球或全国通用名称

B.商品的内在质量和外观形态的综合

C.用一定度量制度来确定商品的重量、个数、长度、面积、容积等

D.交易物资每一计量单位的货币数值

3.审核采购合同中的商品信息主要指(　　　　)。

A.要求名称、规格、数量、单价、总价、交货日期及地点必须与谈判双方要约相符

B.要求明确买卖双方约定的付款方式,如一次性付款、分期付款等

C.在合同中是否约定供应商须配合企业生产进度,最迟在某月某日以前全部送达交验,除不可抗力原因之外

D.合同中应明确规定供应商物料送交采购方企业后,须另立保修书,自验收日期的保修期限

4.农副产品采购合同是指(　　　　)。

A.当事人就采购农副产品而明确双方权利义务关系所签订的合同

B.当事人双方就以货换货,明确双方权利义务关系所签订的合同

C.当事人用提供设备或技术的方式换取该设备或技术生产的产品,进行补偿所签订的,明确双方权利义务关系的合同

D.样品采购、试用采购、分期付款采购、拍卖和连续供货采购合同等

5.完整的采购合同应由(　　　　)几部分构成。

A.首部、正文和尾部　　　　　　　　B.首部、正文

C.正文、尾部　　　　　　　　　　　D.首部、尾部

(二)多选题

1.采购谈判的内容应包括(　　　　)。

A.商品条件谈判　　　　　　　　　　B.价格条件谈判

C.货物的支付条件　　　　　　　　　D.货物的交货条件

E.售后服务保证

F.检验、违约责任、不可抗力与仲裁条件

2.采购合同中价格条款的主要内容包括(　　　　)。

A.计量单位的价格金额　　　　　　　B.货币类型

C.国际贸易术语　　　　　　　　　　D.物品的定价方式

3.采购谈判主要是用于以下(　　　　)几种情况。

A.结构复杂、技术要求严格的机械设备采购

B.多家供货厂商互相竞争

C.采购的商品供货厂商不多,但企业可以自制或向国外采购,或可以其他商品替代

D.需用的商品经过公开招标,但开标结果在规格、价格、交货日期、付款条件等方面无一供货商能满足要求

E.需用的商品原采购合同期满,市场行情有变化并且采购金额较大

4.企业应严格审核采购合同的(　　　　)内容。

A.采购商品信息　　　　　　　　　　B.付款方式

C.延期罚款　　　　　　　　　　　　D.验收与售后

E.保证责任

5. 合同的首部应主要包括(　　　)内容。

    A. 合同名称　　　　　　　　　　B. 合同编号

    C. 签订日期　　　　　　　　　　D. 签订地点

    E. 买卖双方名称　　　　　　　　F. 合同序言

● 答　案

（一）单选题

1. D　　2. A　　3. A　　4. A　　5. A

（二）多选题

1. ABCDEF　　2. ABC　　3. ABCDE　　4. ABCDE　　5. ABCDEF

项目八 采购过程控制及成本控制

● 学习目标

知识目标

1. 认识和了解采购文件和单据管理的基本内容。

2. 会填写合同跟踪。

3. 学会分析简单的采购成本。

技能目标

1. 掌握并会运用采购的 ABC 管理法解决实际问题。

2. 学会合理控制采购的数量。

3. 掌握采购质量控制的基本内容。

● 引导案例及分析

　　某公司是一家北京的空调批发公司,它的客户既有像西单、蓝鸟、双安这样的大商场,也有北京街头很多地方可看到的空调专卖店,大致能有几十家,大商场的销售占主要部分。公司主要出售三家公司的空调产品:美的、日立、三菱,其中美的的产品占公司销售的绝大部分,经营空调的品种大约为三四十种。公司的销售额已经达到了一个亿,假设一台空调的平均单价为2 000元,一年销售空调的数量将大致为5万台,这5万台空调绝大部分集中在一年的三个月或更短的时间中销售,公司的财务部人员5位,主要业务就是核算与供应商及客户的往来账和库存商品的明细账。它的主要供应商"美的"必须采用预付款的方式进行往来结算,而其他两家可以采用赊购的方式。后来该公司引用了一个软件,利用软件收集大量数据然后进行整理,同时梳理出一条采购分配优化线,这样可以在最短的时间内完成最大的业务量。

思考题

1.试分析案例中存在的问题。
2.使用了软件后给该公司带来哪些方便?

案例分析

由于5万台空调集中在比较短的时间里采购与销售,公司的人手又少,同时在空调热卖的日子里,同一型号的空调不同的进货批次价格不一样,它的供应商都是空调的货先到,采购发票延迟很长时间后才能到达。所以,由于这些原因导致企业与供应商的往来账,始终不能非常清楚,与供应商对账时,有时无据可查。在空调热卖的日子,公司的经理常会说,空调的预付款怎么又没有了,因为这之前已经花了。另外,企业的管理人员尽管知道哪种空调好卖,但没有准确的数字,所以有时不能准确地把握未来空调进货的数量,进多了可能会占压库存(为了节省成本,此公司的仓库较小),进少了又失去了销售的机会。

此公司应用了进销存软件之后,解决了两大问题。第一,采购管理完善了,与供应商的往来账变得清晰明了,有据可查了。他们是这样解决问题的:因为发票迟后到达,所以公司首先输入原始到货单和付款单,公司的计算机系统自动记供应商往来账,及时为企业的经理提供信息,待采购发票到达了,再进行核对。这看起来似乎是很简单的问题,但因为企业的采购批次繁多及采购的品种繁多,就发生了本质的变化,就变得非常复杂。供应商往来账的清晰仅是一个结果,为了实现这个结果,在计算机系统的帮助下,企业规范了采购管理的业务处理流程与原始数据。第二,增强了采购的准确性,减少了盲目性,同时为企业采购资金的筹备提供了依据。这个企业大部分的空调销售是来自大商场,顾客在商场付款购买空调后,公司是在两三天后才给客户安装的,而此时公司在商场的信息员,将把信息发回公司,公司的计算机系统对此信息进行汇总,据此公司可以较准确地预测未来采购的数量。

任务一
采购过程控制 ◄◆▌▌

任务导读

采购涵盖了从供应商到需求方之间的货物、技术、信息、服务流动的全过程。通过实施有效的计划、组织与控制等采购管理活动,合理选择采购方式、采购品种、采购批量、采购频率和采购地点,企业可以有限的资金保证经营活动的有效开展,在降低企业成本、加速资金周转和提高企业经营质量等方面发挥着积极作用。

采购竞争优势已经成为企业竞争力的一部分。采购流程是否规范,采购效益与效率的高低,直接决定企业的盈利能力和市场竞争力的优劣,决定企业是否能够生存和发展。

一、采购文件和单据管理

采购文件是采购人为完成采购活动所制定的文件,包括商务性文件内容和技术性文件内容。

采购文件包括采购活动记录、采购预算、招标文件、投标文件、评标标准、评估报告、定标文件、合同文本、验收证明、质疑答复、投诉处理决定及其他有关文件、资料。

采购活动记录至少应当包括下列内容:

(1)采购项目类别、名称;

(2)采购项目预算、资金构成和合同价格;

(3)采购方式,采用公开招标以外的采购方式的,应当载明原因;

(4)邀请和选择供应商的条件及原因;

(5)评标标准及确定中标人的原因;

(6)废标的原因;

(7)采用招标以外采购方式的相应记载。

采购文件的保存期限为从采购结束之日起至少保存 15 年。表 8-1 所示某采购部门采购单。

表 8-1　采购单

部门:采购部门 日期:

序号	品名	品牌	规格	型号	功能	市场价	数量	金额

申请人: 部门经理:

审核意见:

二、合同跟踪与物料管理

(一)采购合同的跟踪监控及问题处理

1.跟踪监控及问题处理

(1)严密跟踪和监控供应商准备物料的详细过程,保证采购正常进行;

(2)紧密响应生产需求形势;

（3）慎重处理库存；

（4）控制好物料验收环节。

2. 合同跟踪监控的主要事项

（1）在合同跟踪工程中，要注意供应商的质量、货期等的变化；

（2）注意把合同、各类经验数据的分类保存工作做好；

（3）供应商的历史表现数据对订单下达以及合同跟踪具有重要的参考价值。

3. 合同的变更、解除与取消

（1）采购合同变更和解除的条件：双方协商同意、不可抗力、一方未履行合同。

（2）采购合同的修改：国内采购合同修改最常见的有交货日期以及价格的修改。国外采购合同的修改一般有三种常见形式：装运期的修改、船运改空运、一次装运改分批装运。

（3）采购合同的取消：因违约而取消合同、因需求变更由企业要求取消合同、供需双方同意取消合同。

4. 采购合同的争议及解决

（1）争议。争议是指买卖的一方认为另一方未能全部或部分履行合同约定的责任与义务所引起的纠纷。主要有三种原因：卖方违约、买方违约、合同规定不明确及不具体。

（2）索赔和理赔：索赔就是指损害的一方在争议发生后，向违约的一方提出赔偿的要求。理赔就是指违约的一方受理遭受损害的一方提出的索赔要求。

①索赔的期限：一般农产品、食品的索赔期限短一些；一般物资索赔期长一些；机械设备的索赔期限更长一些。

②索赔的依据：出具证据。

③索赔额及赔偿办法：如何跟踪、监控采购合同的执行是订单人员的重要职责。合同跟踪、监控的目的有三个方面：促进合同正常执行、满足企业的物料需求、保持合理的库存水平。

在实际订单操作过程中，合同、需求、库存三者之间会产生相互矛盾，突出的表现为：因各种原因合同难以执行、需求不能满足导致缺料、库存难以控制。

（1）合同执行前跟踪、监控。当一个订单合同制定之后，供应商是否接受订单，是否及时签订等都是订单人员要及时了解的情况。在采购环境里，同一物料有几家供应商可供选择是十分正常的情况，独家供应的情况是很个别的。虽然每个供应商都有分配比例，但是在具体操作时还可能会遇到供应商因为各种原因拒绝订单的情况。由于时间的变化，供应商可能要提出改变"认证合同条款"，包括价格、质量、期货等，作为订单人员应该充分与供应商进行沟通，确认可选择的供应商。如果供应商按时签返订单合同，则说明供应商的选择正确；如果供应商确实难以接受订单，千万不可勉强，可以在采购环境里另外选择其他供应商，必要时要求认证人员协助办理。与供应商正式签订过的合同要及时存档，为以后查阅做好准备。

（2）合同执行过程跟踪、监控与供应商签订的合同具有法律效力。订单人员应该全力跟踪，合同确实需要变更时要征得供应商的同意，不可一意孤行。合同执行过程跟踪要把握以下事项：

①紧密响应生产需求形式。如果因市场生产需求紧急，要求本批物料立即到货，采购人员就应该马上与供应商进行协调，必要时还应该帮助供应商解决疑难问题，保证需求物料的准时供应。有时市场需求出现滞销，采购方经过研究决定延缓或取消本次订单物料供应，订单人员

也应该立即与供应商进行沟通,确认可以承受的延缓时间,或者终止本次订单操作,同时应该给供应商相应的赔款。

②慎重处理库存控制。订单人员应密切关注库存水平,既不能让生产缺料,又要保持最低的库存水平,这确实是一个非常具有挑战性的问题。当然,库存问题还与采购环境的柔性有关,这方面也需要认证人员和计划人员的通力合作。

③控制好物料验收环节。物料到达订单规定的交货地点,对国内供应商一般是指到达企业原材料库房,对境外供应商交货一般是指到达企业的国际物流中转中心。在境外交货的情况下,供应商在交货之前会将到货情况表单传真给订单人员,订单人员必须按照原先所下的订单对到货的物品、批量、单价及总金额等进行确认,并录入归档,而后开始办理付款手续。境外物料的付款条件可能是预付款或即期付款,一般不采用延期付款。

(3)合同执行后跟踪、监控。在按照合同规定的支付条款对供应商进行付款后仍需要进行合同跟踪。订单执行完毕的条件之一是供应商收到本次订单的货款,如果供应商未收到货款,订单人员有责任督促付款人员按照流程规定加快操作,否则会影响企业的信誉。

另一方面,物料在运输或者检验过程中,可能会出现一些问题,偶发性的小问题可由订单人员或者现场检验人员与供应商进行联系解决。

另外,合同跟踪、监控还有几点需要进行以下补充说明:

(1)在合同跟踪、监控过程中,要注意供应商的质量、货期等的变化情况。需要对认证合同的条款进行修改的,要及时提醒认证办理人员,以利于订单操作。

(2)注意把合同、各类经验数据的分类保存工作做好。现在,一般采用计算机软件管理系统进行管理,将合同进展情况录入计算机中,借助计算机自动处理跟踪合同。

(3)供应商的历史表现数据对订单下达以及合同跟踪具有重要的参考价值,因此应当注意利用供应商的历史情况来决定对其实施的过程办法。

(二)物料管理

物料管理是将管理功能导入企业产销活动过程中,希望以经济有效的方法,及时取得供应组织内部所需之各种活动。

1. 物料管理的概念

物料管理概念的采用起源于第二次世界大战中航空工业出现的难题。生产飞机需要大量单个部件,很多部件都非常复杂,而且必须符合严格的质量标准,这些部件又从地域分布广泛的成千上万家供应商那里采购,很多部件对最终产品的整体功能至关重要。物料管理就是从整个公司的角度来解决物料问题,包括协调不同供应商之间的协作,使不同物料之间的配合性和性能表现符合设计要求;提供不同供应商之间以及供应商与公司各部门之间交流的平台;控制物料流动率。计算机被引入企业后,更进一步为实行物料管理创造了有利条件,物料管理的作用发挥到了极致。

2. 物料管理的目标

(1)物料规格标准化,减少物料种类,有效管理物料规格的新增与变更。

(2)适时供应生产所需之物料,避免停工待料。

(3)适当管制采购价格,降低物料成本。

（4）确保来料品质良好，并适当地管制供货商。

（5）有效率的收发物料，提高工作人员的效率，避免产生呆料、废料。

（6）掌握物料适当的存量，减少资金的积压。

（7）可考核物料管理之绩效。

（8）仓储空间充分的利用。

3. 物料的分类

（1）功用

将材料分为主要材料与辅助材料。主要材料是构成制成品的最主要部分，而辅助材料多在配合主要材料的加工而附属于制品上。

（2）形态

将材料分为素材与成型材。素材为仍需加工之材料；成型材为已加工的材料。

（3）成本管制

将材料分为直接材料与间接材料。直接材料是直接供作制品制造之材料，其消耗与产品之产量成正比，如铸件马达。间接材料是间接帮助制品之材料，其消耗不一定与产品之产量成正比，辅助材料有时亦包括间接材料。

（4）调度方法

将材料分为公司外部调度的第一次材料与公司内部调度的第二次材料。公司外部调度的第一次材料系指公司内购、外购之材料与外加工之材料。第二次材料系指规模较大的公司内部部门很多，由一个部门的材料调至另一个部门。

（5）准备方法

将材料分为常备材料和非常备材料。常备材料为利用存货管制的原理，定时购买一定数量的材料，存备这些材料以供生产之需。有些特殊材料不能事先购买存备，必须视生产计划而随时决定购买的材料，为非常备材料。

4. 物料管理的特性

首先是物料的相关性，任何物料总是由于有某种需求而存在；没有需求的物料就没有存在的必要。

其次是物料的流动性，既然有需求，物料总是不断从供方向需方流动；物料的相关性决定了物料的流动性。

最后，物料是有价值的，一方面它占用资金，为了加速资金周转，就要加快物料流动；而另一方面，在物料形态变化和流动的过程中，要用创新竞争（不仅是削价竞争）提高物料的技术含量和附加值，用最小的成本、最短的周期、最优的服务，向客户提供最满意的价值并为企业自身带来相应的利润。这也是增值链（Value-added Chain）含义之所在。

三种特性相互作用、互相影响。理解物料的管理特性有助于理解物料需求管理的特点。

5. 物料管理的原则

通常意义上，物料管理部门应保证物料供应适时（Right Time）、适质（Right Quality）、适量（Right Quantity）、适价（Right Price）、适地（Right Place），这就是物料管理的 5R 原则，是对任何公司均适用且实用的原则，也易于理解和接受，下面分别进行阐述：

（1）适时

即要求供应商在规定的时间内准时交货，防止交货延迟和提前交货。

供应商交货延迟会增加成本，主要表现在：

①由于物料延迟，车间工序发生空等或耽搁，打击员工士气，导致效率降低、浪费生产时间；

②为恢复正常生产计划，车间需要加班或在法定假期出勤，导致工时费用增加。

因此应尽早发现有可能的交货延迟，从而防止其发生；同时也应该控制无理由的提前交货，提前交货同样会增加成本，主要原因为：

①交货提前造成库存加大，库存维持费用提高；

②占用大量流动资金，导致公司资金运用效率恶化。

（2）适质

供应商送来的物料和仓库发到生产现场的物料，质量应是适当的，符合技术要求的。保证物料适质的方法如下：

①公司应与供应商签订质量保证协议；

②设立来料检查职能，对物料的质量做确认和控制；

③必要时，派检验人员驻供应商工厂（一般针对长期合作的稳定的供应商采用，且下给该供应商的订单达到其产能的30%以上）；同时不应将某个检验人员长期派往一个供应商处，以防其间关系发生变化；

④必要时或定期对供应商质量体系进行审查；

⑤定期对供应商进行评比，促进供应商之间形成良性有效的竞争机制；

⑥对低价位、中低质量水平的供应商制订质量扶持计划；

⑦必要时，邀请第三方权威机构做质量验证。

（3）适量

采购物料的数量应是适当的，即对买方来说是经济的订货数量，对卖方而言为经济的受订数量。确定适当的订货数量应考虑以下因素：

①价格随采订货数量大小而变化的幅度，一般来说，订货数量越大，价格越低；

②订货次数和采购费用；

③库存维持费用和库存投资的利息。

（4）适价

采购价格的高低直接关系到最终产品或服务价格的高低，在确保满足其他条件的情况下力争最低的采购价格是采购人员最重要的工作。为了达到这一目标，采购部门应该在以下领域拥有决策权：

①选择和确定供应商。

②使用任何一种合适的定价方法。

③对物料提出替代品。采购部门通常能够提供出目前在用物料的替代品，而且它也有责任提请使用者和申请采购者关注这些替代品。当然，是否接受这些替代品要由使用者/设计人员最终做出决定。

④与潜在的供应商保持联系。采购部门必须和潜在的供应商保持联系。如果使用者直接与供应商联系，而采购部门又对此一无所知的话，将会产生"后门销售"，即潜在的供应商通过

影响使用者对物料规格方面的要求成为唯一的供应商,或是申请采购者私下给供应商一些许诺,从而使采购部门不能以最低的价格签订理想的合同。如果供应商的技术人员需要和公司技术人员或生产人员直接交换意见,采购部门应该负责安排会谈并对谈判结果进行审核。

（5）适地

物料原产地的地点应适当,与使用地的距离越近越好。距离太远,运输成本大,无疑会影响价格,同时沟通协调、处理问题很不方便,容易造成交货延迟。

6.物流管理与物料管理的不同点

物流管理与物料管理的不同点主要表现在管理主体、管理客体和增值机理三个方面。

（1）管理主体不同

管理主体即管理者。物料的管理主体在生产企业内部,通常在企业内部设置材料室、储存和采购部门等,统一对物料进行管理;也有一些企业设有厂长助理,对物料的采购、品质、生产、制造等环节进行统一协调和管理。在物料管理过程中,企业的财务部门、销售部门一般不直接参与物料管理工作。而物流的管理主体通常在物品生产企业之外,因此,物流的管理者总是从更宏观的角度,介于企业之间进行物流运筹和组织。例如第三方物流的管理者,既不属于生产方,也不属于消费方,而是从第三方角度为供求双方提供服务,寻求利益平衡点,达到共赢的目的。第三方物流的组织体系一般分为决策层、管理层和执行层三个层次。在物流企业内部,所有的部门都直接或者间接地参与物流管理活动之中。

（2）管理客体不同

从物流的原义角度看,物流的管理客体是商品的流通,物料的管理客体是生产资料的流动,虽然二者都是物的流动,但是,两者存在许多不同点。

①"物"不同。对于物料管理来讲,管理的"物"主要指原材料、零部件、半成品,物料的价值和使用价值都只能在生产企业内部体现,在物料管理的过程中,"物"的所有权不会发生变化;而对于物流管理来说,管理的"物"则主要指进入流通领域的商品,在管理的过程中商品的价值和使用价值是通过物流活动的时空转移来实现,在时空转移过程中物的所有权会发生改变。

②流向不同。在物料管理中,"物"的流向是依据生产工艺过程而确定的,当生产工艺确定之后,物料的流向就被确定,并且物料的流动总是在生产企业内部进行;而在物流管理中,"物"的流向总是由供应方指向需求方,由于需求具有不确定性,因此,物流的流向也具有不确定性。

③可靠性不同。在物流管理中,商品从供应方向需求方流动往往受到交通条件、人为因素、天气条件等影响,尽管事先对物流的流程进行精心策划,但是,完成物流的实际时间、速度、费用、流量、质量等都会面临不确定性,难以做到十分精确。而在物料管理中,现代企业的生产工艺流程完全可以保证物料精确流动,除非机械故障等特殊原因,很少出现意外情况。

（3）增值机理不同

物流管理主要是通过对物料在生产、流通、销售等环节的管理,通过合理的物流作业来降低物流成本,从而提高物流效率和经济效益。

物料管理主要是通过对物料进行有效管理,以降低企业生产成本,加速资金周转,进而促进企业盈利,提升企业的市场竞争能力。

任务二
采购成本控制

任务导读

经济全球化是一个关系世界经济全局的长期发展趋势。它使各种经济资源可以在全球范围内自由流动和实现优化配置。同时也改变了采购的职能范围,使企业采购选择面更广,它扩大了供应的基础,可以获得更大的利益。这是经济全球化为企业带来的机遇,企业可以善用全球各地最佳的资源,在全球范围内寻找各方面都符合条件的供应商。

一、采购成本分析

做了多年采购,就以普通的纸箱为例,大概有以下几个部分:

(1)原材料成本,不同类型的产品其原材料成本分析方法不同,但原理是相通的。如常用的纸箱,它的原材料就由里纸、面纸、瓦楞纸、夹心纸构成,不同的材质克重,不同的产地品牌,不同的销售渠道,其价格存在差异,但原材料市场普遍透明化较高,通过网络或行业内渠道也可及时掌握。以一个1立方米的纸箱为例,可以测算出主要原材料的成本。最好是按税后的成本核算。原纸加工过程会有伸缩率,不同材质伸缩率亦不同,要区别对待。不同类型的原材料成本测算也会遇到各种行业的常规算法,这些算法可以做成一个模板公式,一旦确定就可随时套用。

(2)制造费用,主要为印刷用油墨、水电气(冷)费用,印刷制版费用,钉比、胶、包装绳、设备维护费用,人工工资,损耗等,可以按供应商全产全销套用。例如供应商每月产量稳定在10万套左右,其电费是1万元,那每套费用就很好算,或算平方也可以。有些制造费用是不需要分摊的,例如设备维护等,有些费用也可以不全计入,例如损耗部分供应商卖废品也可以产生收入。

(3)运费,这个很好算,收集下物流信息就可以了。

(4)租赁及折旧,我们一般是算个大概,根据供应商资质不同也可以打个折扣,例如,主要加工设备按15年折旧,按设备采购额80%测算,按全月全产全销套用等,方法很多,可以灵活运用。

(5)管理费用税,主要管理人员工资、办公费、差旅费、奖金等。税费也很好算,所有的费用做成不含税的,最后出一个小计成本,按行业税率不同加税费就行了。

(6)利润,根据供应商的报价,把以上内容做进一个成本分析表,大概的分析就汇总出来了,要反复验证其科学性,多找些供应商走访了解,将成本测算模板的每一环都考虑验证清楚,可以确定固定利润点,完成套用后还要看看能带来多少成本改变。分析主要是由哪一部分贡献的。

二、采购的 ABC 管理法

（一）采购物料的 ABC 分类管理法

ABC 物料分类法将管理对象分为 A、B、C 三类,这三类物料的特点如下:

A 类物料:价值高、品种少的物料,种类占总物料种类的 10%,而采购金额占总物料采购金额的 70%,应当重点管理控制。依生产方式制订物料需求计划,将库存压缩到最低水平。

B 类物料:价值较高、品种较少的物料,种类占总物料种类的 20%,而采购金额占总物料采购金额的 20%,应当重点管理控制。依生产方式制订物料需求计划,库存控制在一定范围内可严可松。

C 类物料:价值较低、品种多的物料,种类占总物料种类的 70%,而采购金额占总物料采购金额的 10%,常规管理控制即可。制订存量管理标准,集中定量/定期补充,适合集中大量订货,以较高库存来降低订货费用。

（二）ABC 分类法的具体实施:

ABC 分类法的两个关键指标为:单价和年用量。

(1)依统计资料,以每种物品的年使用量乘以单价,得出全年每种物品的总价值;

(2)按每种物品的全年总价值的大小进行排列;

(3)计算出每种物品全年总价值占全部物品总价值的百分比;

(4)依各种物品所占的百分比分类。

（三）实施 ABC 分类法应注意的问题

不同企业 ABC 各类的构成也会不同,要从实际出发,视具体情况而定。

(1)根据本单位的实际情况而分类,但对重点物品进行重点管理的原则是相同的。

(2)ABC 分析主要是对资金施行重点管理,而不是指物品本身的重要程度。

(3)在运用过程中如果发现物品使用情况比原来分类时发生较大变化时,应随时调整,该升级的应及时升级,该降级的应及时降级。

三、采购库存与数量控制

库存是指生产企业为了生产的需要,总需要有一部分物资处在生产准备状态,也就是处在一种暂时等待状态。这些物资从开始进入等待状态起,到离开等待状态(进入生产,或者消费或者下一个流通阶段之前)止的阶段,就是库存物资。而所谓库存控制就是对库存量的控制。

库存控制是根据外界对库存的要求,企业订货的特点,预测、计划和执行一种补充库存的行为,并对这种行为进行控制。其主要目的是合理控制库存量的大小,内容包括需求预测,确定物资的订货量和订货时间,给库存物资合理分类以便于管理人员抓住重点,区别对待各种物资。为了使库存控制科学、准确,需要建立一些能反映实际商业运作的数学模型,然后利用计算机进行辅助决策。

（一）库存控制的目标

在库存成本的合理范围内达到满意的顾客服务水平。

（1）成本最小化：在既定服务水平下的最低库存储备，即各项存储活动的总费用最少。

管理重点：基于运作、成本导向、效率为中心。

（2）服务最大化：在库存成本的合理范围内达到满意的顾客服务水平，即在一定成本条件下，满足需求率（工厂一般要求不缺货）的最高服务水平。

管理重点：基于客户、需求导向、服务为中心。

（二）库存控制的基本方式

有很多系统可以用来确定何时、以多少数量补货。

（1）连续观测库存控制系统

固定量系统——定量订货法

（2）定期观测库存控制系统

固定间隔期系统——定期订货法

（3）最大最小系统

固定期系统——定期定点法

（4）重点控制方法——ABC 分类法

上述三种方式和策略的结合：A 类订货点法；B 类定期定点法；C 类定期订货法。

四、采购质量分析与控制

采购质量应当是属于这个大范畴内的一个部分，采购质量是指与采购活动相关的质量问题，就是一个组织通过建立采购质量管理保证体系，对供应商提供的产品进行选择、评价、验证，从而确保采购的产品符合规定的质量要求。采购质量的好坏直接影响到企业最终产品质量的优劣。

（一）采购质量管理作用

（1）有利于提高企业产品质量。

（2）有利于保证企业生产有节奏、持续地进行。

（3）有利于保证企业产品生产和使用环节的安全。

（二）采购质量基本原则

（1）适当的地点。

（2）适当的质量。

（3）适当的时间。

（4）适当的价格。

（5）适当的数量。

（三）采购质量管理措施

采购质量管理应采取以下综合措施：

(1)强化采购职能机构,明确职责和权限,实行物资归口管理,集中统一采购;

(2)建立一支精干、得力、高素质的采购员队伍,做好采购员的选拔、聘用、培训、考核等工作;

(3)制订科学的采购计划并认真执行,必要时可进行调整;

(4)对供货厂商进行合格评定,保证全部向合格供方采购产品,并建立合格供方档案;

(5)准备齐全、正确的采购资料,经主管人员审批后送达供货厂商;

(6)按照《中华人民共和国经济合同法》的要求与供方签订采购合同,并切实履行;

(7)安排好采购品的验证和进货检验;

(8)对大批量、重要物资的采购可采用招标采购等。

（四）采购质量管理方法

1.制订联合质量计划

采购现代商品,不仅购买商品本身,而且还要购买供应商在产品设计、制造工艺、质量控制、技术帮助等方面的服务。要有效地购买供应商的这种服务,需要把供需双方的能力对等协调起来,协调的办法就是制订联合质量计划。联合质量计划中一般要包括经济、技术、管理等三个方面。

2.向供应商派出常驻代表

为直接掌握供应商商品质量状况,可由采购方向供应商派出常驻代表,其主要职责是向供应商提出具体的商品质量要求,了解该供应商质量管理的有关情况,如质量管理机构的设置、质量体系文件的编制,质量体系的建立与实施,产品设计、生产、包装、检验等情况,特别是对出厂前的最终检验和试验要进行监督,对供应商出具的质量证明材料要核实并确认,起到在供应商内进行质量把关的作用。

3.定期或不定期监督检查

采购方可根据实际情况派技术人员或专家对供应商进行定期或不定期的监督检查。通过监督检查,有利于全面把握供应商的综合能力,及时发现其薄弱环节并要求其改善,从而从体系上保证了供货质量。主要监督检查双方买卖合同的执行情况,重点监督检查拟购商品的质量情况。如在生产前主要是监督检查原材料和外购件的质量状况;在生产中主要是监督检查各工序半成品的质量状况;在生产后主要是监督检查产成品的检验、试验及包装情况。需要注意的是,对关键工序或特殊工序必须作为重点进行监督检查。

4.及时掌握供应商生产状况的变化

由于企业内外部环境的变化,供应商的生产状况必然也会随之变化。采购方应及时掌握其变化的情况,对生产发生的一些重大变化,应要求供应商及时向采购方报告。如产品设计或结构上的重大变化、制造工艺上的重大变化、检验和试验设备及规程方面的重大变化等,供应商都应向采购方主动报告说明情况。采购方接到报告后,要认真分析情况,必要时应到供应商那直接了解,主要应弄清对产品质量的影响。在多数情况下,供应商变更产品设计,采取新材料、新设备、新工艺是为了提高商品的质量和生产效率,对保证商品质量是有益的。但是也必须注意到,任何改变都有一个适应的过程,在变更的初始阶段容易造成商品质量的不稳定。这就需要通过加强最终检验和试验来把关。

5. 定期排序

对供应商定期排序的主要目的是评估供应商的质量及综合能力,以及为是否保留、更换供应商提供决策依据。

6. 帮助供应商导入新的质量体系和管理方法

为有效地控制采购商品的质量,采购方应对供应商导入自己多年总结的先进质量管理手段和技术方法,主动地帮助、指导供应商在短时间内极大地提升质量管理水平和技术水平,增强质量保证能力。采购方对供应商给予一定的帮助对供应商是有利的,对采购方自己也是有利的。对供应商的帮助是多方面的,主要目的不是扩大生产能力而是提高商品质量。以提高质量为中心,可帮助供应商组织有关人员的技术培训,进行设备的技术改造,实现检验和试验的标准化、规范化。贯彻 ISO 9000 族标准,争取质量体系认证等。对供应商的帮助重点是加强商品质量的薄弱环节,解决影响商品质量的关键问题。

(五)采购质量的注意问题

(1)质量管理原理在采购部门自身的运用;
(2)与供应商合作以及改进和提高产品的质量;
(3)建立采购管理质量保证体系。

● **项目拓展**

库存补充策略:最基本的库存补给策略有四种。如图 8-1 所示。

(1)(Q,R)策略:连续检查,固定订货点,固定订货量(订货批量或生产批量)。

(2)(R,S)策略:连续检查,固定订货点,最大库存量(目标库存量)。

(3)(T,S)策略:周期检查,最大库存量(目标库存量)。

(4)(T,R,S)策略:周期检查,固定订货点,最大库存量(目标库存量)。

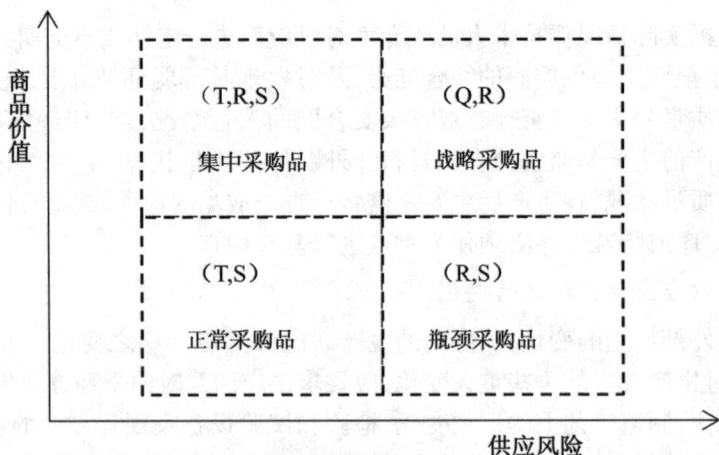

图 8-1 库有补给策略

●项目小结

本章主要学习了如何运用采购 ABC 管理方法来降低成本,进而达到经济效益最大化,其次分别从库存、质量、数量等方面介绍了如何降低采购成本,使其合理化,简单化。

●项目测试与训练

1.讨论分析题

(1)试分析物动量 ABC 和采购的 ABC 管理法的异同点。

(2)试分析采购库存的必要性。

(3)试分析采购成本的控制所带来的效益。

2.技能训练

简述采购合同的主要内容。

三、实践探讨

根据采购单据内容以小组为单位,模拟采购中的采购过程。

课后习题

(一)单选题

1.采购成本分为三类,其中不包括(　　)。

　　A.过程成本　　　　　　　　　　B.失效成本

　　C.预防成本　　　　　　　　　　D.职能成本

2.广义的采购成本包括采购引起的库存维持成本和(　　)。

　　A.缺料成本　　　　　　　　　　B.进货成本

　　C.附加成本　　　　　　　　　　D.订货成本

3.因物料(　　)造成损失是缺料成本。

　　A.价格上涨　　　　　　　　　　B.供应短缺

　　C.质量不合格　　　　　　　　　D.供应中断

4.导致采购方合同中发生进度、质量、成本风险的原因很多,下列可以导致这三种风险同时发生的因素是(　　)。

　　A.供应商的成本增加　　　　　　B.供应商在关键零部件上使用了新的供应商

　　C.需求描述不完全或者不正确　　D.运输过程中发生失窃

5.作为一名采购人员,在明确交货时间时应持正确的态度是(　　)。

　　A.必须是切实可行的　　　　　　B.尽可能要求提前以保证本企业的利益

　　C.听从供应商的安排　　　　　　D.签订合同后双方即时沟通

6.下列选项中对供应商合作伙伴关系理解错误的是(　　)。

　　A.发展长期的、相互的依赖关系　　B.双方有共同的目标

　　C.双方相互信任、共享信息　　　　D.双方共同开发、共担风险

(二)多选题

1.采购成本由(　　)构成。

A. 营销成本　　　　　　　　　B. 订购成本

C. 维持成本　　　　　　　　　D. 储存成本

E. 缺料成本

2. 供应商评价要研究的是这样一回事,如(　　　)。

A. 如何确定与企业特殊要求相适应的供应商

B. 如何识别出最有能力满足企业供应要求的供应商

C. 与供应商建立业务关系

D. 利用企业获得的信用评价标准选择出企业最合适的供应商

E. 确定本企业的采购渠道

3. 供应商评价的目的在于(　　　)。

A. 考察供应商的供应及库存管理水平

B. 建立起企业认可的供应商的名单及其等级体系

C. 确定供应商是否能按照企业的意愿完成供应任务

D. 考察供应商的规模和利润水平

E. 重审企业对于采购项目的供应风险之评判水准并给予修正

4. 下面有关采购说明的正确描述是(　　　)。

A. 采购说明是由不同要素构成,主要包括产品或服务、数量和交付、服务与响应以及供应商需要的其他信息

B. 制订采购说明的方法,总的来说,就是要考虑采购产品或服务的属性

C. 通常情况下,对有利于提高公司竞争优势的产品,其采购说明应选择突出个性特点的说明

D. 所采购产品的使用部门、采购部门、供应商等都应该参与采购说明的制订工作

E. 无论什么样的采购项目或产品,其采购说明的重要性和要求是一样的

5. 在开展供应商评价工作之前,需要做的前期工作有(　　　)。

A. 确定供应目标和优先级别　　　B. 对供应市场分析

C. 为采购项目定位　　　　　　　D. 确定不同采购项目的特定供应策略

E. 确定期望与供应商建立关系的类型

●答案

（一）单选题

1. C　　2. A　　3. D　　4. C　　5. A　　6. B

（二）多选题

1. BCE　　2. ABD　　3. BCE　　4. ACDE　　5. ABCDE

项目九　采购绩效评估

●学习目标

知识目标

1. 熟悉影响采购绩效评估的目的与标准。

2. 掌握采购绩效评估的指标及评估体系。

3. 掌握采购绩效的改进途径。

技能目标

1. 能够根据采购业务水平制定绩效评估指标及评估体系。

2. 能够结合采购绩效考核案例进行分析,根据案例存在的问题,提出改进性意见或建议。

3. 能够利用所学的理论知识进行采购部门及人员的采购绩效考核。

●引导案例及分析

某公司采购管理绩效改革

某礼品公司是一家专门生产贺卡和其他礼仪产品的公司。其下属机构一直是各自独立运作,缺乏统一采购的功能。在公司总经理的领导下,公司制定了采购管理的远景目标和提高采购能力的规划,并深化采购管理绩效改革,开发并实施采购绩效评估。公司在具体实施采购绩效评估的步骤包括以下环节:

1. 确定需要评估的绩效类型。

2．具体评估指标设定。

3．制定绩效评估标准。

4．选定评估人员。

5．确定评估时间和评估频率。

6．实施评估并反馈结果。

7．通过各种方式培训采购人员。

该公司新的采购机制注意平衡全球战略和本地实施，提高配合优秀供应商和执行战略采购合同的质量，确定评估的绩效类型、制定KPI指标等，以及通过招聘、培训和提供恰当的工具等改善采购人员的工作绩效，提高了采购部的整体绩效水平。3年后，该公司节省了3 200万元的采购费用，取得了良好的经济效益。

思考题

1．请分组讨论该礼品公司节省大量采购费用的原因有哪些？

2．请问该公司具体实施采购绩效改善的方法或途径有哪些？

分析

案例中，该礼品公司通过采购职能整合、开发和实施采购绩效评估等措施，改善采购人员的工作绩效，提高了采购部的整体绩效水平，节省了大量的采购费用，取得较好的经济效益和社会效益。

任务一
采购绩效评价指标

任务导读

采购的职能是确保生产供应和降低采购价格以减少成本支出，采购绩效的作用在于降低采购运作成本和材料的价格，减少废品数量，产生更优的决策。在传统制造业中，采购成本一般占产品总成本的50%～70%，随着供应链的发展和外包的深入，这一比重还将上升。采购环节管理的好坏，已成为企业降低成本，提高运营效益的关键因素。如今很多企业面临原材料成本上升、市场竞争加剧、利润空间下滑的重重压力，尤其应该重视采购管理环节，特别应当加强对采购绩效的评估工作。也只有通过进行严格的核算和绩效评价，才能实现企业资源和社会资源的最大化应用，才能使管理者做出有效决策。采购绩效评价机制作为保持企业战略层和执行层迈向共同目标的连接桥梁，具有不容忽视的价值，而且对企业的长期发展也有重要意义。

一、采购绩效评估的目的与标准

（一）采购绩效评估的目的

当完成一项工作后，如果不进行相应的评估，就很难发现工作中存在的不足，也不能为以后的工作提供有价值的参考，因此，根据相应的标准对开展的工作进行有效的评价显得尤为重要；实际上，企业或单位对采购工作做好绩效评估，通常可以实现下列目的。

1. 确保采购目标的实现

各企业的采购目标有所不同，且往往各有侧重，如政府采购的采购偏重"防弊"，采购作业以"按期、按质、按量"为目标；而民营企业的采购则注重"兴利"，采购工作除了维持正常的产销活动外，还非常重视产销成本的降低。因此，各企业可针对采购单位所应追求的主要目标加以评估，促进目标的实现。

2. 作为提供改进绩效的依据

采购绩效考核与评估制度可以提供一个客观的标准，来衡量采购目标是否达成，同时，也可以衡量采购部门目前的工作表现如何。正确的绩效评估，有助于发现采购作业的缺陷所在，据此拟定改进措施，达到兴利除弊、惩前毖后的作用，从而推动采购工作的正常进行。

3. 作为个人或部门奖励的参考

良好的绩效考核与评估方法，能将采购部门的绩效独立于其他部门而突出显现，并反映采购人员的个人工作表现，作为采购人员考核的参考资料。依据客观的绩效评估标准，进行公平、公正的考核与评估，进而促进采购部门及人员的积极性，提高工作效率。

4. 协助人员甄选与训练

跟据采购绩效考核与评估的结果，可看出采购人员在德、能、勤、绩诸多方面的表现，并针对现有采购人员中出现的问题拟订改进计划，比如：哪些人员表现出色，可以委以重任；哪些人员存在一定问题，需要参加专业性培训；还有哪些人员不适合做采购工作，应转岗或下岗，如在评估中发现部门缺乏某种人才，应及时制订内部甄选或外部招聘的相关计划。

5. 促进部门关系

采购部门的绩效高低和其他部门能否密切配合有很大关系。所以，采购部门的职责是否明确，表单、流程是否简单、合理，付款条件及交货方式是否符合公司管理制度，各部门的目标是否协调一致等，均可通过绩效考核与评估予以判断，并可改善部门之间的合作关系，增强企业整体的运作效率。

6. 提高采购人员的士气

有效且公平的绩效考核与评估制度，将使采购人员的努力成果获得相应回报与认可。采购人员通过绩效评估，将与业务人员或财务人员一样，对公司的利润贡献有客观的衡量尺度，成为受到肯定的工作伙伴，对其士气提高大有帮助。

7. 可以服务于对某个供应商绩效的评价

采购部门和采购人员是与供应商接触最多的部门和个人，对其工作绩效的评价显然要涉及与供应商合作的具体情况,这有助于评价某个供应商作为合作伙伴的可靠性和稳定性。

(二)采购绩效评价的标准

绩效指标的评价可以用过去的指标做对照,也可以以行业的平均水平为尺度,还可以选择一个标杆企业的指标作为评价标准。具体来说,采购绩效评价常见的评价标准主要有以下四个方面:

1. 历史绩效

历史绩效就是在过去的采购过程中形成的绩效。当采购部门的组织结构、基本职责或人员等均没有重大变动的情况下,可选择企业历史绩效作为评估目前绩效的基础。

2. 预算/标准绩效

当企业或单位使用历史绩效难以获得准确数据或采购业务发生了较大的变化时,则可以使用预算/标准绩效作为衡量基础。标准绩效的设定一般要注意以下三个方面。

(1)标准要固定,标准绩效一旦建立,就不能随意变动,要有持续性和连续性;

(2)标准要富有挑战性,标准的实现具有一定的难度,采购部门和人员必须经过努力才能完成;

(3)标准是可实现的,可实现是指在现有内外环境和条件下,经过努力,确实可以达到的水平,一般依据当前的绩效加以衡量设定。

3. 行业平均绩效

如果同行业中的其他公司在采购组织、职责及人员等方面与本单位相似,则可进行横向的绩效对比,以查找自己的差距,迎头赶上。同时,这些企业往往是本企业的竞争对手,他们之间既可以开展竞争也可以相互促进和激励,进而推动行业的采购工作快速健康的发展。

4. 目标绩效标准

预算/标准绩效是代表在现状下"应该"可以达成的工作绩效;而目标绩效则是在现状下,不经过特别的努力无法完成的较高境界。目标绩效代表企业或公司管理者对工作人员追求最佳绩效的"期望值"。一般说来,目标绩效的制定有助于鼓舞采购人员的士气,目标绩效的确定要有一定的挑战性,达到"跳一跳,摘桃子"的效果,但千万不能高不可攀。

二、影响采购绩效评估的因素

企业之所以实行绩效评价,是因为企业越来越强调对过程的监控。企业通过对行动过程中各项指标的观察与评估,则可以保证战略目标的实现。影响采购绩效评价的一个重要因素是,管理人员尤其是高级管理人员如何看待采购工作的重要性及采购工作在企业中所处的地位。早在1962年,美国的海斯和雷纳德就曾经指出,管理人员对采购业务的不同期望会对所采用的评价方法和技术产生重要影响。

关于对采购业务的四种管理观点及相应的绩效评价依据如下:

1. 业务管理活动

评价采购业务的绩效主要取决于与现行采购业务相关的一些参数,比如订货量、安全库存量、保险库存量、采购供应率、现行市价等。

2. 商业活动

把采购业务看作一项商业活动,管理人员主要关注采购所能实现的潜在节约额。采购部门的主要目的是在保证供应的基础上,尽可能地降低价格以减少成本的支出,采购时要关注供应商的竞争性报价,以便得到一个令人满意的价格。用以评价采购工作绩效的参数主要有采购中的总体节约量、市价的高低、通货膨胀、差异报告等。

3. 物流因素

采购往往被认为是物流的一部分。管理层知道过于追求低价格有不利的一面,极可能导致次优化决策,太关注价格还可能会因小失大。降低产品的价格通常会使供应商觉得产品的质量可能会下滑,还可能引发信用度降低等问题。因此,管理人员要向供应商介绍产品质量改进目标,尽可能确保到货时间并提高供应商的供货可信度。

4. 商业策略

采购业务对于公司的核心业务及提高公司的竞争力将产生积极的作用。在这种情况下,管理人员评价采购绩效主要考虑以下几个方面:基本供应量的减少量、潜在供应商的增加量以及实现的节约额等。

采购部门所处的地位不同,用于评价采购绩效的方法也有很大的区别,如表9-1所示。

表9-1　管理层对待采购的态度及采购绩效评估因素

管理层观点	采购业务的等级地位	绩效评估依据
把采购看成是一项业务职能	在组织中的地位低	订单数量、订单累计额、供应到货时间管理、授权、程序等
把采购看成是一项商业活动	向管理人员报告	节约额、降价程度、通货膨胀报告、差异报告
把采购看成是综合物流的一部分	采购同其他与材料相关的业务构成统一的整体	节约额、成本节约额、货物供应的可靠程度、废品率、供应到货时间的缩短量
把采购看成是一项战略性活动	采购者进入高级管理层	应有成本分析、早期介入的供应商数量、自制还是外购决策、供应基本额的减少量

三、采购绩效衡量指标体系的建立

常见的采购绩效评估指标有:数量绩效指标、价格和成本绩效指标、质量绩效指标、时间绩效指标、效率绩效指标共五个部分。

1. 数量绩效指标

(1)储存费用指标

储存费用是指存货利息及保管费用之和。企业应当经常将现有存货利息及保管费用与正常存货水准利息及保管费用的差额进行考核。

(2)积压商品处理损失指标

2. 价格和成本绩效指标

价格与成本绩效标准有以下几种形式:①实际价格与标准成本的差额;②实际价格与过去

平均价格的差额;③使用时价格与采购时价格的差额;④将当期采购价格与基期采购价格之比率同当期物价指数与基期物价指数之比率相互比较。许多企业在年初的工作计划中都要设定将当年的采购成本下降若干百分点的目标(一般为 5% ~ 15%),采购部在月度总结(月报)和年度总结(年报)中就需要将此项工作放在首位。如某些企业的具体做法是:把上一年度 12 月 31 日的采购价格作为基准价,将每月或全年的采购价(或采购金额)与基准价(或基准金额)比较。

3. 质量绩效指标

(1)质量体系

如通过 ISO 9000 的供应商比例、实行物料质量免检的物料比例、物料免检的供应商比例、物料免检的价值比例、实施 SPC 的供应商比例、SPC 控制的物料数比例、开展专项质量改进的供应商数目及比例、参与本公司质量改进小组的供应商人数及供应商比例等。

(2)物料质量

物料质量通常包括批次质量合格率、商品抽检缺陷率、商品返工率、商品免检率、退货率、商品投诉率等。

4. 时间绩效指标

延迟交货可能会形成缺货,提前交货也可能导致买方负担不必要的存货成本或提前付款的利息费用。

(1)紧急采购费用指标

紧急采购费用指标是指因紧急情况采用紧急运输方式的费用。紧急采购会使得购入的价格偏高,品质欠佳。紧急采购费用计算公式为:

紧急采购费用 = 紧急运输方式的费用 - 正常运输方式的费用

(2)缺料停工损失指标

缺料停工损失指标通常包括批次质量合格率、商品抽检缺陷率、商品返工率、商品免检率、退货率、商品投诉率等。

5. 效率绩效指标

品质、数量、时间和价格绩效指标,主要是用来衡量采购人员的工作效率。采购人员的工作效率是用采购效率指标来衡量的。企业常用的各项指标有:①年采购金额;②采购金额占销售收入的百分比;③订单数量;④采购人员的数量;⑤采购部门的费用;⑥新供应商开发个数;⑦采购计划完成率,采购计划完成率的公式为:

采购计划完成率 = 本月累计完成件数/本月累计请购件数

(1)错误采购次数

错误采购次数,是指在一定期间企业采购部门因工作失职,譬如错误的请购单位、没有预算的资本支出请购项目、未经请购单位主管核准的项目、未经采购单位主管核准的订购单等原因造成的错误采购的数量,它反映了采购部门工作质量的好坏,应降至为零。

(2)订单处理时间

订单处理时间,是指企业在处理采购订单的过程中所需要的时间,它反映了企业采购部门的工作效率。

任务二
采购绩效评价及实施

任务导读

根据采购绩效评估的意义,采购组织制定采购绩效评估的指标体系,确立采购绩效评估的标准,接下来就是要做好采购绩效评估的实施工作。要达到实施采购绩效评估的目的,组织采购绩效评估的相关人员就必须按照一定的流程,采用科学合理的评估方式,按照评估指标和标准的要求,公正、公平、公开地开展评估工作。

一、采购绩效评估的人员与方式

(一)采购绩效评估的人员

评估人员的选择与评估的目标有着密切的联系,要选择最了解采购工作情况的人员与评估目标实现关联最紧密的部门参与评估。实施采购绩效评估的人员应该具有以下特点:具有专业领域知识、具有协调能力和公正性。评估采购绩效时,常选择以下几类部门和人员参与评估:

1.采购部门主管

采购部门主管是对所管辖的采购人员实施绩效评估的第一人,由于采购主管对管辖的采购人员很熟悉,而且采购人员所有工作任务的指派,或工作绩效的评估都在他们的直接领导和监督之下,所以,由采购主管负责的评估,可以关注到采购人员的个别表现,并达到监督与训练的效果;但也应考虑主管进行评估可能包含一些个人感情因素,而使评估结果出现偏差。

2.财务会计部门

采购金额占公司总支出的比例很高,采购成本的节约对企业净利润的贡献很大。尤其在经济不景气时,对资金周转的影响也很大。会计部门或财务部门不但掌握公司产销成本数据,而且对资金的取得与付出也进行全盘管制,因此应该参与对采购部门工作绩效的评估。

3.生产与工程部门

如果采购项目的质量和数量对企业的最终产出影响重大,这种情况下可以由工程或生产管理人员参与对采购部门工作的绩效评估。

4.销售部门

当采购部门的品质与数量对企业的产品质量与销售影响重大时,销售主管人员应参与采购部门绩效的评估。

5.供应商

因供应商与采购人员工作接触最多、最频繁,所以企业可以通过正式或非正式渠道,向供应商咨询他们对于公司采购部门或采购人员的意见,以间接了解采购作业的绩效和采购人员的素质,但对供应商的意见要进行全面分析、正确对待,防止个别供应商的报复,从而使采购工作有失偏颇。

6. 外界专家或管理顾问

为避免公司各部门之间的本位主义或门户之见,企业也可以特别聘请外界的采购专家或管理顾问,针对全盘的采购制度、组织、人员及工作绩效,做出客观的分析和评估。

(二)采购绩效评估的类型

对采购人员进行工作绩效评估的类型按照不同的分类方法,可以分为以下几种:

1. 定性评估与定量评估

(1)定性评估是指对事物(指标等)的特性描述和材料分析之后。制定出定性的评估标准,按一定的标准进行评价,更多的是依靠分析者的直觉、经验,如这次采购的效果很好,好到什么程度却不知道,这样给人的印象是比较模糊的,不能准确用数字表示。

(2)定量评估是指依据统计数据,建立数学模型,并用数学模型计算出分析对象的各项指标及其数值来评估分析的一种方法,给对象进行的测定是较为合理和科学的;定量能使目标明确化,使含糊的概念精确化,从而避免评估中的主观随意性。

2. 总体评估与具体评估

(1)总体评估是对采购活动的整体进行评估,不太注重各个具体指标的高低,关注的重点是采购总体效益的高或低,追求的是采购活动的整体最优性,它和定性评估比较类似,受评估者的直觉和经验影响比较大。

(2)具体评估是对采购活动的具体指标进行评估,并按照已制定好的评估标准进行,如采购成本的高低、采购原料质量的好坏、采购原料的到货及时率等,通过评估指标的具体化,实现评估的精确化。

3. 内部评估和外部评估

(1)内部评估是指政策评估的主体属于制定和执行政策的系统之内,评估主体对评估的对象和人员比较熟悉,容易受个人情感因素的影响,从而影响评估的效果。

(2)外部评估是指政策评估主体不属于制定和执行政策的系统,而是独立于系统之外的,评估主体对评估的对象和人员不熟悉,可以严格按照评估的标准和流程进行评估,评估的过程较为客观和公正。

4. 定期评估与不定期评估

(1)定期评估是配合企业年度人事考核制度进行的。一般而言,以"人"的表现,比如工作态度、学习能力、协调能力、忠诚程度等为评估的主要内容,对采购人员的激励和工作绩效的提升作用不大。如果能以目标管理的方式,也就是从各种工作绩效指标中选择年度重要性比较高的项目中的几个定为绩效目标,年终按实际达到的程度加以评估,那么一定能够提升个人或部门的采购绩效。并且,因为这种方法摒除了"人"的抽象因素,以"事"的具体成为评估重点,也就比较客观、公正。

(2)不定期评估,是以专案的方式进行的。比如企业要求某项特定产品的采购成本降低

10%，当设定期限一到，评估实际的成果是否高于或低于10%，并就此成果给予采购人员适当的奖励。此种评估方法对采购人员的士气有巨大的鼓舞作用。不定期的绩效评估方式，特别适用于新产品开发计划、资本支出预算、成本降低的专案。

二、采购绩效评价系统的建立

在采购活动中根据不同的绩效评定方式、规范和标准，采用不同的评价方法，对采购绩效进行评价，其中最常用的有以下几种方法。

1. 管理人员主观评定

由管理人员根据采购业务的目标和策略，依据一定的标准，对采购活动的相关绩效进行主观评定，容易受管理人员个人喜恶的影响。

2. 专家评定

由于内部评价存在的问题较多，为显示评定价工作的公正和公平性，公司往往会聘请具有采购经验丰富的专家来参与评价。

3. 时间序列分析

根据过去的经验来推断将来可能发生的现象，采购绩效目标的评价以历史数据为基础，并假设过去活动中某种趋势将会在未来几年内持续下去。

4. 同行业不同公司之间的比较（基准）

要讨论这个问题，必须要有一个特定背景的采购组织为参考，以作为比较的依据。采购基准法使用得越来越广泛，并且已被普遍认可。企业通常是在一段时间内对特定的方法进行追踪分析，从趋势分析中可以形成标准和规范，如通过对历史数据的推测分析，形成一个系统化的绩效评定系统。

采购绩效评价系统的建立主要有下面几个步骤。

（1）通过细致地分析，管理人员必须决定哪些活动最重要，并且要保证评价活动的公正进行。

（2）必须决定数据报告的频率和格式，以及哪些人员将承担这些职责。

（3）一旦前面的决定已经做出，就要形成一个系统化的程序来收集在评价过程中可能使用的大量历史数据和统计数据。

（4）管理人员通过整理数据，找出这些数据之间的相互关系，分析手段和目的之间的联系，同时区别采购效果和采购效率。

（5）进入分析阶段，形成不同的方法，对每一种方法进行分析并做出相应的改进。这一阶段要避免使用非常复杂的测量方法，简单易行是关键。

（6）在执行的过程中通过适当的随访，定期向使用者报告结果。

实施评估是一个系统性的工作，需要公司各个部门的良好沟通与配合，实施的结果要及时反馈。这时候管理者要思考的问题是如何才能更好地利用反馈结果。评估的结果一方面表明了采购部门所取得的成绩，另一方面也揭示了采购中存在的诸多问题。在肯定成绩的同时也要着力解决发现的问题。只有这样才达到实施采购绩效评价的目的。整个过程可以自我完善。在形成和实施制定的标准和计划后，要对产生的结果重新进行审视，对已经形成的标准和方法不断地进行提炼和改进。这样,数据的收集、分析与方案的提炼改进就形成了一个精确而复杂的循环。

三、采购绩效的改进

(一)采购绩效改进的切入点

采购绩效的改进一般可以从以下三个方面入手:

第一,营造良好的组织氛围,充分发掘潜力;

第二,以同行最佳指标为目标,不断寻找差距,优化工作方法;

第三,对采购物料供应绩效进行测评,通过排行榜方式,奖励先进,鞭策落后;

第四,对采购绩效进行评价的最终目标是提高采购绩效,为企业创造更多的利润,这就迫使企业和采购人员想办法提高采购绩效。

任何采购组织,包括供应商,搞好各项工作的基础是融洽、和谐、流畅、欢快的工作气氛,如果采购组织内部存在激烈的矛盾,采购人员与供应商之间互相不信任,缺乏合作基础和诚意,工作人员的感觉首先是"如履薄冰,处处小心行事",本来应将全部精力放在工作上,但事实上却严重分散了注意力。

采购工作人员要经常把自己的业绩与同行高水平相比,不要对已经取得的成绩沾沾自喜,采购行业高手很多,特别是一些有过多年跨国采购经验的高级人员,他们的经验值得借鉴学习。采购组织的职能管理部门,应定期将采购人员的业绩、供应商的业绩进行衡量,并进行排名,再配以相应的奖惩制度,这样一来,采购业务就会不断改善,采购绩效就会不断提高。

(二)改进采购绩效的措施

1. 质量改善措施

质量的好坏多用"不合格数与总来料数的比率"来衡量,因此,可以采取以下办法:

(1)依据"质量比率"数值大小,采购部门对供应商进行排名,并定位出前几名最差供应商,令其在规定的时间内进行改善,否则降级处分。

(2)采购部门对有希望的供应商帮助其进行质量改进,派出相关技术人员、质量管理人员、采购人员等组成的绩效提升小组,现场分析研究,与供应商一起制定改善方案。

2. 成本降低措施

成本问题多用"价格差额比率"来衡量,因此,可采取以下办法:

(1)按照"比率"对供应商进行排名,采购部门对最差供应商的价格的合理性进行分析研究,找出原因所在,并令其限期改进。

(2)对表现较好、没有欺诈行为的供应商,采购部门通过帮助其改善加工工艺、包装、运输方式等途径来降低商品成本。对于有欺诈行为的供应商,要给予罚款、警告、降级直至终止合作等处分。

(3)采购部门对于确定无法进行成本改进的物料,重新对其社会供应群体进行调查,认证新的供应商群体。

3.挑选供应商措施

采购部门挑选供应商多采用"及时供应率"来衡量供应的好坏。

及时供应率=(生产物料及时供应数/生产物料需求总数)×100%。

因此,可采取以下改进方法:

(1)依据"及时供应率"数值大小对供应商进行排名,定位前几名最差供应商,分析原因所在,对属于供应商原因造成物料供应不及时,责令供应商限期改善。

(2)对于属于计划原因造成物料供应不及时,采购部门应和计划部门一起商讨对策,如在需求时间上做优化调整、通过预测需求等手段加以改善。

(3)对于市场行情较好的物料,其稳定性要求较高,应提前一段时间向供应商做预测提醒,以便供应商安排适量的库存。

(4)如有可能,应优先选取本地供应商,实施本地化采购,以方便进行供应协调。

4.评定采购工作效率措施

采购工作效率=(期间物料成本总额/期间工作总人数)×100%

采购部门通过以下改进方法可以提高采购工作效率。

(1)调查同行业平均水平和最高水平,分析研究,寻找差距。

(2)大多采购工作效率数值正常都与采购流程设置的合理性有关,流程简单实用,采购工作效率就会提高。

5.衡量实力措施

根据以下几个方面,针对具体物料供应商设计"实力问卷调查表",通过打分方法获得供应商的实力量化数值。

(1)沟通能力。

(2)合作意识。

(3)技术水平。

(4)管理水平。

(5)指标稳定性。

(6)设备厂房环境配置。

(7)二次开发能。

(8)样件质量。

6.增强采购柔性

采购部门通过采取以下措施可增强采购柔性:

(1)向供应商群体的投单量不大于供应商群体订单容量的60%(推荐数值)。

(2)拓展生产物料供应商,重点物料保证由3家以上供应商供应,避免采取单一供应商或生产饱和的供应商供货。

(3)加强对社会供应群体的调查研究,认证适量的供应商作为备用。

7.测定供应商流动比率

供应商流动比率=(年流入/流出供应商)×100%

供应商流动比率取值范围有待研究,总体上应保证采购业务的正常开展,不同行业的供应商流动比率各不相同。

（1）供应商流动比率常值＜20％,理想数值为"零"。

（2）和设计工艺人员一起研究,通过改变元器件参数,或加工工艺方法,提高物料的标准化程度,使物料能找到更多的供应商。

（3）对垄断技术供应商尽量不采用,非常必要时才发展独家供应商。

（4）独家供应商比率在某种程度上也反映企业产品技术的层次,新专利、新技术组件独家供应的程度较高。反之,一般技术的物料不会产生独家供应商。

8.评价服务措施

针对具体物料供应商设计"服务问卷调查表",通过打分方法获得供应商的服务指标量化数值,具体调查内容包括:

（1）服务意识。

（2）物料维修配合。

（3）物料更换配合。

（4）上门服务程度。

（5）设计方案更改配合主动性。

（6）使用培训表。

（7）合理化建议数量。

（8）公正性竞争表现。

9.测定人员流动比率

（1）采购人员进出比率取值范围应是7％～15％,总体保持平衡,并与业务需求相匹配。

（2）若小于7％,则可能因为违反"流水不腐"的自然原则,而发生思想、技术老化等问题,进而影响采购质量、成本、供应及时性等。

（3）若大于15％,则可能因为采购技术的交替传播环境不成熟,从而导致工作人员采购操作熟练程度不够等问题。

10.提高库存周转率措施

库存周转率＝（年销售额/年平均库存值）×100％

（1）根据市场预测计划和采购市场的供应行情,及时进行采购资源抢占以支持市场的销售计划,减少呆料。

（2）掌握产品的生命周期,对需求不大的旧产品,采购计划的制订要小心谨慎。

11.确定订单周期

"物料订单周期"是在认证人员与供应商签订认证合同时所确定采购物料从下单到入库的时间差额。

12.提高紧急订单完成率的措施

紧急订单完成率＝（紧急订单及时完成数/紧急订单数）×100％

（1）项目采购部门选择具有机械数控冲、电脑铣等先进设备的供应商,将能提供高的急单完成率。

（2）备货是一种快捷反应方式,对市场上的急单可以及时满足。

●项目拓展

标杆管理

标杆管理是一种通过和该企业最大的竞争者或行业的领导者进行比较,对产品、服务、流程、行动和方法进行持续评价的方法。一般地,标杆管理过程要求和最好的公司比较获得测量绩效,发现最好的公司是如何实现其绩效水平,并且把这些信息作为建立公司绩效目标、行动和战略计划的基础。

依照作为基准的对象的不同可以将标杆管理分为以下几类:

(1)内部标杆管理。

(2)竞争者标杆管理。

(3)广泛标杆管理。

(4)流程标杆管理。

用标杆管理方法进行采购绩效的评估一般有以下几个步骤:

(1)选择进行标杆管理的目标——标杆什么。

(2)确定最佳的比较目标——以什么为基准。

(3)确定标杆项目——比较分析什么。

(4)制订缩小差距的计划并付诸实施——怎样进行改造。

(5)评估结果——改造的成果如何。

●项目小结

采购绩效评估是保证采购工作顺利进行的重要一环。衡量采购绩效的指标包括数量绩效指标、价格和成本指标、质量绩效指标、时间绩效指标、效率绩效指标等。对采购绩效进行评估首先要确定一套衡量标准,然后针对不同的方面就上述衡量指标进行评价。这项工作是长期的,并与改善采购绩效的目标相适应。

本项目着重介绍了采购绩效评估的指标、评价及实施等内容,要求学习者能够掌握采购绩效评价的标准及影响因素等知识,选择评估人员与方式,建立绩效评价系统,持续不断地推动采购绩效的改进。此外,由于采购绩效的好坏涉及采购工作甚至企业运作的各个环节,因而制度性的建设对于提升绩效是十分必要的,如建立科学的采购程序、制定采购绩效衡量指标体系、建立绩效评价系统等。

●项目测试与训练

1.讨论分析题

(1)简述采购绩效评估的目的。

(2)简述采购绩效评估的标准。

(3)简述采购绩效评估的指标。

(4)改进采购绩效的途径有哪些?

2.技能训练:采购绩效评价

(1)实训目的

①了解采购绩效评价的概念与目的。

②能够正确运用各种指标对采购绩效进行正确的评价。

③能够提出改进采购绩效的方法。

（2）实训组织

实训小组合理分工，对有关采购部门进行调研，了解采购绩效方面的相关资料，并以小组为单位组织讨论、分析，在充分讨论的基础上，形成一份调研报告。

（3）实训内容

每个小组选择一个企业（可以是制造企业、超市、商贸企业等各种类型），模拟该企业的采购部门，通过网络查询该企业的真实案例并进行研讨。整理资料制订调研计划，制定采购绩效评价指标草案，分析案例中的绩效部分，学习该企业如何进行采购绩效评价，并通过指标的分析进一步优化采购绩效。

（4）实训步骤

①分组分工，确定目标企业，查找资料。

②对查找的资料进行分析整理，对该采购绩效评价指标进行讨论。

③撰写提交调研计划和调研报告。

（5）实训评价

①每小组分工协作，提交调研计划与调研报告各一份。

②实训成绩以提交报告完成情况而成。

课后习题

（一）单选题

1. 当一个小公司的采购部门，无论是组织、职责或人员等，均没有重大变动的情况下，比较适合使用（　　）。

    A. 历史绩效标准　　　　　　　　　　B. 预算标准

    C. 行业平均标准　　　　　　　　　　D. 国际最先进标准

2. 下列不属于采购绩效评价的目的是（　　）。

    A. 确保采购目标的实现　　　　　　　B. 作为个人或部门奖励的参考

    C. 促进部门关系　　　　　　　　　　D. 提高企业的社会效益

3. 下列不是时间绩效指标中的缺料停工损失指标的是（　　）。

    A. 批次质量合格率　　　　　　　　　B. 商品免检率

    C. 退货率　　　　　　　　　　　　　D. 客户流失率

4. （　　）是对所管辖的采购人员实施绩效评估的第一人，工作绩效的评估都是在他们的直接领导和监督之下进行的。

    A. 客户　　　　　　　　　　　　　　B. 销售部门

    C. 采购部门主管　　　　　　　　　　D. 供应商

5. （　　）＝（生产物料及时供应数/生产物料需求总数）×100% 。

    A. 及时供应率　　　　　　　　　　　B. 价格差额比率

    C. 采购工作效率　　　　　　　　　　D. 库存周转率

（二）多选题

1. 采购绩效评估的原则包括（　　）。

A. 评估工作要有全局意识

B. 选择适当的衡量指标,绩效指标的目标值要科学合理

C. 评估工作的持续与长期化

D. 评估工作可断可续,时间比较灵活

2. 参与采购绩效的评估人员包括(　　)。

  A. 生产与工程部门人员　　　　　　B. 采购部门主管

  C. 会计部门或财务部门人员　　　　D. 供应商

3. 采购绩效评价常见的评价标准主要有(　　)。

  A. 预算或标准绩效　　　　　　　　B. 企业平均绩效

  C. 历史绩效　　　　　　　　　　　D. 目标绩效标准

4. 价格与成本绩效标准主要有(　　)形式。

  A. 实际价格与标准成本的差额

  B. 实际价格与过去移动平均价格的差额

  C. 使用时价格与采购时价格的差额

  D. 将当期采购价格与基期采购价格之比率同当期物价指数与基期物价指数之比率相
    互比较

5. 衡量实力措施是根据以下(　　)方面,针对具体物料供应商设计"实力问卷调查表",
通过打分方法获得供应商的实力量化数值。

  A. 沟通能力　　　　　　　　　　　B. 合作意识

  C. 技术水平　　　　　　　　　　　D. 管理水平

● 答案

(一)单选题

1. A　　2. D　　3. D　　4. C　　5. A

(二)多选题

1. ABC　　2. ABCD　　3. ACD　　4. ABCD　　5. ABCD

参考文献

[1]张晓芹,黄金万.采购管理实务[M].北京:人民邮电出版社,2015.

[2]申纲领,王永志.采购管理实务(第2版)[M].北京:电子工业出版社,2014.

[3]吴汪友.采购管理实务(第2版)[M].北京:电子工业出版社,2013.

[4]王炬香.采购管理实务(第3版)[M].北京:电子工业出版社,2016.

[5]王峰,李春富.采购管理实务[M].北京:人民邮电出版社,2015.

[6]唐振龙.采购管理实务[M].北京:中国人民大学出版社,2016.

[7]蔡改成,李虹.采购管理实务(第5版)[M].北京:人民交通出版社,2012.

[8]高文华,李为民.采购管理实务(第1版)[M].北京:中国人民大学出版社,2015.

[9]周琪.采购与供应管理实务(第1版)[M].北京:清华大学出版社,2016.

[10]许彤,吴艳萍.采购管理实务[M].北京:中国财富出版社,2013.

[11]丁宁.采购与供应商管[M].北京:北京交通大学出版社,2012.

[12]许淑君.现代采购管理[M].上海:上海财经大学出版社,2014.

[13]斯坦利·E·福西特.采购供应管理环境(采购供应管理在企业中的角色)[M].白晓娟,梁晨,王红江,等译.北京:电子工业出版社,2005.

[14]张玉斌.采购与仓储管理[M].北京:对外经济贸易大学出版社,2010.

[15]肖书和.采购管理业务规范化操作全案[M].北京:机械工业出版社,2015.

[16]徐斌华,王宁.采购管理[M]西安:西安交通大学出版社,2014.

[17]肯尼斯·莱桑斯(Kenneth lysons),布莱恩·法林顿(Brian farrington).采购与供应链管理(第8版)[M].莫佳忆,曹煜辉,马宁,译,北京:电子工业出版社,2014.

[18]丁宁.采购与供应链管理[M].北京:清华大学出版社,北京大学出版社,2012.

[19]李荷华.现代采购与供应管理[M].上海:上海财经大学出版社,2010.

[20]蒙茨卡(Monezka,R.),特伦特(Trent,R),汉德菲尔德(Handfield,R).采购与供应链管理(第5版)[M].王晓东,刘旭敏,熊哲,译.北京:电子工业出版社.2014.

[21]白世贞.连锁企业商品采购管理[M].北京:中国人民大学出版社,2011.

[22]廖小平.现代物流采购与库存[M].北京:科学出版社,2012.

[23]马佳.采购管理实务[M].北京:清华大学出版社,2015.

[24]徐杰,鞠颂东.采购管理(第3版)[M].北京:机械工业出版社,2014.

[25]佐藤知一,山崎诚.精益制造012:BOM 物料管理[M].刘波,译.台湾:东方出版社,
  2013.

[26]刘宝红.采购与供应链管理:一个实践者的角度(第 2 版)[M].北京:机械工业出版
  社,2015.